제자

생명나무에 이르는 길

인도자 지침서

성문서 ◆ 요한복음 · 서신 ◆ 요한계시록

DISCIPLE: UNDER THE TREE OF LIFE
Teacher Helps
Copyright © 2006 by Abingdon Press

Pages 15, 16, and 17 are adapted from DISCIPLE: BECOMING DISCIPLES THROUGH BIBLE STUDY Teacher Helps Youth Edition, copyright © 1988 by Graded Press.

For more information about DISCIPLE or DISCIPLE training seminars, call toll free 866-629-3101 or 800-672-1789.

Cover design by Mary M. Johannes

Geumhee Cho, Translator

Dal Joon Won, Senior Editor of DISCIPLE in Korean Edition
EunRan Um, Production Editor
Nicole Anderson, Unit Assistant
Roy Wallace, Designer
MiYeon Yu, Input Specialist

Scripture quotations in this publication, unless otherwise indicated, are taken from THE HOLY BIBLE, Old and New Testaments, New Korean Revised Version © Korean Bible Society 1998 and 2000. Used by permission of Korean Bible Society.

06 07 08 09 10 11 12 13 14 15—10 9 8 7 6 5 4 3 2 1
Manufactured in the United States of America

차례

제자훈련 교재를 사용하는 방법

제자훈련 교재의 각 부분은 매일 준비할 내용과 매주 모임을 위하여 특별히 준비할 내용이 있다.

주제

주제는 각과의 제목과 성경 내용의 단서가 된다.

• 매번 모일 때마다 주제를 전시한다.
• 전체 이야기의 순서와 성경 이야기의 내용을 상기시키기 위하여 사람들로 하여금 각과의 제목과 주제를 암기하도록 권장한다.

요절

요절은 각과의 초점을 말해 주며, 개회예배를 보는 동안 한 목소리로 같이 읽거나, 아니면 암기한 요절들을 발표하도록 한다.

제목

제목은 상황, 조건, 혹은 내용을 표현하고 있으며 학생용 교재의 다양한 성경 이야기를 요약해 주고 있다.

인간의 모습

"인간의 모습"은 우리가 누구인가를 말하여 준다. "신실한 공동체의 모습"은 "신실한 공동체"가 성경을 통해 "인간의 모습"을 고찰한 후에 도달하는 "우리 인간의 모습"에 대한 반응을 나타낸다. 이 두 부분은 언제나 함께 고찰된다.

성경 읽기

성경을 읽는 훈련이 **제자: 생명나무에 이르는 길**의 중심이다.

• "성경 읽기" 부분은 매일 읽어야 할 성경, 학생용 교재, 그리고 교재가 지시하는 대로 응할 부분을 가리킨다.
• 매일 성경을 읽고 노트할 것을 강조하라. 각과의 둘째 페이지에는 공란이 준비되어 있다. 그 공란의 목적은 매일 성경을 읽으면서 질문이나, 새로운 깨달음이나, 중요하다고 생각되는 내용들을 기록하는 데 있다. 매주 같이 공부하는 동안에 기록한 내용들을 서로 나누고 또 토의할 수 있는 기회가 많이 있을 것이다.
• 공부 반원들로 하여금 매일 그 공란을 기록할 것을 약속하도록 인도하라.
• 인도자인 당신 스스로가 매일 성경을 읽고, 공부하고, 기록하는 모범을 회원들에게 보여주라.
• 그룹 회원들이 매주 준비한 내용들을 될 수 있는 대로 반원들과 함께 나누도록 하라. 매주 기록한 내용들을 얼마만큼 공부시간에 서로 나눌 수 있느냐에 따라 회원들이 숙제에 임하는 태도가 결정될 것이다.

금주의 시편

"금주의 시편"은 반원들이 시편을 길잡이로 삼아 보다 깊은 기도생활을 하도록 고안된 것이다. "금주의 시편"은 매일 공부하는 시간에 큰 소리로 기도할 때 사용할 수 있고, 매주 수업시간에 또한 사용할 수 있다.

기도

제자훈련 교재에 기록되어 있는 시편들은 개인기도의 출발점이다.

• 매주 개인이 원하는 기도 제목들과 성경을 공부하면서 생기는 기도 제목들을 반원들로 하여금 기록하도록 권장하라.
• 서로를 위하여 기도할 수 있는 기회를 마련하라.

생명나무의 열매

이 부분은 성경에 대해 설명하고 성경에서 의미를 찾아낸다.

• 공란에 성경을 읽으면서 혹은 수업 시간에 토의하면서 생각나는 대로 기록하게 하라.
• 이 공란에 반원들이 기록한 것을 어떻게 나누게 할까 하는 생각을 기록하라. 어떤 기록은 자의적으로 나누게 할 수 있고, 어떤 것은 둘씩 셋씩 짝을 지어, 또 어떤 것은 전체 그룹으로 나눌 수 있을 것이다.

신실한 공동체의 모습

"신실한 공동체의 모습"은 신실한 공동체의 믿음, 태도, 그리고 행동을 보여주는 것이다. 신실한 믿음의 공동체는 하나의 조직이라기보다는 존재하는 하나의 방법이라고 할 수 있다. 비고란에 나타나는 신실한 믿음의 공동체의 모습은 항상 "우리는 신실한 믿음의 공동체이기 때문에…"로 시작한다.

• "신실한 공동체의 모습"과 "인간의 모습"을 연관시켜 생각하게 하라.

철저한 제자

"철저한 제자"는 매주 주제에 연관되는 생각과 행동에 초점을 맞추며 제자도를 위한 헌신과 결단을 요한다. "철저한 제자" 부분은 학생용 교재에서 제각기 다른 부분에 나타난다. 강조점에 따라 각과에 어디에 위치할까가 결정된다. 내용은 때로는 행동을 요청하는 것부터 어떤 때에는 성찰을 요청하는 것까지 다양하다.

추가 연구

이 부분은 개인적으로 추가로 공부하거나 연구하도록 요구하기보다 그렇게 하도록 초청한다.

• 누구나 배운 것을 소그룹 토의 시간에 나눌 수 있다. 가끔, 전체 그룹에게 짧게 보고하도록 하는 것도 좋다.

매주의 그룹 시간표와 진행과정

서른 두 번의 그룹 모임을 위한 인도자 지침서가 이 포맷을 따르고 있다. 6쪽에 있는 교안 작성서를 복사하여 매주 그룹 계획을 하는 데에 사용하라. 지정된 시간 옆에, 괄호 속에, 그 부분을 시작하는 시간을 정확히 적어라.

개회 기도

(5분)

시간을 맞추어 온 사람들이 소수일지라도, 정시에 시작하라. 이 시간에는 주제, 요절, 제목, "인간의 모습," 학생용 교재에 있는 기도를 읽을 수도 있다.

토의 시작

(20분)

토의 시작 (비디오) 부분은 같은 주제 아래 같은 내용을 전 공부 반원들에게 전달할 수 있는 기회이다. 한국어로 된 비디오는 없고, 영어 비디오 내용이 인도자 지침서에 번역되어 있다. 인도자 지침서의 각 과는
●성경공부 반원들이 토의 시작(비디오)을 할 수 있는 방법을 제시하고,
●토의 시작 부분의 주요 아이디어를 요약하며,
●반원들이 함께 듣거나 혹은 읽거나 혹은 영어로 시청한 것에 대하여 토의하기에 좋도록 적당한 질문들을 제시한다.

토의 시작(비디오)의 **어떤 부분은 다른 것보다 훨씬 긴 내용이 있음을 주목하라. 토의 시작 내용이 길 경우는 그것에 맞게 그 주의 다른 내용의 길이가 조절될 것이다.**

토의 시작의 내용을 들으면서 노트하게 하라.

토의가 끝난 다음에는 반원들이 토의 시작 (비디오) 내용과 성경과 학생용 교재에서 읽은 것 사이의 관계를 연결할 수 있도록 요약된 아이디어 중의 하나를 사용하라.

성경과 교재

(50분)

이 시간에 일어나는 토의와 활동의 많은 부분은 학생들이 스스로 적은 노트나 준비해 온 질문들을 다루게 된다.

각 과마다 학생들이 읽은 성경에 대해 말할 시간을 주라. 노트한 것을 토의 시간에 사용할 것을 권장하라.

교안에서 이 부분은 그 주에 읽은 성경에 응답하는 다양한 활동들을 포함한다. 각 활동마다 얼마만큼 시간을 배정할 것인지, 그리고 반원들이 둘씩 혹은 서너 명씩 혹은 전체 그룹으로 활동할지 결정하도록 하라.

이 부분을 인도할 준비를 할 때는 회원들이 준비해 온 것을 사용할 수 있는 활동을 미리 계획하라.

휴식

(10분)

10분만 휴식한다. 휴식 시간에는 음료수만 준비한다.

말씀과의 만남

(40분)

이 시간에는 지정된 성경구절 중에서 선택된 구절에 초점을 맞춘다. 공부 반원들은 본문을 읽기는 했어도 이 성경구절을, 자세하게 공부하지 못했을 것이다. 학생용 교재에서 이 활동에 대하여 언급한 부분이 없다. 그래서 반원들은 그들이 함께 공부할 구절을 모를 것이다.

각 과의 인도자 지침서는 선택된 성경구절과 한두 가지 공부 접근 방법을 제시한다. 접근 방법의 대부분은 딕 머리 교수의 *"어른과 청소년을 위한 효과적인 성경 교수법"*에 자세히 설명되어 있다. (*어른과 청소년을 위한 효과적인 성경 교수법*, 딕 머리 지음 [Dick Murray], Abingdon Press, 1993.)
●당신 스스로 제시된 접근법에 익숙해지도록 하라.
●선택된 구절을 가지고 접근 방법을 테스트해 보라.
●성경공부를 인도할 때 원하는 절차를 자세하게 생각해 두라.

신실한 공동체의 모습

(20분)

공부 반원들이 이 시점에 이르렀을 때, 당신은 무엇이 신실한 공동체의 특징인지 생각하게 될 것이다. 교재에서 이 부분에 대하여 사람들이 준비한 내용과 함께 공부한 것과 토의한 것을 함께 사용하라.

신실한 공동체의 모습은 각 과의 학생용 교재와 인도자 지침서에 명시되어 있다. 인도자 지침서는 신실한 공동체의 모습과 그 과의 처음에 나오는 "인간의 모습"을 연관시키는 일이 중요하다는 것을 강조한다.

신실한 공동체가 되는 것이 **제자: 생명나무에 이르는 길** 성경공부의 요점이다. 그러므로 이 부분을 위하여 시간이 필요하므로 그룹 모임 동안 계속 주의 깊게 시간을 지켜라.

폐회 기도

(10분)

정해진 시간에 기도나 찬송으로 공부를 끝내도록 한다.

교안 작성

과 _____   제목 _____

개회 기도

(5분) (   )

토의 시작

(20분) (   )

사회자:

준비 (강사 소개와 내용에 유의할 점)

정보 (토의 시작의 요점)

대화 (인도자 지침서에 준비되어 있는 질문)

성경과 교재

(50분) (   )

휴식

(10분) (   )

말씀과의 만남

(40분) (   )

성경 본문:

신실한 공동체의 모습

(20분) (   )

폐회 기도

(5분) (   )

토의 시작 발표자 소개

사회자: 피터 스토리 (Peter Storey)
듀크 대학교 신학교 교수. 기독교 사역 실천신학 교수.

발표자:
1과: 에이미-질 레빈 (Amy-Jill Levine)
밴더빌트 대학교 신학교, 이 로우즈 앤 리오나 비 카펜터
신약성서신학 교수.

2과: 레슬리 씨 알렌 (Leslie C. Allen)
풀러 신학교 구약성서신학 교수

3과: 세릴 비 앤더슨 (Cheryl B. Anderson)
개렛 신학교 구약성서 해석학 조교수

4과: 한진희 (Jin Hee Han)
뉴욕 신학교 구약성서신학 교수

5과: 시드니 화이트 크로포드 (Sidnie White Crawford)
네브라스카-링컨 대학교, 히브리 성서 부교수, 고전과 종교학
부 학장

6과: 데이비드 에이 드실바 (David A. deSilva)
애쉬랜드 신학교 신약성서와 그리스어 부교수

7과: 레이몬드 씨 밴 루웬 (Raymond C. Van Leeuwen)
이스턴 대학 성서연구 교수

8과: 데보라 에이 애플러 (Deborah A. Appler)
모라비아 신학교 구약성서신학 조교수

9과: 사무엘 파간 (Samuel Pagan)
푸에르토리코 복음 신학교 총장

10과: 더블유 시블리 타우너 (W. Sibley Towner)
유니온 신학교와 기독교교육 장로교 학교의 성서연구 교수

11과, 12과: 캐롤 에이 뉴섬 (Carol A. Newsom)
에모리 대학교 캔들러 신학교, 구약성서신학 교수

13과: 엘렌 에프 데이비스 (Ellen F. Davis)
듀크 대학교 신학교 성서신학과 실천신학 부교수

14과: 케넷 에이 캔터 (Kenneth A. Kanter)
테네시주 내쉬빌, 미가 회중 시니어 랍비

15과: 마이클 진킨스 (Michael Jinkins)
오스틴 장로교 신학교 상담신학 부교수

16과: 쟌 씨 홀버트 (John C. Holbert)
남감리교 대학교 퍼킨스 신학교 로이스 크래독 퍼킨스
설교학 교수

17과: 벤 위더링턴 3세 (Ben Witherington)
애스베리 신학교 신약성서신학 교수

18과: 메리앤 메이 톰슨(Marianne Meye Thompson)
풀러 신학교 신약성서 해석학 교수

19과: 리처드 비 헤이스 (Richard B. Hays)
듀크 대학교 신학교 신약성서신학 교수

20과: 디 무디 스미스 주니어(D. Moody Smith, Jr.)
듀크 대학교 신학교 조지 워싱턴 아이비 신약성서신학 교수

21과: 샤론 에이치 린지 (Sharon H. Ringe)
웨슬리 신학교 신약성서신학 교수

22과: 나구용 (Koo Yong Na)
뉴저지연합교회 담임목사, 드류 대학교 객원교수

23과: 아르 앨런 쿨페퍼 (R. Alan Culpepper)
멀서 대학교 맥카피 신학교 학장

24과: 아르 그레이스 존스 이마티우 (R. Grace Jones Imathiu)
위스칸신 그린베이 휠스트연합감리교회 담임목사

25과: 찰스 에이치 탈버트 (Charles H. Talbert)
베일러 대학교 저명한 종교학 교수

26과: 쟨 더블유 홈스, 주니어 (Zan W. Holms, Jr.)
쎄인트룩연합감리교회 은퇴 목사

27과: 엠 유진 보링 (M. Eugene Boring)
텍사스 크리스천 대학교 브라트 신학교 제이와일리와
엘리자베스 엘 브리스코 신약성서신학 교수

27, 28, 29, 30과: 영어 비디오에서는 마키 라우그런이
예전적인 춤으로 성경을 봉독하나 한국자료에는 없음.

**28과: 캐서린 군사루스 곤잘레스 (Cahterine Gunsalus
Gonzalez)** 콜럼비아 신학교 역사학 은퇴 교수

29과: 레오나드 톰슨 (Leonard Thompson)
로런스 대학교 종교학 명예교수

30과: 후스또 엘 곤잘레tm (Juston L. Gonzalez)
리오그란데 연합감리교회 연회 은퇴 목사

31과: 예배를 위한 영어 비디오만 있음.

32과: 리처드 비 윌키 (Richard B. Wilke)
연합감리교회 은퇴 목사
제자: 생명나무에 이르는 길의 공동저자.

줄리아 케이 윌키 (Julia K. Wilke)
교회 자원봉사자, 주일학교 교사 및 스피커
제자: 생명나무에 이르는 길의 공동저자

애찬식

32과에 있는 세 개의 예배 경험은 연합형제교회에서 전통적으로 사용하던 형식과 예식을 그대로 따르고 있다. 이것은 세족식, 애찬식, 성만찬, 이렇게 세 부분으로 되어 있다.

성만찬은 애찬식에서 중심이 되는 부분이다. 세 부분 다 성만찬에서 유래되었으며, 그들의 예는 성만찬에서 기억된다. 그리고 세 부분—발을 씻어 주는 것, 친교하며 나누는 식사, 새 언약 안에서 빵과 잔을 나누는 것—은 축제로 여겨진다. 성만찬에 참여하는 모든 사람에게 제공하는 잔치로 애찬을 생각하라.

세족식

세족식을 위한 조용하고 거룩한 분위기를 조성하라. 성만찬 식탁의 상징을 강조하고 싶으면, 애찬을 거행하는 동안 같은 식탁을 사용하라. 식탁을 향하여 반원형의 모습으로 의자들을 정리해 놓으라. 세족식을 거행하기 위하여 대야와 물주전자와 수건을 제단에 놓으라. 의자들은 간격을 두어 띄워놓고, 세족식에 참여하는 사람들이 오고가기 편하게 간격을 두어 의자를 놓아라. 촛불을 키든가 불을 조금 흐리게 키면 예배 분위기를 조성해 줄 것이다. 전기불은 참여자들이 학생용 교재나 성경, 혹은 찬송가 가사를 읽을 수 있을 정도만 밝히라.

세족식 후에 모두 함께 대야와 물주전자와 수건을 치우고 같은 식탁에 애찬을 준비한다.

애찬 전에 손을 씻을 수 있도록 따뜻한 물과 새 수건을 준비한다.

방 다른 한 곳에다 세족식과 애찬식과 성만찬을 위하여 옵션으로 미리 준비해 놓을 수도 있을 것이다. 의자를 놓기 전에 식사와 성만찬을 위한 식탁을 세족식이 거행될 장소에서 좀 떨어진 곳에 준비해 둔다.

방을 정리하고 가구를 다시 정리할 때 무릎을 꿇을 수 없거나 몸을 구부릴 수 없는 사람들을 생각하라.

애찬식

애찬을 나눌 수 있는 장소와 애찬을 위한 메뉴를 간단하게 하라. 식탁보와 필요한 식탁 용품들을 준비하라. 그리고 성만찬 때 사용할 흰색 그리스도 초를 사용할 수도 있을 것이다. 다음 사람에게 음식을 전하여 주면서 서로 음식을 분배해 주는 행위는 애찬의 정신이 계속되는 것이다. 그래서 뷔페식보다는 앉아서 식사를 할 수 있도록 계획하라.

메뉴로는 스튜나 국, 빵, 과일, 음료수, 혹은 빵, 치스, 과일, 올리브, 견과류와 음료수, 혹은 위와 같은 비슷한 종류면 적절하다. 식사를 준비할 때 요리를 하지 않아도 되는 음식들이 애찬식을 위해 유리하다. 특별한 음식을 먹어야 하는 사람들을 고려하라.

음식이 식탁 위에 준비되면 사람들이 식탁에 둘러앉아 학생용 교재에 있는 애찬식 순서를 계속 따라서 해라. 조용한 가운데 공부를 통해 체험할 것들을 회상하면서 식사를 해도 좋고, 얻은 체험을 서로 나누면서 식사를 해도 좋다.

식사가 끝나면 서로 협조하여 식탁을 깨끗하게 치우고 성만찬을 위해 준비한다. 성만찬을 조용한 가운데 준비해도 되고 찬송을 부르며 준비해도 된다. 모든 사람들이 식탁에 둘러앉으면 애찬식 순서를 성만찬을 위해 계속하라.

성만찬

성만찬을 위한 빵과 잔을 준비한다. 누룩을 사용하지 않은 전통적인 빵을 사용하고, 피타와 같은 납작한 빵이나 혹은 반으로 쪼갤 수 있는 덩어리로 된 빵을 사용하라. 전통적으로 일치를 상징하는 공동의 잔에는 사람들이 빵을 적실 수 있도록 주스를 따른다.

만약에 여러분 중에 안수 받은 목사가 없으면, 성만찬을 진행할 수 있도록 미리 목사님에게 축복 기도를 요청하여 받아둔다.

옆 사람에게 빵을 떼어 준 후 또 잔을 돌린다.

"보냄 혹은 축도"의 순서가 끝나면 서로 방을 정리한다. 찬송가와 의자와 식탁을 제자리에 가져다 놓는다. 그리고 애찬 때 사용한 식탁 용품들을 씻는다.

금주의 시편

"금주의 시편"은 시편을 길잡이로 하여 반원들을 좀 더 깊이 있는 기도생활로 이끌도록 고안된 것이다. 반원들은 매일 집에서 공부를 하면서 또는 매주 그룹 모임에서 "금주의 시편"을 큰 소리로 소리내어 기도하게 될 것이다. 시편은 공동체의 찬송가이며 기도이다. 그러므로 개인으로 기도하든지 혹은 그룹으로 기도하든지 회원들은 공동체를 위해 그리고 공동체 안에서 기도문을 말하게 될 것이다.

"금주의 시편"을 기도하면서 회원들은 때때로 자기감정이나 상황에 제대로 맞지 않는 기도문을 읊게 될 때가 있을 것이다. 그러나 기도하는 훈련이 계속됨에 따라, 막상 자신에게 혹은 속한 공동체에 아무런 연관이 없다고 생각했던 기도문 중에서 새로운 의미를 발견하게 될 것이다. 성경공부를 하는 가운데 "금주의 시편"을 기도하는 동안 회원들은 시편기자, 시편기자가 속했던 공동체, 그리고 하나님과 새로운 관계 속으로 들어가게 될 것이다.

1. 32주 동안 매주 날마다 우리는 시편 속에서 살게 될 것이다. 우리는 수세기에 걸쳐 내려온 믿음의 공동체와 우리의 목소리를 합치게 될 것이고, 전 세계에 있는 믿음의 공동체에 우리의 목소리가 미치게 할 것이다. 금주에는 매일 시편 146편을 큰 소리로 기도하라.

2. 날마다 시편 132편을 큰 소리로 읽는 동안 당신이 속한 회중과 예배당을 생각하라. 예배를 드릴 수 있도록 돕는 사람들을 생각해 보라. 매주 예배를 위해 준비하는 사람들을 위해 기도하라. 신앙을 표현할 장소와 또 신앙의 유산을 당신에게 전해준 사람들을 마음속에 그려보고 그들에게 감사를 드리자.

3. 날마다 시편 85편을 큰 소리로 읽는 동안 그 기도를 필요로 하는 공동체와 개인들을 생각해 보라. 당신의 회중이 하나님께 올리는 기도처럼 기도해 보라. 어떤 기도를 드릴 것인가? 어떤 것을 인정하고 있는가? 왜 당신이 속한 신앙 공동체가 이 기도를 필요로 하는가?

4. 날마다 시편 126편을 소리내어 기도하는 동안 그 기쁨을 창의적으로 표현할 방법을 생각해 보라. 춤이나, 그림이나, 배너를 사용해도 좋을 것이다. "새벽부터 우리 사랑함으로써" 찬송가를 찾아 가사의 뜻을 새겨 보라. 뿌릴 씨앗은 무엇인가? 거둘 수확은? 기뻐할 이유는 무엇인가?

5. 매일 시편 83편을 큰 소리로 기도하는 동안 에스더의 백성들을 염두에 두라. 시편 기자가 생전에 이스라엘을 위협하던 여러 나라와 국민의 이름을 언급하는 동안 유대인들이 역사를 통하여 겪었던 여러 형태의 박해를 염두에 두라. 매일 이스라엘과 그 이웃나라들을 위해 그들 모두에게 도움이 되는 방향으로 평화를 이루도록 기도하라.

6. 세계의 여러 민족들을 위해 기도하는 동안 시편 9편을 길잡이로 사용하라. 시편을 큰 소리로 기도하는 동안 시편 구절들이 특정 국가들의 필요를 당신에게 알려주시기를 기도하라. 심판, 긍휼, 정의를 위해 기도하는 동안 각 국가에 대해 지닌 당신의 견해에 균형을 유지하도록 하라.

7. 시편 1편에서 복 있는 사람은 나무에 비유되고, 악한 사람은 겨에 비유되고 있다. 첫째 날부터 넷째 날까지 시편 1편을 큰소리로 읽는 동안에 *나무*와 *겨*를 대신해서 시편의 메시지는 변하지 않고 그대로 전달할 만한 다른 이미지가 무얼까 생각해 보라. 나무와 겨의 특징들을 주목하라. 다섯째 날과 여섯째 날은 *나무*와 *겨* 대신에 다른 이미지로 대체해서 시편 1편을 다시 써 보라.

8. 매일 길을 선택하고 걸으면서 시편 25편을 소리 내어 기도하라. 혹은 미로(labyrinth, 묵상하면서 걷도록 고안된 원형의 길)를 걸을 수 있다면 그 길을 걸으면서 시편을 기도하라.

9. 시편 39편에서 시편 기자는 우리가 종종 갖게 되는 생각, 즉 삶이 너무 빨리 지나간다는 생각을 말로 표현하고 있다. 매일 시편을 소리 내어 기도하면서 뜻을 곱씹어 보고 질문을 던져 보고 머리에 드는 생각을 소리로 혹은 종이에 펜을 가지고 나타내 보라.

10. 날마다 시편 90편을 소리 내어 기도하라. 매일 한 구절이나 한 줄을 골라 하루 종일 그것을 묵상하라. 메모지에 써서 눈에 잘 띄는 곳에 붙여 두라. 90:17을 암기하고 매일 일을 시작하기 전에 기도하라.

11. 근본적으로 불의가 존재하고 있다는 사실을 인정하면서 당신 자신과 다른 사람을 위해 시편 17편을 큰 소리로 읽으며 기도하라. 당신이 불의를 당한 경험이나, 어떤 일이 불공평했다고 생각이 들었던 것들을 상기해 보라. 날마다 어떠한 종류든 불의에서 벗어나 정의가 필요로 한 사람을 생각해 보라. 시편을 큰 소리로 읽으면서 그 사람을 위해 간청하는 기도를 드리라.

12. 우리는 시편 속에서 살려고 노력하고 있다. 날마다 시편 102편을 큰 소리로 읽고 시편 속에서 산다고 하는 것이 무엇을 의미하는지 곰곰이 생각해 보라. 당장 당신의 경험과는 별로 연관이 없을지도 모르지만 말이다. 말씀이 매일 당신에게 부딪쳐 오는 강도가 다른지 주의를 기울이라.

13. 날마다 시편 84편을 큰 소리로 기도하면서 하나님과 함께 있거나 연인과 함께 있을 때와 연관되는 기쁨과 설렘의 감정 사이에 유사점이 있나 생각해 보라. 어떻게 사랑이 자라는가 그 방법을 고려해 보라. 즉 하나님에 대한 사랑을 표현하면 할수록 연인에 대한 사랑도 더욱 표현하게 된다.

14. 날마다 시편 103편을 큰 소리로 기도하고, 그리고 기도하고 있을 다른 반원들을 머릿속에 그려 보라. 시편 구절이나 부분이 당신의 삶에 있어 어떤 상황이나 당신이 속한 신앙 공동체의 어떤 상황을 떠올리게 하거든 잠시 멈추고 그 부분을 묵상하라.

15. 매일 시편 143편을 기도하라. 시편이 당신의 것이 되게 하라. 매일 당신의 원수의 이름들을 불러 보라. 그것은 암세포일 수도 있고, 가정의 긴장관계일 수도 있고, 우울증일 수도 있고, 미래에 대한 불안정일 수도 있다. 기도할 때 그러한 원수를 염두에 두라.

16. 시편 100편은 온 땅이여 여호와를 즐거이 부를지어다 라고 초청한다. 날마다 시편 100편을 기도할 때 지구본이나 세계 지도를 펴놓고 각기 다른 세계 여러 나라와 지역의 이름을 부르면서 그 나라들이 주님을 찬양하도록 기도하라.

17. 매일 성경 읽기에 있는 요한복음 1:1-18과 금주의 시편을 큰 소리로 읽도록 되어 있다. 첫째 날에는 요한복음 1:1-18을 읽은 후, 시편 33편을 큰 소리로 읽어라. 그 다음날에는 읽는 순서를 바꾸어 보라. 하나님의 말씀으로 인해 무슨 일이 일어나는가에 대해 생각해 보라.

18. 시편 24편을 큰 소리로 기도하라. 날마다 예배를 통해 하나님께 가까이 가면서 당신의 마음과 행실이 어떤 상태에 있는지 살펴보라.

19. 매일 시편 65편을 큰 소리로 읽고, 일용할 양식을 주시는 하나님께 감사하라. 주중 한 날을 택해 다른 사람과 떡과 시편을 함께 나누라. 떡의 맛, 떡의 성분, 풍미를 음미하면서 하나님의 선하심을 기억하라.

20. 매일 시편 27편을 큰 소리로 읽어라. 가능하면 낮에 읽어라. 그리고 매일 14절에서 강력하게 권하는 말을 따르라. "여호와를 기다릴지어다." 가만히 앉아서 하나님께 귀를 기울이라. 빛으로 인해 나타나는 안전함, 위로, 인도함에 관해 묵상하라.

21. 할당된 성경 읽기를 마친 후 시편 116편을 큰 소리를 내어 기도하라. 읽는 성경과 관련해서 시편 116편이 매일 어떤 다른 의미를 지니는지 주의를 기울이라.

22. 시편 80편을 큰 소리로 기도함으로써 하나님과의 관계를 회복하는 기회를 삼아라. 공동체가 하나님께 무엇을 구하고 있는지, 그리고 관계 회복을 위해 공동체가 하나님께 무엇을 약속하고 있는지 생각해 보라.

23. 책 혹은 인터넷에서 예수님의 십자가를 묘사하고 있는 예술 작품을 찾아보라. 매일 다른 이미지를 사용하여 시편 22편을 큰 소리로 읽어라. 혹은 시편을 기도하면서 당신이 지금까지 본 십자가의 모형들을 기억해도 좋다.

24. 매일 시편 98편을 큰 소리로 읽고 기도하면서 부활을 축하하라. 시편에 나타난 기쁨을 표현하기 위해 손동작을 몇 가지 만들어 보고 기도할 때 손동작들을 사용하라.

25. 시편 133편에 나타나 있는 예배에서 기름이 하나님의 축복이며, 이슬이 창조 중에 하나님의 축복인 것과 마찬가지로, 요한의 서신과 유다서에서 하나됨은 공동체를 향한 하나님의 축복이다. 매일 시편 133편을 소리 내어 읽을 때, 당신이 속한 회중의 삶에서 축복으로 경험되는 하나됨의 표현들에 대해 생각해 보라. 그러한 단합의 표현을 어떻게 상징으로 나타내겠는가?

26. 매일 시편 141편을 소리 내어 기도하면서 당신이 쓰는 말을 염두에 두라. 141:3에 초점을 맞추라. 그 구절을 외우고 낮 동안 당신이 할 말을 선택해서 쓰는 동안에 계속 스스로에게 그 구절을 반복하라.

27. 매일 성경을 소리 내어 읽으면서 시편 2편을 소리 내어 기도하라. 시편이 요한계시록의 성경 읽기 내용을 어떻게 다루고 있는지 생각해 보라.

28. 매일 시편 86:1-11을 소리 내어 기도하라. 하나님께서 우리의 기도를 들으시고, 교회를 위해 나뉘지 않은 한 마음을 주셔서 성령께서 하시는 말씀에 귀 기울이기를 원하신다는 것을 알라.

29. 시편 97편을 읽으면서 겸해서 예문을 써 보라. 매일 시편을 소리 내어 읽고 한 문장으로 하나님을 묘사한 다음에 주님은 왕이시다! 땅이여 기뻐할지어다 라고 적어라. 여섯째 날에는 시편을 읽은 후 예문 전체를 읽어보라.

30. 매일 시편 26편을 소리 내어 기도하면서 교회와 기독교인들이 악의 세력에 둘러싸여 있으면서도 하나님께 충성을 다하면서 살아남으려고 씨름하는 것을 생각해 보라.

31. 매일 창조를 찬양하는 시편 148편을 기도하라. 달과 별들 아래에서, 밝은 햇빛 아래서, 언덕과 산에 둘러싸여서, 바다를 바라보면서, 비나 눈이 내릴 때, 젊은이 늙은이들의 소리를 들으며, 새와 동물들을 바라보며 소리 내어 읽어라. 모든 피조물들이 하나님을 찬양하는 것에 주의를 기울이라.

32. 매일 시편 96편을 큰 소리로 기도하라. 할 수 있으면 무릎을 꿇고 기도해 보라.

철저한 제자

"철저한 제자"의 선언들은 매주 성경 말씀에 뿌리를 둔 것들이다. 이 선언들은 헌신에 전력을 다하도록 촉구하고 있으며, 제자의 도를 도전하여 주는 것들이다. 이 선언문들은 의도도 그러하지만 요청되는 행위에 있어서도 내용이 다양하다. 어떤 때는 성찰과 자기 평가, 어떤 때는 일상생활의 조용한 인정, 그리고 어떤 때는 자신과 다른 사람에게 심기가 불편할 수도 있는 행동이나 방향을 선택하라고 요청하기도 한다. 여기에 제시된 많은 도전들은 제자들로 하여금 그들이 몸담고 있는 문화와는 동떨어진 곳에 처하게 할 수도 있다. 그래서 가벼이 넘길 수 있는 성질의 것이 아니다.

철저한 제자의 묘사는 한 주 안에 완성할 과제로 보면 안 된다. 물론 어떤 행동들, 즉 시편 쓰기 같은 것은 해당 주에 완성할 수 있다. 하지만 대부분의 경우 여기 주어진 도전들은 삶을 변화시키는 일생에 걸친 도전이라 할 수 있다. 제자 성경연구에 참석하는 사람들은 어떤 선언문들에 있는 도전은 받아들이기로 선택하고 또 다른 것에 있는 도전은 받아들이지 않기로 선택할 수 있다. 철저한 제자에 대한 도전을 받아들이는 사람들은 헌신된 제자들로 이루어진 사랑의 공동체의 지원을 기대하면서 도전을 받아들이는 것이다. 이는 당신에게 또 그룹에게 도전이 되는 일이지 않은가?

1. 당신의 주의를 필요로 하는 가정의 일은 무엇인가? 중독성을 보이는 행위가 있는지? 남을 학대하는 것이 있지 않은가? 의사소통에 문제가 있진 않은가? 화해할 필요가 있는가? 짚고 넘어 가야 할 비밀이 있는가? 재정적으로 어려움이 있는가? 고립이나 고독인가? 시간, 에너지, 그리고 경제적으로 어떤 대가가 요구되는가?

2. 철저한 제자는 이름에는 유산이 따라 다니며, 유산에는 어떤 주장과 의무가 따른다는 것을 안다. *기독교인* 이라는 이름을 갖는 것은 그 이름에 함께 따라오는 유산과 의무를 받아들이는 것을 의미한다. *제자* 라는 이름을 갖는다는 것은 그 이름에 따라오는 요구사항을 받아들이는 것이다. 철저한 제자는 의도적으로 그 이름이 주는 기대에 맞추어 산다.

3. 인간은 자기 이익을 추구하느라 너무나 자주 하나님을 찾으려는 소망을 뒤로 하게 되는 성향이 있다. 이러한 성향을 인정하면서, 철저한 제자는 충성된 믿음 훈련을 위해 기도와 회개의 생활을 게을리 하지 않는다. 그것도 한번으로 끝나는 것이 아니라 지속적으로 훈련해야 한다.

4. 철저한 제자란 하나님의 지시를 특별히 따르는 사람이라고 가정할 때, 금주의 성경에서 철저한 제자는 누구인가? 고레스라면, 어떤 면에서 그가 철저한가? 유배에서 돌아오는 사람들이라면, 어떤 면에서 그들이 철저한가? 에스라라면? 느헤미야라면? 다리오 왕이나 아닥사스다 왕이라면? 각양각색 사람들의 다양한 행동을 고려해 보라. 당신의 경우는 어떠한가? 하나님의 인도를 받는 중 당신은 어떤 특별한 부름을 받았는가?

5. 철저한 제자는 자신과 다른 사람들이 어떤 그룹이나 원인의 틀에 박힌 눈으로 보고 또 박해를 허용하는 태도나 언어 습관이 없는지 살펴보고 그것에 정면으로 맞선다.

6. 철저한 제자는 신앙을 부인하는 문화의 요소들을 적극적으로 거부한다. 당신이 당신을 하나님 나라와 동등한 선에 두는 가장 중요하다고 생각하는 가치들을 나열해 보라. 오는 주간 동안 당신이 가진 가치와 당신의 실제 행동 사이에서 생기는 차이를 의식해 보려고 애써 보라.

7. 지혜의 인도와 올바름에 귀를 기울이는 철저한 제자는 분별하는 것과 훈련을 둘 다 연습한다. 분별은 지혜에 이르는 올바른 길이 무엇인가 선별하여 주어진 상황에 어떤 가르침이 적용되는지 결정하는 것을 뜻한다. 훈련은 올바른 길에 계속 머무르면서 길을 가는 내내 지혜에 입각한 결정을 하는 것을 뜻한다.

8. 철저한 제자는 보상을 바라면서 "착하게 사는" 것이 아니라, 보상에 관계없이 올바르게 살아간다. 당신은 열정, 이상, 일에 대한 열심, 잠언과 같은 지혜, 희생적인 사랑을 필요로 하는 어떤 일을 하고 있는가?

9. 전도자의 입장이 되어 당신이 통제할 수 없는 것들을 찾아보라. 믿음 안에서 긴장을 풀라. 행동이 도가 지나치기보다 자족하기를 힘써 보라. 말을 많이 하기보다 들으려고 힘써 보라. 얻는 것보다 주는 데에서 의미를 찾아보라. 결정적인 해답을 얻으려는 욕구를 떠나보내라. 하나님을 믿으라.

10. 감사의 기도로 하루를 시작하라. 하루 동안 불평을 피해 보라. 다른 사람들에게 감사를 표현하라. 일을 하고 도움을 주고 받으면서 느낀 만족감을 성찰해 보라. 친구가 되라. 하루를 끝낼 때 감사와 신뢰의 기도를 드리라. 하루하루가 선물이라는 것을 알라.

11. 우리는 *우리는 믿는다, 하나님은 축복하신다, 우리는 감사를 드린다* 라는 순서로 반복되는 것을 선호한다. 그러나 원치 않았던 비극은 온다. 철저한 제자는 재빠른 해답을 제시하려는 충동을 거부한다. 그리고 나아가 철저한 제자는 돈을 왕창 잃고, 집이 불타고, 그리고 가족이 사망한 그런 사람들에게 찾아가 예수님의 이름으로 도움과 사랑을 준다. 무엇보다도 철저한 제자는 나를 필요로 하는 사람과 함께 하는 사역을 실천한다.

12. 철저한 제자는 삶을 있는 그대로 받아들인다. 삶은 질서와 혼돈, 기쁨과 절망, 선과 악, 이성과 신비가 절묘하게 섞인 것이다. 그리고 철저한 제자는 하나님의 목적을 신뢰하며 산다.

13. 사랑하고 사랑 받을 때, 그리고 알아가고 알려질 때 인간은 연약해진다. 하지만 이러한 연약함을 무릅쓰고 철저한 제자는 아낌없이 자기를 주는 연습을 하고, 다른 사람이 아낌없이 자기를 줄 때는 기쁨으로 받는다. 당신은 어떠한가?

14. 철저한 제자는 감히 모든 시편—익숙하지 않거나 일부러 사람들이 회피하는 것을 포함하여—을 자기 것으로 만들고자 한다. 당신 생각에 부정적인 감정을 나타내는 시편이나 시편의 일부를 암기하라. 그러면 그런 말들을 필요로 하는 때에 그 단어들이 떠오를 것이다.

15. 철저한 제자는 모든 감정의 영역을 하나님께 표현하는 것을 배운다. 개인적인 탄식을 써 보라. 과거나 현재의 걱정거리를 기초로 하라. 부름, 걱정거리의 묘사, 하나님께서 응답하시기를 간청, 하나님이 귀를 기울이신다는 믿음의 진술, 감사의 맹세나 표현과 같은 요소들을 포함시키면 된다.

16. 철저한 제자는 하나님을 찬양한다. 스스로 찬양시를 써 보라. 시편 103편을 모델로 사용하라. 하나님이 당신의 삶에 가져다주신 승리와 축복에 하나하나 이름을 붙여 보라.

17. 철저한 제자는 다원적인 사회에 살면서 또 한편으로는 예수님이야말로 유일하신 하나님의 말씀이심을 믿는다.

18. 철저한 제자는 매일 믿음에 찬 삶을 행동으로 실천함으로써 그리스도 안의 새로운 삶을 증거하는 증인이 된다. 새로운 삶에 대한 경험으로 인해 당신 주위에 있는 사람들에게 어떻게 명확한 증거를 보여준다고 생각하는가?

19. 철저한 제자는 듣기에 거북한 예수님의 말씀을 듣고도 고개를 돌리지 않는다. 금주의 성경에서 예수님의 말씀 중에 어떤 것이 실천하기에 어려웠는가?

20. 그리스도의 빛을 보았기에, 철저한 제자는 그 빛을 비추는 사람이 된다. 금주에는 날마다 과연 어디서 어떻게 누구에게 그리스도의 빛을 비출 수 있을지 결정하라.

21. "한 알의 밀이 땅에 떨어져 죽지 아니하면 한 알 그대로 있고 죽으면 많은 열매를 맺느니라" (요한복음 12:24). 철저한 제자는 열매를 맺기 위해서 무엇에 죽고, 무엇을 잊어버려야 하는가?

22. 당신에게 있어 섬김의 행위는 어떤 것인지 묘사해 보라. 이번 주에 할 수 있다 하시는 성령의 능력을 받기를 간구하라. 그런 후에 행동하라.

23. 우리가 사는 사회에서 십자가는 거룩한 상징이라기보다는 장식용 액세서리로 진열되고 있다. 이번 주에 여러 가지 모양으로 진열된 십자가를 유심히 살펴보라. 각종 십자가의 전시가 어떤 메시지를 당신에게 전해 주는가?

24. 철저한 제자는 빈 무덤에 담긴 복음의 소식을 들고 다른 사람들이 꺼려하는 곳까지 가는 위험을 감수한다. 당신이 꺼려하는 그곳은 어디인가?

25. 오래된 사고, 오래된 명령을 의문시하게 되는 새로운 상황에 접하게 될 때, 철저한 제자는 상황을 명확한 눈으로 직시하고, 변화를 참아내는데 필요한 한계가 무엇인지 알고, 자신과 공동체를 그리스도의 중심 되는 가르침에 붙들려 있고자 한다.

26. 금주에는 들으려고 애써 보라. 라디오, 텔레비전, 그리고 영화에서 헐뜯고, 조롱하고, 야유하고, 깎아내리는 말에 귀 기울이라. 가정과 일터와 노는 가운데 나누는 대화에 귀를 기울이라. 당신이 그러한 대화에 어떻게 참여하는지 점검해 보라. 혀를 긍정적으로 사용하는 것에 귀를 기울이라. 믿음과 언어 사이에 어떤 관계가 있는지 생각해 보라.

27. 일반적인 사회는 문화—행동 패턴, 신조, 예술, 여흥, 제품 등—가 아무런 해가 없다고 여기지만 철저한 제자는 매일 대하는 문화의 세력에 대항한다. 그 문화가 하나님의 통치를 모르는 사이에 잠식한다는 것을 알기 때문이다.

28. 철저한 제자는 세속문화에 대해 협력하고 타협하라는 유혹이 강할 때 교회가 서로 책임감을 갖고 그리스도처럼 믿음에 차 있기를 요청하면서 길을 이끌어 나간다.

29. 성도들은 계속해서 기도하는 사람들이다. 그들이 드리는 기도는 향의 연기와 같다. 인내는 기도를 철저하게 한다. 어떻게 하면 당신이 더 힘찬 기도의 사람이 될 수 있을까?

30. 철저한 제자는 기꺼이 고난을 받고자 하나 또한 그들이 가진 신앙 때문에 대가를 치르는 다른 사람들을 어떻게 북돋아 줄지도 알고 있다. 당신의 도움을 필요로 하는 사람은 누구인가?

31. 철저한 제자는 악의 실체를 인정하고 있는 그대로 주의를 환기시키며, 악을 보고 그것에 대항하며, 악의 정면에 어떤 행동이 필요한지 결정하며, 적극적인 소망을 가지고 살아간다.

신실한 공동체의 모습

제자공부의 각 과에는 신실한 공동체의 모습이 있다. 32주 동안의 신실한 공동체의 모습을 여기 나열해 본다.

1. 우리는 신실한 믿음의 공동체이기 때문에 가정을 소중하게 여긴다. 이는 때로는 상당한 희생을 치르면서도 가정의 책임과 더 나아가 대가족의 책임에 우선순위를 두는 것을 뜻한다.

2. 우리는 신실한 믿음의 공동체이기 때문에 기억과 유산을 귀중하게 여긴다. 기억과 유산이 오늘은 우리로 하여금 하나님께 순종하게 해주고, 내일을 책임지고 하나님을 경배하는 사람들로 만들어 주기 때문이다.

3. 우리는 신실한 믿음의 공동체이기 때문에 하나님의 백성으로 함께 결속되기를 자유로이 선택한다.

4. 우리는 신실한 믿음의 공동체이기 때문에 듣지 않으려고 하기보다 들을 준비를 하며, 행동하지 않으려고 하기보다 행동할 준비를 한다. 이는 하나님의 부르심과 지시에 응답하기 위함이다.

5. 우리는 신실한 믿음의 공동체이기 때문에 하나님이 침묵하고 계시는 것 같이 보일 때에도 하나님의 이름으로 행동한다. 우리는 하나님을 대신하여 어디에서 어떤 형태로 박해가 일어나든 이에 맞서 일어선다.

6. 우리는 신실한 믿음의 공동체이기 때문에 어떤 대가를 치르든지 우리 문화 속에서 신앙을 부인하는 요소들을 적극적으로 거부한다.

7. 우리는 신실한 믿음의 공동체이기 때문에 지혜에 귀를 기울이고 날마다 행동을 통하여 그러한 지혜를 실천하고자 노력한다.

8. 우리는 신실한 믿음의 공동체이기 때문에 어떤 선택을 해야 할 때, 세상의 지혜가 아닌 하나님의 지혜를 신뢰한다.

9. 우리는 신실한 믿음 공동체이기 때문에 여러 모양으로 나타나는 삶의 신비를 그대로 받아들이며, 죽음 또한 삶의 일부로 받아들인다.

10. 우리는 신실한 믿음의 공동체이기 때문에 삶을 선물로 받아들이고, 그 삶을 현재에 만끽하고, 또한 삶을 주신 하나님께 감사드린다.

11. 우리는 신실한 믿음의 공동체이기 때문에 고통이나 불의를 경험할 때 왜 라는 질문을 하게 된다는 사실을 인정하고, 해답이 오지 않을 때라도 하나님의 임재를 확신한다.

12. 우리는 신실한 믿음의 공동체이기 때문에 하나님의 주권을 받아들이고, 삶의 신비를 인정하고, 하나님의 피조물 안에서 우리의 자리를 즐기면서 하나님께 경외하는 마음으로 나아간다.

13. 우리는 신실한 믿음의 공동체이기 때문에 하나님께서 우리에게 아낌없이 자기를 내어주신 사랑을 본받아 우리에게 친밀한 사랑을 요구하는 사람들에게 응답하여 준다.

14. 우리는 신실한 믿음의 공동체이기 때문에 하나님께서 우리를 반기신다는 것을 알고 있으며, 우리가 말하고 느끼는 것들을 하나님께서 기꺼이 맞아주신다는 것을 안다.

15. 우리는 신실한 믿음의 공동체이기 때문에 고통이나 어려움을 당하더라도 하나님의 말씀을 위로삼아 탄식의 시편이 우리의 음성이 되게 한다.

16. 우리는 신실한 믿음의 공동체이기 때문에 우리의 삶의 형편이 어떠하든지 간에 하나님은 찬양받으시기에 합당한 분이기 때문에 하나님을 경배한다.

17. 우리는 신실한 믿음의 공동체이기 때문에 예수님이야말로 육신으로 오신 하나님이시라고 하는 공동체의 가르침을 받아들이고 또 그 가르침을 강조한다.

18. 우리는 신실한 믿음의 공동체이기 때문에 육적인 면과 영적인 양면을 본다. 우리가 육체로 존재하는 동안, 우리는 예수 그리스도 안에서 하나님께서 주신 새로운 삶을 은혜롭게 산다.

19. 우리는 신실한 믿음의 공동체이기 때문에 오로지 "영생을 위한 양식"인 생명의 떡이신 예수님 외에는 아무 것도 추구하지 않는다.

20. 우리는 신실한 믿음의 공동체이기 때문에 부지런히 그리스도의 빛에 대해 증거할 것을 택한다.

21. 우리는 신실한 믿음의 공동체이기 때문에 예수님을 하나님의 아들이신 메시야로 믿으며 살다가 죽는다.

22. 우리는 신실한 믿음의 공동체이기 때문에 섬김의 열매를 맺기 위해서 그리스도 안에 거한다.

23. 우리는 신실한 믿음의 공동체이기 때문에 십자가에 달리신 그리스도를 통하여 보여주신 하나님의 희생적인 사랑을 받아들인다. 그리고 그것을 우리의 삶을 통하여 전한다.

24. 우리는 신실한 믿음의 공동체이기 때문에 부활하신 그리스도를 믿으며, 그리스도께서 승리하신 것을 기쁜 마음으로 자신 있게 증거한다.

25. 우리는 신실한 믿음의 공동체이기 때문에 서로 사랑하라는 맨 처음에 받은 메시지로 서로의 관계를 맺어가는 사람들이다.

26. 우리는 신실한 믿음의 공동체이기 때문에 말이라고 하는 것이 세울 수도 있고 파괴할 수도 있는 힘이 있음을 안다. 그러므로 우리는 혀를 사용하는 것을 가볍게 생각하지 않는다.

27. 우리는 신실한 믿음의 공동체이기 때문에 마지막 때가 언제 임하든지 간에 그것이 하나님의 손에 달려 있다는 것을 확실히 알고 있다. 우리는 미래에 있을 하나님의 승리를 기대하면서 현재에 살고 일한다.

28. 우리는 신실한 믿음의 공동체이기 때문에 하나님께서 성령으로 우리 교회에 말씀하시는 것에 귀를 기울이고, 그 말씀에 충성하려고 애쓴다.

29. 우리는 신실한 믿음의 공동체이기 때문에 일상적으로 정의되고 한정시켜 주는 것들을 거부한다. 우리는 우주적인 갈등에 참여하되 궁극에 가서는 승리하는 것을 확신한다.

30. 우리는 신실한 믿음의 공동체이기 때문에 두려워하기보다는 신실하기를 택한다. 어떤 대가를 치르든지 떳떳하게 증거하기를 택한다.

31. 우리는 신실한 믿음의 공동체이기 때문에 우리를 둘러싸고 있는 악과 대적하면서 온전히 현재에 산다. 또한 우리는 새 하늘과 새 땅에 대한 하나님의 약속 속에 온전히 산다.

32. 우리는 신실한 믿음의 공동체이기 때문에 하나님이 통제하고 계신다는 지식을 신뢰한다. 우리는 몸 굽혀 제자들의 발을 씻기시고 또한 우리도 다른 사람들에게 그렇게 하도록 부르시는 하나님께 우리의 삶을 순종함으로 내어드린다.

구체적인 준비 사항들

성경에 표시하기

생명나무에 이르는 길 성경공부를 시작할 때, 아무런 밑줄도 쳐지지 않은 새 성경을 가지고 시작하라. 그러면 앞에서 표시한 것이나 토를 단 것에 구애되지 않고 성경을 새롭게 접근할 수 있게 될 것이다.

당신만의 스터디 성경을 만들기 위해 성경에다 표시를 하라.
- 왜 특정한 부분에다 표시를 하는지 그 이유를 알라.
- 성경 기자의 메시지에 실마리를 주는 단어나 구절, 사람이나 장소 이름, 행동의 연결, 당신에게 특별히 의미를 주는 구절에 표시를 하길 원할 것이다.
- 단지 익숙하다는 이유만으로 익숙한 부분에 표시하려는 유혹은 자제하도록 한다.
- 새로운 영감을 주는 곳이나 의문이 가는 부분에 표시하라.
- 암기할 구절을 찾으라.

다른 **제자** 성경공부 반원들도 매일 할당된 성경부분을 읽으면서 성경에 표시를 하도록 권장한다.

장소와 비치물

매주 그룹 모임을 위해 만날 장소를 선택하고 준비하기 위해서는 아래와 같은 요인을 고려하도록 한다.
- 몸이 불편한 공부 반원들이 들어오고 나갈 수 있는 곳이어야 한다.
- 공부를 방해하는 요소가 없도록 사적인 장소여야 한다.
- 스터디 활동을 하기 위해 그룹으로 앉고 일어서기에 충분한 공간이 있어야 한다.
- 책을 펴놓거나 공책과 필기도구를 놓을 만큼 커다란 테이블을 포함하여 충분한 가구가 있어야 한다.
- 어린아이들을 마음 놓고 맡길 편의시설이 있어야 한다.
- 적당한 온방 냉방 시설이 필요하다.
- 비디오를 상영할 경우, 작동하는 비디오가 쉽게 사용될 수 있도록 놓여 있어야 한다.
- 칠판 혹은 괘도가 있으면 좋다.
- 31과와 32과는 특별한 교실 배치가 필요하다. 인도자 지침서 112-118쪽과 연관된 페이지를 참조하라.

친교할 기회

친교, 신뢰, 서로 돌봄 등은 사람들이 때때로 매주 그룹 모임 이외의 시간과 장소에서 서로 사귈 기회를 가질 때 깊어지게 된다.

- 반원들에게 배우자, 가족, 친구들을 초대해서 함께 편한 마음으로 방문하고 사귀고 음식을 함께 나눌 수 있는 친교의 기회를 때때로 마련한다.
- 반원들에게 특별한 날이나 사건 혹은 휴일을 함께 축하할 수 있는 기회를 만들 수도 있다.
- 그러한 모임을 가지는 취지는 함께 여흥을 나누는 시간을 가지기 위함이다. 그러한 모임을 가질 때에는 격식을 너무 갖추지 말고 간소하게 지키도록 한다.

수료 예배

12명의 학생과 인도자로 이루어진 **제자: 생명나무에 이르는 길** 성경연구가 끝나면, 전체 회중이 그것을 인정하고 축하하고 감사해야 한다. 수료 예배는 아침이나 저녁 예배 중에 계획하도록 한다.
- 교회 지도자 중의 한 사람에게 부탁하여 제자를 공부하고서 교회를 통해 믿음에 찬 사역에 헌신하기로 준비한 사람들을 향하여 교회 회중이 드리는 감사의 말을 하게 한다.
- 반원 중의 한 사람에게 부탁하여 성경연구 경험이 그들에게 준 의미를 나누게 한다.
- 회중 가운데 12명으로 된 비슷한 그룹을 형성하여 성경공부를 시작할 다른 교인들을 위해 기도하라.
- 졸업장과 핀을 **생명나무에 이르는 길**을 마친 사람들에게 수여한다.
- 4권의 **제자** 성경연구를 모두 끝마친 사람들에게는 특별히 주문해야 하는 여러 겹으로 된 핀을 수여한다.

제자훈련 교재를 가르치기 위한 준비

● 배우는 이로서, 그룹에 참석하는 이로서, 그리고 그룹의 인도자로서 준비하라.

● 과거에 배운 지식이나 익숙한 성경구절에 너무 의존하지 말라. 매일 성경 읽기와 각 과에서 공부할 성경구절들을 마치 처음으로 그 성경구절을 읽듯이 초신자의 자세로 임하라.

● 매주 공부 반원들이 예습해 온다고 가정하고 그룹 모임 진행과 과정을 준비하라.

● 그룹 모임에서 당신의 역할은 정보를 제공하여 주는 사람이 아니라, 토의과정이 잘 진행되도록 하는 일이다. 물론 공부 반원들이 어떤 새로운 정보나 또 추가 정보를 얻기 위하여 당신에게 의존할 것이지만, 권위자로서나 전문가로의 위치에 있지 말라. 한 사람에게 부여되는 권위를 피하기 위하여 당신이 앉은 자리를 정규적으로 바꾸어라.

● 그룹이 모임 때마다 다루어야 할 주요 부분을 모두 다룰 시간이 있는지 필요한 시간 분배에 주의를 기울이라. 이는 토의 시작 (비디오) 부분, 성경 읽기를 복습하고 토의하기, 성경구절의 그룹 연구, 그리고 사역에 대한 헌신 등이다.

● 공부시간 내에 학습 활동이 필요할 때에는 그룹 전체가 같이 하는 것이 더 효과적인지, 아니면 혼자서 하는 것이 효과적인지를 미리 계획하라. 학습 활동이나 학습 방법의 선책은 각 과의 성경구절에 따라 차이가 날 것이다.

● 성경 읽기에서 제시된 성경구절과 제자훈련 교재를 읽을 때마다 복습하여야 할 내용과 그룹에서 다루어야 할 내용의 방안에 유의하라.

● 사람들이 매일 기록한 내용들을 어떤 순서로 어떻게 발표하도록 진행시킬 것인지 결정하라. 여기 몇 가지 가능한 방법들이 있다.

1. 매일 할당된 성경구절들과 공란에 기록한 내용들을 그룹에서 같이 이야기하든가 혹은 소그룹에서 서로 그 내용들을 이야기하게 하라.

2. 사람들이 성경을 읽고 연구하면서 준비하는 동안에 제기된 모든 질문을 큰 종이에다 목록을 만들라. 어떤 질문들은 공부 반원들이 대답해 줄 것이고, 어떤 질문들은 그룹이 함께 더 연구하고 토의할 문제일 수도 있을 것이다.

3. 공부 반원들이 준비하는 동안 수집한 모든 정보들을 함께 찾아내고 잘 정리한다.

　연대표를 만들라.
　용어 해설표를 만들라.
　주요 인물들과 사건들을 나열하라.
　성경 개념과 신학 개념을 같이 토의하라.
　공부하는 성경구절의 배경을 살펴보라.
　성경 말씀과 삶을 연결시켜라.
　깨달은 것, 경험한 것, 느낀 것을 토의하라.

4. 원래 의도되었던 성경 본문을 해석하라.

● 공부 반원들이 당신이 대답할 수 없는 질문을 던지거나 또는 많은 신학적인 의견을 이끌어 낼 수 있는 질문을 던짐으로써 당신이 미리 준비한 방향으로 진행되지 않을 때가 있음을 예상하라. 그러한 상황에 대응할 준비를 하라.

● 공부 반원들 중에서 주어진 과제 이상으로 더 연구 조사한 내용이 있으면 보고할 수 있는 기회를 주라. 만일 여러 사람들이 같은 주제로 더 연구 조사하였으면, 한 사람이 보고하고 다른 사람들이 추가로 내용을 첨가하게 하거나, 소그룹에서 보고를 하게 하는 형식으로 하라.

● 그룹 활동으로서 반원들이 같이 큰 소리로 성경구절들을 읽을 수 있는 기회를 주라.

● 불분명한 내용을 더 분명하게 알기를 원하거나 혹은 추가내용이 필요할 때는 공부 반원들로 하여금 이따금 성서주석이나 성서지도, 혹은 성서대사전 등을 사용할 수 있는 기회를 주라.

그룹 강화와 유지를 위하여

좋은 그룹을 위한 분위기

좋은 학습 분위기는 따뜻하고, 서로 신뢰하고, 의욕적이며, 서로 참고, 마음 문을 열고, 서로 돌보고, 서로 용납하며, 민감하고, 유머가 있으며, 마음을 탁 터놓고 이야기할 수 있는 분위기이다.

건전한 학습 분위기는 개인과 그룹이 동시에 존경을 받는 분위기이다. 사람들은 서로의 생각과 느낌에 대하여 주의를 기울이고 자상하며, 서로 마음 놓고 자기들 생각과 느낌을 솔직하게 표현할 수 있다고 느낄 때이다.

말 없는 조용한 사람들을 위하여

● 말하지 않고도 다른 방법으로 그룹에 참여할 수 있다는 사실과 말하지 않아도 괜찮다는 사실을 인정한다. 사람들이 어떤 특정한 질문이나 특정 활동에 대답을 하지 않고 다음 사람에게 순서를 넘길 수도 있게 하라.

● 크든지 작든지 모든 공헌이 가치가 있다는 사실을 강조하라. 말하기를 주저하는 이유는 잘못 대답하여 조롱의 대상이 될까봐 두려워하기 때문일 수도 있다.

● 평소에 말없이 조용하던 사람이 말하고 싶어할 때 인도자는 특히 민감하여야 한다. 그는 인도자의 격려가 필요하다. 몸짓을 지켜보라. 직선적인 질문을 던져 당황하지 않도록 조심하라. "말씀하시고 싶은 것이 있으십니까?" 라는 식으로 말함으로써 본인이 말할 수 있도록 유도해 내라.

● 소그룹 토의와 활동을 계획한다. 대그룹에 참여하기를 주저하는 사람들 중에는 소그룹에 참여하는 것을 편안하게 생각하는 사람들이 있다. 처음에는 조용한 사람들끼리, 그리고 말이 많은 사람들끼리 그룹을 만들어 주라. 그런 다음에 점차로 서로 같이 일할 수 있는 기회를 가지도록 그룹을 섞어 주라.

토의를 독차지하는 사람을 위하여

그룹에서 토의를 독차지하는 사람을 잘 다루기 위해서는 재치가 있어야 하고 또 신경을 많이 써야 한다.

● 사람들이 말뿐만 아니라 행동으로 무엇을 말하고 있는지 빨리 파악하라.

● 음성이나 행동, 그리고 얼굴 표정이나 말투로 토의를 독차지하는 사람에게 인도자의 태도를 분명하게 하라.

● 한 가지 방법은 그 사람이 말할 내용을 인도자가 종합한 후 다른 사람들로 하여금 그 사람이 말한 내용을 더 보충하도록 인도하라.

● 소그룹 활동이나 소그룹의 각 반원들로 하여금 돌아가면서 말할 수 있는 기회를 줌으로써 한 사람이 토의를 독차지하는 것을 방지할 수 있을 것이다.

● 그룹을 진행하는 일에 다른 반원들을 참여시켜라. 그룹이 기능을 잘 발휘하게 될 때에는 모든 사람들이 참여하는 기회를 가지게 되고, 그렇게 함으로써 한 사람이 독차지하는 가능성이 줄어들게 될 것이다.

그룹 강화와 유지를 위하여 그룹이 처음 모일 때, 앞으로 지켜야 할 기본 원칙(ground rules)들을 같이 이야기하는 것도 좋은 방법이다. 기본 원칙들을 같이 나눌 때는 반원들이 여러 모로 참여하기를 바라는 것과 공부가 끝날 때까지 어떻게 서로 보살펴 주는 것이 좋을까를 나누도록 하는 것이다.

제자훈련반에서 의견충돌을 해결하기 위하여

건전한 그룹 분위기는 자기와 다른 의견들을 얼마나 존중하고 또 어떻게 받아들이느냐에 달려있고, 사람들로 하여금 자기 나름대로 자기 의견을 개발하도록 권장하는 데 있으며, 더 나아가서는 인도자나 혹은 반원 서로 간에 의견을 달리 할지라도 반원들로 하여금 편안한 마음을 갖게 하여 주는 데 달려 있다.

자기 자신의 의견과 상충되는 견해에 개인적으로 위협을 받지 않는 인도자는 신뢰와 용납의 그룹 분위기를 빨리 조성할 수 있다. 의견충돌이 일어날 때에는 자연스럽게 처리한다.

● 각 과의 방향을 그대로 잘 유지한다.

● 논제에 초점을 두고 의견을 나누도록 도와주고 논쟁자들에게 초점을 두지 않도록 조심한다.

● 적절하게 논점을 종합하고 의견차이와 의견일치를 명확하게 말하여 준다.

● 계속하여서 논쟁의 초점이 논제에서 떠나지 못하도록 한다.

● 논쟁 내용을 반원들로 하여금 성서사전이나 성서주석을 참고하여 더 연구 조사할 수 있도록 한다.

● 의견차이를 일치시킬 필요도 없고, 또 가능하지도 않다는 생각이 들 때에는 의견차이를 그대로 인정한다.

● 만약 논쟁 내용이 그룹 반원들에게 적합하지 않다는 생각이 들 때에는 공부가 끝난 후에 따로 이야기하도록 한다.

● 학습을 계획한 대로 이끌기 위해서 언제, 어디서 토의를 중단시킬 것인가를 항상 생각한다.

● 사람들이 열렬히 토의할 때는 칭찬해 준다.

● 의견 충돌이 있을 때나 끝난 후에도 계속 그 사람들을 돌보고 용납한다는 사실을 보여주라.

토의를 인도하기 위하여

개인의 편견이나 피상적인 대답을 나누는 토의를 방지하기 위하여 인도자나 공부 반원들이 조심스럽게 주의할 필요가 있다. 건설적인 토의를 위해서는 목적과 훈련을 겸비해야 한다는 것을 기억하라.

질문 준비하기

당신이 준비하는 질문을 통하여 무엇을 성취하려고 하는가를 분명히 하라.

● 질문은 사람들을 생각하게 도와준다.
● 질문은 새로운 통찰력이나 지식으로의 마음을 열게 한다.
● 질문은 어떤 생각이나 이해, 또는 가정들을 조사할 수 있도록 한다.
● 질문은 가끔 한 주제를 더 깊이 조사하도록 요구한다.

여러 질문들이 서로 다른 목적을 위해 사용된다. 특별한 의도를 염두에 두고 질문을 작성하라.

● 당신의 의도가 어떤 정보를 모으거나 기억나게 하는 것이라면, 기억나게 해주고, 사실에 대하여 묻고, 특별히 정확한 답을 요구하는 질문을 하라.
● 만일 질문의 의도가 자료를 수집하는 데 있다면, 공부 반원들로 하여금 그 자료를 정리하고, 비교하고, 또 대조할 수 있도록 질문하라.
● 만일 질문의 의도가 어떤 상황이나 활동을 분석하기 위한 것이라면, 그 상황이나 활동에 관련된 해설이나 이유를 말하도록 질문하라.
● 만일 결론을 내리기 위한 질문이라면, 사람들로 하여금 요약 정리하도록 질문하고, 상호 관계와 관련성에 관하여 말하도록 질문하라.
● 만일 비평과 평가를 위한 질문이라면, 특별한 기준에 의하여 어떤 것이 최선의 선택인지 언급하도록 질문하라.
● 만일 어떤 결과와 상황에 대하여 더 깊이 생각하도록 던지는 질문이라면, 상상력과 모든 가능성을 총동원할 수 있도록 질문하라.

당신이 하는 질문의 내용을 알고 있어야 하며, 공부 반원들에게 질문하는 이유를 가르쳐 준다.

질문을 할 때에는 다음과 같은 사항을 고려한다.

● 일반적으로 "예" 또는 "아니요"의 대답을 요구하는 질문은 너무 지엽적 토의를 단절시킨다.

● 질문의 대답이 너무 자명하거나, 대답을 할 수 없거나, 논쟁에 너무 말려들게 하거나, 너무 막연한 대답을 요구하면 좋은 질문이 될 수 없다.
● 좋은 질문을 정보와 느낌과 경험을 고루 갖춘다.
● 간단명료하고 하나의 초점을 갖는 질문이 좋다.
● 좋은 질문은 사람들로 하여금 준비하게 하고, 전에 공부한 내용을 생각나게 하며, 또 더 깊은 연구를 하게 한다.
● 사실적인 질문을 위한 중요한 단어들은 언제, 누가, 어디서, 무엇을, 어떻게, 왜 등이다.
● 토의를 인도하기 위하여 준비한 질문들에 대하여 실제로 당신 스스로에게 질문하고 대답해 보라.

토의 인도하기

● 토의할 질문을 적는다. 공부 반원들이 무엇을 왜 토의하고 있는지 알 수 있게 도와주라.
● 토의가 어떻게 전개되어야 하는지 미리 생각해 두라.
● 생각할 수 있는 시간을 주라. 침묵이 반드시 헛된 것이 아니므로 침묵을 두려워하지 말라. 침묵은 생각할 수 있는 기회를 준다. 질문을 너무 성급하게 다른 말로 표현하지 말라. 잘 준비된 질문은 궁극적으로 대답에 이르게 한다. 당신이 던진 질문에 스스로 대답하지 말라. 공부 반원들은 당신이 곧 대답하게 될 것이라는 것을 알게 되고, 결국 당신에게 의존하게 될 것이다.
● 귀를 기울이라. 말뿐 아니라 감정에 민감하라. 듣는다는 것은 말하는 사람의 뜻을 알아들을 뿐만 아니라 실제로 그 내용을 듣는 것을 의미한다. 공부 반원이 말한 내용을 가끔 평가나 비평 없이 요약해 주어라.
● 시선을 마주치거나 머리를 끄덕임으로, 또는 한두 마디를 말함으로써 교사가 듣고 있다는 사실을 보여주라.
● 당신이 어떻게 대답할 것인가를 생각하는 순간 당신은 듣지 않고 있다는 사실을 기억하라.
● 어떤 사람이 말하고 있는 동안에는 (사실이 틀리지 않다면) 동의한다거나 반대한다는 언급을 피하라.
● 사람을 용납한다고 해서 그 사람의 생각이나 해설, 또는 태도를 용납해야 하는 것은 아니다.
● 모든 사람이 다 참여하여 어떤 개인이 토의를 독차지하지 않게 하라.
● 토의가 어디로 가고 있는지를 잘 파악하여 당신이 처음 정한 방향에서 이탈하지 않도록 하라.

성경공부의 기본 원리

1 하나님의 말씀은 예수 그리스도이시다. 성경 말씀은 예수 그리스도와 관계된 하나님의 말씀에 대하여 우리들에게 말하여 주고 있다. 그러므로 우리는 성경 말씀을 공부할 때에 그 말씀의 배후를 조사하고, 그 말씀을 들여다보고, 그 말씀을 충분히 조사하는 과정에서 예수 그리스도를 바라보게 된다.

2 성서학자나 성경을 배우지 못한 사람이나 누구를 막론하고 하나님의 말씀이나 성경 말씀을 이해하기 위하여 전매특허를 받은 사람은 아무도 없다. 하나님께서 주시는 풍부한 선물을 이해하려고 노력하는 과정에서 우리 모두는 서로가 서로를 들으려고 노력하여야 한다.

3 누구든지 기독교인이면 그 사람 나름대로의 건전한 의견을 소유하고 있다고 우리는 생각하여야 하고, 그 사람의 의견이 아무리 나와 다르다고 하더라고 기독교적인 의견이다, 비기독교적인 의견이다를 가지고 비난하여서는 안 된다.

4 사람마다 성경을 다르게 이해할 수 있다는 사실을 우리는 인정하여야 하고 그러한 태도는 우리의 마음을 어지럽힐 수 있을는지는 몰라도 하나님의 마음을 어지럽히지 못한다는 것을 인정하여야 한다.

5 많은 사람들이 성경의 원어인 히브리어와 희랍어를 이해할 수 없기 때문에 우리들은 여러 가지 다른 성경 번역판들을 읽을 필요가 있다.

6 사람마다 서로 다르다는 사실을 우리가 인정할 때에 그 다른 점들이 중요하지 않다고 생각한다든가, 무시한다든가, 또는 문제가 되지 않기 때문에 인정한다는 느낌을 가져서는 안 된다.

7 서로 다른 성경 이해가 우리 중에 있어도 우리는 좋은 믿음의 친구가 될 수 있다. 우리는 서로의 차이점을 충분히 이해할 수 있을 때에 서로가 서로를 존중하게 되는 태도가 늘게 된다.

Adapted from *Strengthening the Adult Sunday School Class*, by Dick Murray. Copyright © 1981 by Abingdon Press. Permission is granted to copy this page for DISCIPLE use.

성경공부를 위한 준비모임

제자 훈련을 위한 회원이 확보되었으면 공부를 시작하기 한 주일 전에 1시간-1시간 30분가량의 준비회의를 계획하라.
  이 준비회의의 목적은
●9개월 동안 같이 공부하게 될 시간표에 대하여 의견을 나누고 또 합의를 보기 위함이다.
●교재를 나누어 주고 교재의 구성 요소들에 익숙해지기 위함이다.
●공부 반원들이 충실하게 공부할 것을 다짐하기 위함이다.
●개방적이고 서로 신뢰하는 인간관계를 이루기 시작하기 위함이다. 그룹에는 몇몇 다른 제자 성경공부반에서 온 사람들이 섞여 있을지 모르며, 사람들이 이전의 제자 성경공부로 함께 모였던 사람들이라 하더라도 시간이 지남에 따라 변화되었을 수도 있기 때문이다.

  소그룹 진행과정을 설명해 주라. 인도자도 배우는 사람이요 참여하는 사람이라는 것을 설명하여 주라. 인도자는 주제 강사나 정보를 제공해 주는 사람이 아니다.
  공부 분위기는 개방적이고 신뢰를 바탕으로 한 것으로 모든 사람의 의견이 존중될 것이라고 설명해 주라.
  모든 사람의 의견이 존중되는 개방적이고 신뢰감이 가는 학습 분위기를 설명해 주라.
  시간이 흘러가면서 반원들 간에 우정과 이해심이 두터워지기 때문에 그룹에서 이야기된 신상문제를 남에게 공개하여서는 안 된다는 사실을 강조하라. 인도자가 빠지게 되는 경우에는 외부 강사를 초빙하지 말고 회원 중에 한 사람이 인도하도록 하라.
  매주 모임에서 시간에 민감할 것이며, 교재에 있는 모든 부분을 매주 다루게 될 것이라고 강조하라.
  정시에 시작하여서 정시에 끝낼 것이라는 사실을 강조하라.
  마지막 두 과에는 세족식을 포함하는 애찬이 있게 될 것이다.
  교회에 성경공부에 필요한 보조자료(성서주석, 성서사전)들이 있는지 조사하여 보라.
  학생용 교재, 32주 스케줄, 핸드북, 인도자 지침서에서 복사한 "성경공부의 기본 원리" 등을 나누어 주라.

준비모임 순서

7:00 P.M. 기도
7:05 P.M. 공부 반원 소개
7:10 P.M. 모임 계획표를 확인한다.
  ●31, 32과는 시간이 길어질 것을 주목하라.
  ●공휴일 휴게를 어떻게 할지 미리 상의하라.
  ●조정이 필요한 부분이 있으면 미리 조정하라.
7:20 P.M. 안내서를 나누어 주고 6-7쪽을 읽으라.
  학생용 교재가 어떻게 구성되어 있는지 검토하여 보라 (학생용 4쪽과 인도자 지침서 4쪽).
  ●좋은 스터디 성경이 필요하다는 것을 설명해 주라.
  ●매일 노트할 것을 강조하라.
  ●"금주의 시편" 부분을 강조하여 설명하라.
  ●"철저한 제자" 선언의 목적이 무엇일까 설명해 주라.
7:35 P.M. 시간표와 포맷을 보라 (인도자 지침서 5쪽).
  ●모임 장소, 어린 아이들 돌보기는 어떻게 할지, 다과 순서를 상의하라.
7:55 P.M. "성경공부의 기본 원리"를 인도자와 반원들이 순서를 돌아가면서 읽는다.
  ●변화되는 생활이 제자 성경공부의 열쇠라는 것을 강조하라.
8:00 P.M. 1과를 예습하라.
  ●성경 읽기를 보라.
  ●주중에 서로가 기도할 수 있는 길을 모색하라.
  ●매일 "금주의 시편"을 소리 내어 기도하는 것의 중요성을 강조하라.
8:10 P.M. 이 성경공부에 특별히 도움이 될 성경공부 보조자료가 얼마나 있는지 이야기하여 보라.
  ●추가로 정보를 제공해 줄 만한 자료가 있는지 살펴보라.
8:25 P.M. 폐회 서약
  제자 성경공부에 요구되는 헌신을 소리 내어 읽으라 (안내서 18쪽)
  ●서로 기도할 것을 다짐하라.
  ●매일 성경을 읽을 것을 약속하고 노트 할 것을 약속하라.
  ●최대한으로 빠지지 않고 참석할 것을 약속하되 결석이 부득이한 경우는 예습에 충실하라.
  ●잘 듣고 토의에 참여함으로써 적극적으로 공부에 임할 것을 약속하라.
8:30 P.M. 폐회 기도

비고란

제자

성문서

1 기업을 이어가다

개회 기도 (5분)

토의 시작 (비디오 내용) (20분)

발표자: 에이미-질 레빈 (Amy-Jill Levine)

토의 시작을 위한 준비

유대인 정경과 기독교 정경에서 룻기가 놓여있는 위치에 관하여 주의를 기울이라. 그리고 히브리어 *헤세드* (hesed) 용어에 함축되어 있는 주제에 주의를 기울이라.

토의 시작 내용 요약

룻기는 종종 가까이하기 어려운 사람들에 관한 이야기이고, 어려움을 극복하는 해결책에 관한 이야기이다.

유대 정경에서 룻기는 성문서에 속한다.

"헤세드 (hesed)" 는 뛰어난 호의와 충성, 구제, 그리고 인물을 포함시키는 주제를 겸하고 있는 뜻이다.

룻기는 오벳을 보아스의 족보에 포함시키고 있다.

룻의 이야기는 섭리를 나타내는 것처럼 보인다.

토의 시작 (비디오) 내용

서론: 룻기

나는 노스캐롤라이나주에 있는 듀크대학교 신학교에서 가르치고 있는 피터 스토리이다. 원래 나의 고향은 남아프리카이다. 이번 *제자: 생명나무에 이르는 길* 을 공부하는 동안 내가 여러분을 안내하게 될 것이다. 여러분과 함께 공부할 것을 생각하니 가슴이 설레는데, *제자* 성경공부는 전 세계에 있는 교회들에게 훌륭한 영적 선물이 되고 있기 때문이다.

아프리카에는 인간의 질적인 면을 일컫는 말 중에 "우분투"라는 단어가 있다. 근본적으로 "우분투"는 "내가 진정으로 인간이 될 수 있는 것은 서로 떼어 놓을 수 없는 당신과의 관계 때문이고," "내가 인간이 될 수 있는 것은 오로지 다른 사람들 때문"이라는 뜻이다. 이처럼 상호가 서로 의존되어 있다는 깊은 인식이야말로 아프리카 영성의 중심이 되는 것이다. 이는 구약 성경의 영성에도 마찬가지이다.

룻기에는 귀중한 교훈이 많이 들어 있다. 그러나 그 중 가장 중요한 교훈은 인간이 다른 사람들과 관계를 맺고 살아가고 있다는 사실일 것이다. 만일 긍휼과 공의와 사랑 안에서 우리가 서로 삶을 나누지 않는다면, 삶은 공허하게 될 것이다. 성경적으로 "우분투"에 가장 가까운 개념을 들라면 사랑하는 가까운 관계 혹은 "인자스러운 호의"라고 번역될 수 있는, 히브리어 "헤세드"일 것이다. 이는 단지 룻과 보아스와 나오미와 같은 사람들 간에 주고받았던 인자스러운 호의뿐만 아니라, 바로 "헤세드"라는 성품 자체를 가지고 계신 하나님과의 관계 또한 그렇다. 테네시주에 있는 밴더빌트대학교에서 신약성경을 가르치는 에이미-질 레빈 교수가 이러한 포괄적인 정신에 대해 더 자세히 말해 줄 것이다.

(Peter Storey)

룻기는 흔히 단순하고 감상적인 책으로 여겨지기는 하지만, 이 책은 가까이하기 어려운 관계들, 즉 세대 간의 관계, 남녀 간의 관계, 외국인과 이스라엘 간의 관계들이 어떻게 다루어지는지에 대한 복잡다단한 이야기를 담고 있다. 어떤 독자들은 룻에게서 충성과 사랑의 표본을 본다. 룻은 여성 아브라함과 같다. 고향과 가족을 떠나 하나님께서 부르시는 대로 낯선 땅으로 간다. 또 다른 독자들은 룻의 이야기에서 여성들이 자기 민족을 저버려야 하는 것에 대한 문제성을 제기하고, 결국 남편과 아들을 떠나서는 자기 스스로 성취할 수 없다는 데에 대한 문제를 제기하기도 한다.

룻기는 해답을 제공하는 본문이라기보다는 우리 자신들로 하여금 정체성에 대해 생각해 보게 하며, 또한 우리가 다른 사람들과 갖는 상호관계, 그리고 우리가 목표를 이루기 위해 사용하는 수단과 방법을 생각해 보게 한다.

성경에서 룻기는 사사기와 사무엘상 사이에 있다. 여기서 이야기 전개는 연대기를 따라 펼쳐진다. 즉 룻기는 "사사들의 치리하던 때에" 시작하며 사무엘상에 소개된 룻의 증손자 다윗왕을 언급하는 것으로 끝을 맺는다.

유대 정경은 룻기를 하기오그라파 (Hagiographa)—히브리 용어로 이 모음집을 "케투빔"(Kethuvim)이라고 칭하는데, 케투빔은 성문서를 뜻한다. 그러므로 유대교와 기독교는 같은 책들을 공유하고 있지만, 순서가 서로 다르다. 케투빔(성문서)은 유대교 성경의 세 번째 부분이다; 첫 번째 부분은 토라 (Torah) 혹은 모세오경이라고 부른다. 회당에서 쓰는 정경의 두 번째 부분은 네비임 (Nevi'im), 선지서이다. 선지서에는 "전기 예언서"인 여호수아, 사사기, 사무엘상하, 열왕기상하와 더불어 "후기 예언서"인 이사야, 예레미야, 에스겔, 그리고 열두 권의 책(아모스, 미가, 오바댜 등)을 포함한다. 세 번째 부분은 케투빔 혹은 성문서라고 부르는데, 시편, 잠언, 욥, 다니엘, 에스라, 느헤미야, 그리고 역대상하 뿐만 아니라 "하메쉬 메길로스" (Hamesh Megilloth) 혹은 "다섯 두루마리" 라고 불리는 룻기와 아가서, 애가, 전도서, 에스더를 포함한다.

이렇게 특별히 지정하게 된 이유는 유대인들이 "다섯 두루마리"를 회당에서 특별한 절기에 맞추어 읽기 때문이다. 즉 아가서는 유월절 (Presach) 동안 안식일에 읽고, 애가는 예루살렘 성전의 파괴를 기억하면서 아홉 번째 달인 아빕월에 읽고, 에스더는 부림절(Purim)에, 전도서는 초막절(Feast of Booths)인 숙곳 (Sukkoth) 안식일에 읽는다.

룻기는 칠칠절인 샤부옷(Shavuoth)에 읽혀진다. 칠칠절은 유월절과 초막절과 더불어 이스라엘의 3대 순례 절기 가운데 하나다. 즉 옛날에 유대인들은 예배드리기 위해 멀리 아시아, 유럽, 아프리카로부터 예루살렘 성전에 순례를 오곤 했다. 칠칠절은 곡식을 추수하는 것을 마무리하는 때이기도 하고, 또 시내산에서 모세에게 토라를 주신 것을 경축하는 때이기도 했다. 룻기는 칠칠절과 연관되는데, 왜냐하면 룻의 이야기가 봄철 보리 추수 때를 배경으로 하고 있기 때문이고, 그녀의 여정이 이스라엘 조상들의 여정을 반영하기 때문이다. 룻 또한 한 지역으로부터 출애굽 하여 약속의 땅을 향한 여정에 참여한 것이나 마찬가지이기 때문이다. 마지막으로 룻기가 칠칠절에 읽혀지는 이유는 룻이 다윗 왕의 증조모였기 때문이다. 유대 전승에 따르면, 다윗 왕은 이 절기에 태어나고 죽었다고 한다.

모압 출신 과부가 고향을 떠나 이스라엘의 하나님께 충성을 맹세하고, 베들레헴에서 새로운 것을 성취하게 되는 이야기의 줄거리와 어휘력은 "헤세드"의 주제를 잘 엮어가고 있다. "헤세드"는 뛰어난 호의와 충성, 구제, 그리고 인물을 포함시키는 것을 의미하는 히브리어이다. 나오미가 "헤세드"에 대해서 처음으로 언급하는 것은 "너희가 죽은 자들과 나를 선대한 것 같이 여호와께서 너희를 선대하시기를 원하며" 라고 하면서 하나님께서 며느리들에게 친절을 보여주시기를 간구하는 기도에서 볼 수 있다 (룻기 1:8). 그리고 나오미는 보아스가 룻에게 이삭 줍는 특권을 허락하자 하나님의 "헤세드"를 나타낸다고 말한다 (2:20). "여호와로부터 복 받기를 원하노라 그가 살아 있는 자와 죽은 자에게 은혜 베풀기를 그치지 아니하도다." 다음 장에서 보아스는 룻이 자기에게 무를 자가 되어 달라고 하자 룻이 표현하는 "소중한 헤세드"에 대해 언급한다 (3:10). 놀라운 것은 이 본문이 "소중한 헤세드"를 가난하고 외국인일 뿐 아니라 자녀가 없는 과부와 연관시키고 있다는 것이다. 바로 그러한 사람들에게 하나님의 헤세드는 전통적으로 베풀어져 왔다.

히브리어로 구제를 뜻하는 "가알"(ga'al)과 여러 가지 파생어가 이 짧은 룻기 이야기에서 23번이나 나타난다. 여기서 구제는 죄로부터의 구원이 아니다. 사회적 주변인, 경제적 결핍, 그리고 개인적인 고립에서 원래 상태로 복구되는 것을 뜻한다. 예를 들면, 나오미는 남편과 아들들을 잃었지만, 룻과 보아스의 아들을 통해 "구제"된다. 이 책에서 구제는 인간의 "헤세드"의 결과라고 할 수 있다.

"헤세드"와 구제는 포함하는 것을 나타낸다. 그리고 삶과 땅이 공허하고 황무지였던 것이 풍성하게 옥토로 탈바꿈하는 것으로, 굶주림과 죽음에서 배불리 먹음과 생명으로 탈바꿈되는 것으로 나타난다. 나오미와 그의 남편 엘리멜렉, 그리고 아들들은 기근으로 인해 베들레헴("떡집"을 뜻하는 이름)을 떠났다. 모압에서 아들들은 그 지방 여자들과 결혼을 하지만, 아버지가 되어보기도 전에 그들의 부친과 더불어 죽고 만다. 남편과 아들들을 잃은 나오미는 텅 빈 공허의 화신이라고 할 수 있다. 그녀가 베들레헴으로 돌아왔을 때 옛날 이웃들에게 이렇게 말한다. "내가 풍족하게 나갔더니 여호와께서 내게 비어 돌아오게 하셨느니라." 나오미는 너무나 초라해서 자기 옆에 룻이 있다는 것조차 까맣게 잊어버릴 정도이다.

보아스는 물질적으로는 풍족하게 보이지만, 그 역시 공허한 상태에 놓여있다. 그에겐 아내도 후사도 없기 때문이다. 추수 때 보아스가 룻을 구제해 주고 더불어 나오미 가족의 재산까지 물려주었을 때, 그는 엘리멜렉의 가계를 계승시켜 줄 뿐 아니라, 자기의 가계 또한 시작하게 된다. 이 본문은 다윗 왕의 아비인 이새의 아비가 되는 보아스의 아들 오벳을 룻의 죽은 첫 남편의 가계가 아닌 보아스 자신의 가계로 연결시키고 있다.

그리고 보아스가 룻과 더불어 새로운 인생을 발견함과 동시에, 나오미 또한 빈손에서 풍성함으로 옮기게 된다. 타작마당에서 나오미에게 돌아올 때 룻은 보아스가 준 보리 여럿 되를 가지고 온다. 그 선물에 대해 설명하면서, 룻은 보아스가 "빈

손으로 네 시어머니에게 가지 말라"고 했다고 말해 준다 (3:17). 보아스와 같이, 나오미 또한 룻의 "헤세드"를 통해 새로운 가족을 얻게 된다. 마을의 여자들이 이르기를 "이는…너를 사랑하며 일곱 아들보다 귀한 네 며느리가 낳은 자로다" (4:15). 그리고 그들이 주목하는 대로 룻이 나오미를 위해 낳아줄 아들은 "네 생명의 회복자이며 네 노년의 봉양자"가 될 것이다. 과연 여인들이 "나오미에게 아들이 태어났다"며 기뻐하듯이 나오미가 그 아이의 양육자가 된다.

마지막으로, 룻은 새로운 공동체, 새 남편, 생명을 주시는 하나님을 새롭게 깨닫는다. 전통적으로 룻의 이야기는 하늘의 섭리를 나타내는 것으로 이해되어져 왔다. 하나님께서 룻에게 잉태케 하시는 것을 우리가 알게 되는 마지막 장에서 그 섭리가 명백하게 나타난다. 사람들의 대화에서 종종 언급되듯이, 하나님의 역사는 결국 주인공 인물들의 행위와 믿음 속에서 드러난다. 그래서 본문은 인물들에게, 특히 룻에게 초점을 맞추고 있다. 보아스가 룻에게 말하는 데서 이러한 것이 드러난다. "네 남편이 죽은 후로 네가 시어머니에게 행한 모든 것과 네 부모와 고국을 떠나 전에 알지 못하던 백성에게로 온 일이 내게 분명히 알려졌느니라 여호와께서 네가 행한 일에 보답하시기를 원하며 이스라엘의 하나님 여호와께서 그의 날개 아래에 보호를 받으러 온 네게 온전한 상 주시기를 원하노라" (2:11-12).

이렇게 분명한 외국인이 성경의 여주인공일 뿐 아니라, 다윗 왕의 조상이 된다는 것은 평범한 일이 아니다. 암몬족과 더불어 모압인은 롯과 그 딸의 근친상간 관계에서 나온 후손들이며, 신명기 23:3은 모압인과 암몬족이 이스라엘 회중에 들어오는 것을 금지하고 있기 때문이다. 어떤 학자들은 이 예외적인 여주인공이 등장한 것을 보고, 룻기는 언약 공동체의 남성들에게 외국인 아내와 이혼을 해야 한다고 정했던 에스라 느헤미야 칙령을 반대하는 입장에서 쓰여졌다고 주장한다. 그렇다고 하면 우리들은 룻기에서 신앙에 새로 들어온 모압인들을 표본으로 축하할 만큼 관대한 마음을 지녔던 성경학자들의 "헤세드", 즉 인자스러운 호의를 발견하게 된다.

룻기는 단지 정경에 들어있다는 단순한 이유로 그 명성을 유지하는 것이 아니다. 85절로 된 이 책이 면면히 전해 내려오는 이유는 그 속에서 우리 자신의 모습을 발견할 수 있기 때문이다. 그야말로 이 본문은 우리로 하여금 인간 존재에 대한 궁극적인 질문을 던지게 한다. 내가 종교, 인종, 그리고 민족성이라는 이유로 제외시키는 사람은 누구인가? 누가 나의 가족이며, 나의 고향은 어디이며, 나의 공동체는 어디이며, 어떻게 그들은 만들어졌는가? 진정한 삶을 영위하기 위해 나는 얼마만큼 더 노력해야 하는가? 내가 하는 행위는 하나님의 뜻과 일치하는가? 부족한 나를 완전에 이르게 하는 것은 무엇인가?

(Amy-Jill Levine)

토의

룻기가 처해 있는 위치와 룻기가 쓰여진 목적에 대해 어떤 내용을 들었는가? 헤세드란 무엇인가? 헤세드 때문에 삶이 어떻게 탈바꿈되고 변화되었는가? 이 본문에서 인간의 존재에 대해 우리가 당면하는 질문은 무엇인가?

제자

성경과 교재 (50분)

매일 읽은 성경을 세 가지 방법으로 공부해 보라.

(1) 각 개인에게 다음 구절 중 하나 혹은 둘을 할당하라.
　　사사기 3:12-30; 레위기 19; 23:9-22;
　　신명기 24:10-22; 25:5-10; 창세기 38;
　　예레미야 32:1-15; 역대상 2:1-17; 마태복음 1:1-17.
각 개인은 다음과 같은 질문을 염두에 두고 위의 구절을 공부하라.

이 구절들은 룻기의 배경과 환경에 어떻게 기여하는가?

룻의 이야기가 어떤 힘을 발휘하도록 기여하는가?

각 사람들이 발견한 것에 주의를 기울이라.

(2) 네 명씩 그룹을 짜서 룻기 1—4장에서 적은 노트를 이용하여 다음과 같은 질문에 대답하라.

이 이야기에 나오는 관계성에서 헤세드(인자하심)가 작용하는 곳은 어디인가? 인간이 하나님의 섭리와 돌봄을 실천할 수 있는 곳은? 이 질문에 대해 씌어진 반응들이 학생용 교재의 10쪽과 13쪽 위쪽에 어떻게 적혀져 있는가?

(3) 룻기 이야기를 통해서 구원의 시편과 찬양의 시편을 찾아 보라. 이런 숙제를 두 그룹으로 나누어 할당해 주라.

첫 번째 그룹: 시편 13편; 77편; 103편

두 번째 그룹: 시편 69편과 111편.

여기에 나타난 말들은 룻기에 나타난 인물과 상황에 어떻게 적용될 수 있을까?

휴식 (10분)

말씀과의 만남 (40분)

성경 본문: 룻기 4장

룻기 4장을 조용히 읽어라. 배경을 설정하라. 거기에는 누가 있고, 무슨 일이 일어나고 있는가? 눈을 감고 각자가 보아스라고 상상해 보라.

보아스는 무엇을 생각하고 있는 것일까?

보아스는 무엇을 느끼고 있을까?

위의 물음에 답하지 않아도 된다. 마찬가지로 가장 가까운 친척, 장로들, 여인들, 그리고 나오미에 대하여 상상해 보라. 두 명씩 짝지어 다음과 같은 질문들에 대하여 서로 나누어 보라.

4장에 나오는 사람들과 구절에서 얻는 통찰력은 무엇인가?

그들의 역할에 대한 당신의 느낌은 무엇인가?

대화를 하는 것처럼 룻기 4장을 다시 읽어보라.

(어른과 청소년을 위한 *효과적인 성경 교수법* 94쪽에 있는 "개인화시킨 심리 드라마, 역할극, 그리고 성경에 관한 모의 연극을 사용하는 방법"을 참조하라.)

신실한 공동체의 모습 (20분)

우리는 신실한 믿음의 공동체이기 때문에 가정을 소중하게 여긴다. 이는 때로는 상당한 희생을 치르면서도 가정의 책임과 더 나아가 대가족의 책임에 우선순위를 두는 것을 뜻한다.

"인간의 모습"과 신실한 공동체의 모습을 큰 소리로 읽으라. 신실한 공동체의 특징을 묘사해 보라. 사람들로 하여금 "인간의 모습"에서 "신실한 공동체의 모습"에 있는 상황으로 옮겨갈 수 있게 하는 것은 무엇인가? 두세 명씩 짝을 지어 학생용 교재 13—14쪽에 있는 "신실한 공동체의 모습" 아래에 있는 처음 네 가지 질문에 대해 적어 온 대답들을 토의하게 하라. 그리고 두 그룹으로 나누어 이 부분에 있는 나머지 두 가지 항목을 토의하게 하라.

"철저한 제자": 둘씩 짝을 지어 이 항목에 있는 질문을 조용히 상고할 시간을 주라. 철저한 제자라는 용어가 무슨 뜻인지 말해 주라. 이 질문에 대답함에 있어 당신에게 철저함을 요구하는 부분은 무엇인가?

폐회 기도 (5분)

2과의 성경 읽기를 점검하라. 금주의 기도 제목을 적으라. 시편 146편을 교독하고 폐회하라.

2 꿈이 회복되다

토의 시작 (비디오) (25분)

발표자: 레슬리 씨 알렌 (Leslie C. Allen)

토의 시작을 위한 준비

역대상 1—9장의 족보는 백성들의 정체성을 열두 지파로 강조하고, 레위 지파를 이야기의 중심에 둠으로써 성전에서 중심적인 역할을 하는 상징으로 삼고 있다. 그리고 다윗의 계보에 특별히 중요성을 부여하고 있다.

역대상 10장부터 역대하 끝까지는 세 가지 주제가 전개되는데, 그것들은 공동체의 포괄성, 성전, 다윗 왕조의 역할이다.

토의 시작 내용 요약

역대상 1—9장에 있는 족보는 열두 지파로서의 정체성을 강조하는데, 레위 지파를 이야기의 중심에 두는 것은 성전에서 중심적인 역할을 하고 있음을 상징하기 위함이고, 다윗 계열을 특별히 강조하기 위함이다.

역대상 10장부터 역대하 36장 사이에서는 세 가지 주제들을 전개시킨다: 공동체의 포괄성, 성전, 다윗 왕조의 역할.

토의 시작 (비디오) 내용

서론: 역대상

유대 백성을 포로생활에서 해방시키는 것이 큰일이었지만, 유대 백성들로 하여금 그들이 당한 포로생활에서 해방시킨다고 하는 것 또한 상당히 큰일이었다. 맨 처음 사람들이 포로생활을 하다가 예루살렘 근방으로 귀환했던 흥분이 한참이나 가라앉은 후에도, 그들 사이에는 고립된 채 서로 일치하지 못하는 앙금이 남아 있었다.

사람들이 이렇게 나라는 사람은 진정으로 누구인가 하는 것을 새롭게 재발견하려고 씨름하고 있을 때, 바로 그때 이야기가 특별히 중요한 시점이 된다. 우리 자신의 이야기와 우리나라 사람들의 이야기를 모르고서는 자신의 정체성을 찾을 수 있는 사람은 아무도 없다.

그래서 역대기 기자는 유대 백성의 이야기를 깊이 파고 들어간다. 그는 유배에서 돌아온 혼란에 빠진 백성들에게 그들의 뿌리와 과거에 위대했던 지도자들에 대해 상기시켜 주고, 그들이 하나님의 동역자가 된 백성이라는 것을 깨닫도록 도와준다. 레슬리 알렌 교수는 역대기 기자들이 어떻게 이 일을 하는지 설명해 줄 것이다.

(Peter Storey)

역대기 기자가 살았던 시대는 고대 근동사에서 주전 4세기 초반 페르시아 제국의 말기 무렵이었던 것 같다. 구약성경에서 역대기는 사무엘상하와 열왕기상하 다음에 나오는 바람에, 마치 역대기가 사무엘상하와 열왕기상하의 희미한 그림자 같은 인상을 준다. 그러나 히브리 성경에서는 바로 제일 마지막에 놓여 있어서 하나님의 백성을 미래로 이끄는 인상적인 정점이 되어 있다. 역대기는 정경의 입장에서 생각해 보면, 사무엘상하와 열왕기상하로부터 어느 정도 정경상의 거리감을 둘 필요가 있는데, 역대기는 후기 시대의 모습과 더불어 다른 시각을 대변할 수 있기 때문이다.

역대기 기자는 포로생활에서 돌아온 후, 조그마한 유다 땅에서 살고 있던 동시대인들에게 옛 유대 왕국의 역사를 사용하여 영적으로 도움을 주고자 했다. 즉 그는 역사 기록이라는 매개체를 사용하여 신학적이고도 목회적인 의도를 전달하고자 했던 것이다. 그는 사무엘상하와 열왕기상하와 같은 이전에 씌어진 책들에서 자료를 고르고 활용했지만, 그가 맞춘 초점은 그 이전의 책들과는 아주 달랐다. 사무엘상하와 열왕기상하는 일종의 역사적 서사시 작품으로 여호수아에서 시작하여 "왜 포로생활을 하게 되었던가?" 라는 질문에 대답하려고 애쓰고 있다. 역대기 기자의 마음에는 다른 질문이 자리하고 있었다. "어떻게 하면 포로생활로부터 온전히 회복할 수 있을까?" 물론 포로생활에서 돌아온 것은 1대 페르시아 황제였던 고레스 2세 때의 일로 이미 2세기 전에 시작되었었다. 그러나 포로생활 후의 공동체는 비록 그들이 상대적으로 축복받았다고는 의식하고 있었지만, 그러한 회복은 예언서에 예언되어 있는 영광스런 약속과는 엄청난 차이가 난다고 뼈저리게 느끼고 있었다. 유대인들은 포로생활에서와 다름없는 상황에서 풀이 죽어 있었으며, 시편 126편에 나타난 것처럼 "여호와여 우리의 포로를…돌려보내소서." "눈물을 흘리며 씨를 뿌리는 자는 기쁨으로 거두리로다" 라고 말하며 온전한 구원을 간구하고 있었다.

역대기 기자는 포로생활 자체와 포로생활에서 귀환하는 내용을 다룬 세 개의 구약성경 본문을 소중하게 생각했다. 어떤 의미에선 아직도 계속되고 있다고 보여지는 포로생활의 문제를 다루기 위해 그 자료들로부터 독특한 단어들을 주워 모았다. 첫 번째 본문은 토라 혹은 모세의 율법에서 따온 것으로 레위기 26:34—45이다. 이는 포로생활 그 이상의 것인 약속의 땅으로 귀환하는 것을 바라보는 것이다. 역대기 기자는 이 구절에서 그의 독특한 문구로 포로생활을 겪게 된 이유를 도출하는데, 백성들이 하나님의 토라를 파기함으로써 불순종했다는 것이다. 예를 들면, 역대상 9:1은 "유다가 범죄함으로 말미암아 바벨론으로 사로잡혀 갔더니" 라고 한다. 역대기 기자는 또한 레위기 26장에서 회복할 수 있는 방법으로 그가 좋아하는 용어를 찾고 있다. 바로 하나님 앞에서 낮아지고 자신을 낮추라는 것이다. 역대기 기자가 그 용어를 사용한 곳을 하나 짚어보면 영적인 회복을 위한 고전적인 방법을 다루고 있는 역대하 7:14이다. "내 이름으로 일컫는 내 백성이 그들의 악한 길에서 떠나 스스로 낮추고 기도하여 내 얼굴을 찾으면 내가 하늘에서 듣고 그들의 죄를 사하고 그 땅을 고칠지라."

제자

역대기 기자에게 기초가 되고 있는 또 다른 본문은 예언서의 하나인 예레미야 29:10-19이다. 이 본문 또한 문자 그대로 포로생활 자체와 포로생활에서 귀환하는 것을 다루고 있으며, 아직 잔존하고 있는 포로생활의 문제를 가려내는데 중요한 핵심을 제공하였다. 이 예레미야의 본문은 역대기 기자가 어떻게 하면 하나님을 찾고 하나님을 만날 수 있을까 하는 약속을 역대기 본문에서 이해하는데 단서를 제공한다. "너희가 온 마음으로 나를 구하면 나를 찾을 것이요 나를 만나리라" (29:13). 예레미야 본문은 역대기 기자가 좋아하는 영적인 단어 "찾으라"를 제공하고 있으며, 백성들이 회개하는 마음으로 하나님께 예배드리고, 올바른 생활양식으로 돌아옴으로써 하나님을 찾으라고 촉구한다.

역대기 기자의 관심을 끌었던 포로생활 자체와 포로생활에서 귀환하는 것에 대한 세 번째 본문은 역시 예언서의 하나인 에스겔 18장이다. 이 장에서 에스겔 선지자는 바벨론에서 살고 있는 포로들에게 회개해야 유대 땅으로 돌아갈 수 있다고 호소했다. 에스겔은 계속 반복되는 선하고 악한 세대에 기초해서 호소하는데, 어느 세대는 선하게 하다가 중간에 악해지고, 또 어느 세대는 악하게 하다가 선해지기도 한다. 이 본문은 역대기 기자가 솔로몬 왕을 이은 유대 왕국의 왕조 이야기를 하는데 구조적인 틀을 제공했다. 역대하 10장부터 우리는 유대의 권좌를 차지했던 일련의 왕들을 보게 되는데, 이들은 선한 왕, 사악한 왕, 처음에는 좋게 시작했다가 악해지는 왕, 혹은 처음에는 악했다가 선해지는 왕까지 다양하다. 역대기 기자가 행위에 따라서 징벌이 곧 뒤따른다는 가르침 역시 에스겔에서 나왔다. 에스겔서는 모든 세대가 하나님과 함께 새로운 시작을 하는 것으로 묘사한다. 이에 비해 역대기 기자는 각 세대의 구성원들은 자기네 스스로의 운명을 통제하며, 하나님을 위해서든 혹은 하나님을 거슬리든 자유로운 시작을 하는 것으로 여겼다. 하나님의 은혜로 말미암아 포로생활에서 돌아온 세대는 그들의 기억을 집요하게 쫓아다니던 압제받던 과거로부터 자유를 얻을 수 있었다. 한편 여전히 과거에 사로잡혀 있는 사람들에게는 하나님이 섭리하시는 심판이 그들 위에 떨어질 가능성이 있었다.

역대기 기자는 역사를 쓰는 데 있어서 두 가지 전환점을 사용했다. 첫 번째는 역대상 1—9장인데 대체로 족보를 매개체로 사용하고 있다. 여기서는 족장 야곱(혹은 이스라엘)과 이스라엘 열두 지파를 시작한 야곱의 열두 아들에 초점을 맞춤으로써, 이스라엘을 하나님의 선민으로 묘사하고 있다. 이것은 각 지파의 포로생활 이전 족보를 제시하며 북쪽 지파와 남쪽 지파의 포로생활을 왔다 갔다 하다가 마침내는 주로 남쪽 지파 사람들의 귀환으로 옮겨간다. 족보의 자료는 민족이 단순히 세 개 혹은 네 개로 된 남쪽 지파라기보다는 전통적으로 열두 지파로 이루어져 있었다는 정체성을 강조하고 있다. 이는 스스로 폐쇄되어 있던 유다에게 그들이 가지고 있던 선입견을 극복하고 북쪽 지파 사람들과 더불어 예루살렘에서 함께 예배하기를 초청하라는 초교파적인 도전을 주고 있다. 역대기 기자는 종교 활동을 책임지던 레위 지파를 그의 이야기 가운데 가장 중심에 둠으로써 동시대인 유다 사람들에게 성전의 중심적인 역할을 상징적으로 보여주고 있다. 아론 제사장은 레위 지파에 속했다. 유다 지파의 족보에서 다윗의 계보에는 특별한 중요성이 연루되어 있었는데, 다윗의 계보는 포로생활 훨씬 이전의 시대로 거슬러 갈 수 있다.

역대기 기자는 이러한 공동체의 포괄성, 성전, 그리고 다윗의 왕조라는 세 가지 주제를 유대의 과거사를 제시하는 두 번째 전개에 해당하는 역대상 10장부터 역대하 끝까지에서 더욱 발전시키고 있다. 사울 왕을 간략하게 살펴본 후, 역대기 기자는 다윗과 솔로몬의 치리에 집중하고 있으며, 그런 후 짧게 남 왕국 왕들로부터 포로생활까지의 역사를 더듬다가 유대 땅으로 귀환하는 기회로 끝을 맺는다. 사울과 다윗 왕의 치리는 유배와 귀환의 상징으로 사용되고 있다. 역대상 10장에서 사울은 불복종하고 그의 백성은 고향으로부터 뿔뿔이 흩어지게 된다. 그러나 11:1-9에서 다윗이 통일 왕국의 새로운 왕으로 추대되어 예루살렘에서 살게 되면서 아울러 그의 백성들을 영적인 포로생활로부터 돌이켜 놓게 된다. 다윗과 솔로몬의 치리의 초점은 성전 건축, 그리고 하나님이 당신과 백성들 사이에 좋은 관계를 갖도록 새롭고 영속되는 왕조를 선물로 주시는데 놓이게 된다. 하나님이 다윗과 맺은 언약은 솔로몬 때도 계속되는데, 역대기 기자에게는 이것이 이스라엘이 그 후로 계속 누리게 되는 신학적 특권을 이루고 있다. 성전을 봉헌하는 기도에서 솔로몬은 하나님께서 "다윗에게 베푸신 은총"(역대하 6:42)을 언급하고 있다. 백성들은 하나님께 경배하며 "그 인자하심이 영원하도다"라고 화답한다 (7:3). 이 찬양 형식은 모세의 언약을 연상시켜 주는데, 이렇게 사용함으로써 모세의 언약과 다윗의 언약이 합쳐진 것을 보여준다. 다윗과 솔로몬이 다스릴 때 성전을 통해서 은혜의 새로운 시대가 주어졌는데, 성전은 하나님의 은혜, 즉 하나님이 새로이 기회를 주시는 곳으로 기도의 집이었기 때문이다. 하나님은 솔로몬에게 "내 백성이…기도하여…내가 하늘에서 듣고 그 죄를 사하고 그 땅을 고칠지라" (7:14) 라고 약속하셨다. 이 시대는 하나님의 백성들이 하나님과 맺은 언약을 지키지 못했던 모세의 언약 그 이상의 것이었다. 그러나 여전히 예전 시대와의 연속성은 남아있었다. 모세의 율법이 지녔던 종교적이고 도덕적인 기준은 여전히 필수적인 것이었다. 역대기 기자는 토라에 기준한 절기를 그의 왕정 이야기에 결합시켜 예배의 기쁨을 강조했다. 그러나 토라의 성막은 솔로몬의 성전으로 대체되었고, 그것은 역대기를 처음으로 읽던 사람들에게는 포로생활에서 돌아온 후 세웠던 두 번째 성전으로 대표되고 있었다. 그리고 토라에 불순종한 후 회개했던 사람들에게는 하나님께로 여전히 돌아갈 길이 있었다. 심지어 역대하 30장에 따르면 북이스라엘 지파 사람들에게도 길이 있었다. 여기서 히스기야 왕은 북쪽 사람들에게 예루살렘 성전에 가서 유월절 절기를 지키라고 초대한다. 다윗과 솔로몬 시대에 단 한 번에 최종 신학적인 특권이 세워진 이래로 왕과 평민들에게는 엄청난 책임감이 주어졌다. 즉 율법과 은혜의 결속 안에 머무를 것, 하나님을 믿고 순종할 것, 그리고 언제고 필요하면 회개할 것 등이었다. 다윗의 율법이 영원하다는 것은 그것이 하나님의 백성들에게 지속적으로 영적인 가치가 있다는 것을 의미했다. 그것은 또한 다윗 왕조가 결국은 회복될 것이라는 뜻을 내포했는 데 그러한 사실을 의심하기란 역대기 기자의 시각으로서는 어려운 사항이었다. 왕조는 하나님이 뜻하신 좋은 때에 회복될 것이며, 그 회복은 각 세대가 다윗의 언약으로부터 물려받을 것이라고 예상하는 축복—지금으로서는 페르시아의 지배와 공존할 수 있는 축복—과는 별개의 것이었다.

역대기는 영감을 주는 문학이다. 역대기 기자는 목회자의 마음을 가지고 있었고 교사의 머리를 가지고 있었다. 역대기 기자는 자기가 속한 백성들의 표면적인 생활에 내내 관심을 가지고 있었다. 그는 영적인 레퍼토리에 단지 소수의 소리가락을 가지고 있었을 뿐이었지만, 독자들을 격려하고 그들에게 도전을 주기 위해 그 가락을 거듭 반복해서 연주했다.

(Leslie C. Allen)

맺는 말:
아마도 우리 역시 몇 개의 가락을 들을 필요가 있는지 모른다. 바로 우리는 하나님이 말씀하시는 이야기의 일부분이며, 역대기 기자가 이야기를 쓰기도 훨씬 전에 시작되었던 하나님의 이야기는 오늘날까지 계속 씌어지고 있다는 이야기 말이다.

(Peter Storey)

토의

역대기 기자의 관점에서 보면, 족보, 성전, 다윗의 왕조가 백성들이 포로생활에서 돌아오는 것에 기여한 바는 무엇일까?

성경과 교재 (50분)

백성을 회복시키는 데 족보가 얼마나 중요한 부분을 차지했는지 감을 느껴보기 위해 셋씩 짝지어 역대상 1—9장과 매일 기록한 노트를 참고하여 다음의 질문에 대답하라.

이름들 외에 여기에 어떤 정보가 나타나 있나?

포로생활에서 돌아온 사람들에게 이렇게 열거된 이름들이 왜 중요했을까?

역대기 기자가 신학적으로 중요하게 생각한 것들이 몇몇 사람들이나 지파에 의해 표현되고 있다. 즉 다윗 왕, 솔로몬 왕, 성전, 예루살렘, 유다 지파, 이스라엘 지파, 레위 지파 등이다. 4—5명씩 한 조가 되어 성경 읽기와 매일 기록한 노트를 바탕으로 역대기 기자가 각 사람과 지파와 연관시켜 생각했던 신학적인 중요성에 대해 상기해 보라. 이 질문을 전체 그룹으로 토의하라. 역대기 기자가 신학적으로 강조한 것이 어떤 면에서 이스라엘이 보다 순종하는 백성이 되도록 도와줄 수 있었을까?

다윗 왕과 다윗 왕국은 성전에 중심을 둔 하나님과 이스라엘 사이의 유대관계를 상징적으로 나타낸다. 성경을 공부하여 그러한 유대관계의 그림을 그려보라. 먼저 사무엘상 16:1—13과 역대하 10:13—11:9를 큰 소리로 읽으라. 둘씩 짝을 지어 한 쌍마다 다음의 구절을 할당하여 주라.

역대상 13; 15—16; 17; 21:1—22:1; 22:2—19; 24—26; 28—29. 이 구절의 중요한 관점들을 생각해 보게 하라. 공부할 시간을 주라. 그리고 나서 각 쌍에게 이야기를 쭉 이어나가도록 하라. 이러한 질문을 토의하라. 하나님과 이스라엘 사이의 유대 관계를 상징한다고 여겨지는 이 이야기에서 당신 눈으로 무엇이 보이고, 귀로는 어떤 것이 들리는가?

시편 132편을 큰 소리로 기도하고 좋은 장소와 믿음의 유산을 남겨둔 사람들을 짧게 기억하는 시간을 갖도록 초청하라.

휴식 (10분)

말씀과의 만남 (35분)

성경 본문: 역대상 14장
역대상 14장을 조용히 읽는다. 둘씩 짝을 지어 이러한 질문에 대답하도록 하라.
이 구절은 실제로 무엇을 말하고 있는가?
이 구절을 처음 듣던 사람들에게는 어떤 의미로 전해졌을까?
역대기 기자가 이 이야기에서 전하려고 의도했던 것은 무엇이라고 생각하는가?
역대상 14장을 다시 읽게 하고 토의를 계속하라. 다윗의 시대와 21세기의 상황을 비교해 볼 때, 어떤 요소가 동일하고 어떤 요소가 다른가? 오늘날 이 구절은 어떤 의미를 띠는가?
(*어른과 청소년을 위한 효과적인 성경 교수법* 20쪽에 있는 "강의와 토론으로 가르치는 방법"을 참조하라.)

신실한 공동체의 모습 (20분)

우리는 신실한 믿음의 공동체이기 때문에 기억과 유산을 귀중하게 여긴다. 기억과 유산이 오늘은 우리로 하여금 오늘은 하나님께 순종하게 해 주고, 내일을 책임을 지고 하나님을 경배하는 사람들로 만들어 주기 때문이다.

폐회 기도 (5분)

3과를 열고 성경 읽기를 점검하라. 금주의 기도 제목을 적어라. 기도로 폐회하라.

3 예루살렘의 흥망

개회 기도 (5분)

토의 시작 (비디오 내용) (20분)

발표자: 세릴 비 앤더슨 (Cheryl B. Anderson)

토의 시작을 위한 준비

역대기 기자가 하나님께 대한 충성과 예루살렘 성전 예배에 대해 어떻게 연관을 짓는지 주의를 기울이라. 또 제사장과 레위 족의 역할을 어떻게 설명하는지 주의를 기울이라.

토의 시작 내용 요약

역대기 기자는 유다 역사만 다루고 있다.

역대기 기자는 예루살렘과 성전 예배의 중요성을 강조한다.

제사장과 레위 사람은 종교 전통을 준수하는 책임을 지고 있던 성전 책임자들이었다.

토의 시작 (비디오) 내용

서론: 역대하

지금까지 역대상하 두 책은 여러분의 마음에 드는 "필독서" 목록에 속해 있지 않았을지도 모른다. 아마도 역대하에서 익숙하게 들리는 유일한 말씀은 7:14에 있는 "내 이름으로 일컫는 내 백성이 그들의 악한 길에서 떠나 스스로 낮추고 기도하여 내 얼굴을 찾으면 내가 하늘에서 듣고 그들의 죄를 사하고 그들의 땅을 고칠지라"에 있는 구절일지도 모른다.

세릴 앤더슨 교수는 역대기 기자가 왕이든지, 평민이든지, 왕자든지, 백성이든지 모두가 야훼 하나님에게 책임이 있다고 믿었으므로, 국가로서 충성을 다하는 것이 역대기 기자에게는 아주 중요한 주제였음을 보여줄 것이다. 그러므로 거룩한 의식, 기도, 그리고 예배를 계속해서 드리기로 헌신한 사람들, 즉 예루살렘 성전의 제사장들과 레위 사람 같은 자들이 있는 한, 그러한 충성심은 지속될 것이라는 것을 우리는 살펴보게 될 것이다. 국가가 생존하기 위해서는 그 중심에 한 분 진정한 하나님을 충성스럽게 예배하는 마음이 있어야 한다.

(Peter Storey)

많은 사람들은 주전 4, 5세기에 살았던 역대기 기자가 왜 이런 형태의 고대 이스라엘 역사를 기록했을까 의아해 왔다. 아무리 봐도 이와 동일한 내용이 이미 사무엘상하와 열왕기상하에서 제시되어 있지 않았던가? 역대기 기자는 다윗 왕조가 포로 후기의 시대에도 계속 존속하고 있다는 것을 보장하고 싶었던 것일까? 아니면 성전의 유력인사였던 제사장이나 레위 사람의 권력을 높이려고 애썼던 것일까?

자세히 살펴보면, 우리는 역대기 기자의 목적은 정치적인 것이 아니라, 신학적인 것이었음을 알 수 있다. 포로생활 이후의 예루살렘 안에 있던 하나님의 백성을 대상으로 역대기 기자는 하나님에 대한 충성심을 활기 있게 되찾게 하려고 모색하고 있다. 전통적인 종교 의식을 다시 인정함으로써, 충성을 되찾기를 희망하고 있다. 역사 복습을 통해 역대기 기자는 백성들에게 하나님께서 그들과 계속 함께 하셨음을 상기시켜 주고, 만일 그들이 충성하면 하나님께서 계속해서 그들과 함께 하시리라고 한다. 역대기 기자에게는 스스로 하나님의 백성이라고 정정당당하게 자신을 부를 수 있는 사람들은 예루살렘 성전에 헌신한 사람들이다.

역대기 기자가 역사를 바라보는 관점은 그가 사용하는 역사 기록과 사무엘과 열왕기에 나타난 역사 기록이 차이를 보이는 데서 드러난다. 제일 중요한 것은 역대기 기자는 통일 왕국이 분열한 후, 남왕국 유다의 역사만을 다루고 있다. 한편 북왕국과 남왕국 모두의 역사는 열왕기상하에서 찾아볼 수 있다. 역대기 기자가 보기에 북왕국 사람들은 그들 스스로 예루살렘과 하나님을 예배드리는 데서 분리해 나갔는데, 그 증거는 예루살렘에서 예배를 드리지 않고 다른 지역 곳곳에 예배 장소를 만든 데에서 찾을 수 있다. 예루살렘과 성전 예배만을 중심으로 사건을 묘사함으로써 역대기 기자는 예루살렘에서 살던 동시대인들에게 그 두 가지가 얼마나 중요했는가를 강조하고 있다. 하지만 역대기 기자는 북왕국 사람 중에도 하나님께 여전히 충성하던 사람들이 남아 있었음을 주목하고 있다. 그는 어떤 제사장과 레위 사람은 여전히 주님께 충성하여서 북왕국에 남는 대신 예루살렘으로 왔다는 것을 언급하는데, 이 사실은 열왕기상에는 언급되어 있지 않다.

제사장과 레위 사람은 과연 누구였을까? 종교 전통을 준수해 나가는 것을 책임지던 성전 관리에는 두 가지 서로 다른 종류의 사람들이 있었다. 그들의 각자 다른 의무들은 다윗에 의해 정해졌으며, 그의 아들 솔로몬은 아버지의 명대로 제사장과 레위 사람의 분업을 지명했다. 열왕기상에서 성전은 솔로몬의 업적이었다. 그런가 하면 역대기 기자는 다윗과 솔로몬 둘 다가 성전을 건축하고 성전의 지도력을 확립했다고 연계시키고 있다. 이런 식으로 이 두 관리는 통일 왕국의 탁월한 왕들인 다윗과 솔로몬에 의해 시작된 전통을 몸소 계승하였다.

제사장들은 아론의 후손들로 그들의 주 임무는 희생 제사를 주관하는 것이었다. 레위 사람은 성전 터를 관리하고 종교절기에 쓸 음식과 기구를 담당하고, 기도와 찬양에 관한 의례를 지도하는 등 제사장들을 보좌하는 책임을 지고 있었다. 대개 제사장과 레위 사람의 차이점은 등급 혹은 지위의 측면으로 생각되어 왔다. 레위 사람은 제사장에게 종속되어 있는 것으로 간주

된다. 그러나 역대기 기자는 그들의 역할이 상호보완적이며 신앙을 유지하기 위한 관점에서는 거의 중요성에 맞먹는 것으로 강조한다. 역대기 기자의 역사 훑기에서 레위 사람과 제사장은 둘 다 주님의 율법을 가르쳤으며, 둘 다 사람들 간에 분쟁을 조정하는 치리자로 섬겼다. 제사장과 레위 사람 간에 상호성을 지지하기 위해 역대기 기자는 심지어 어느 지점에 이르러서는 "레위적 제사장들"이라는 용어까지 사용하는데, 이는 레위 사람이 제사장이 될 수 있었음을 가리키는 말이다.

역대기 기자에 따르면, 제사장과 레위 사람은 하나님의 백성을 역사를 통해 올바른 궤도에서 벗어나지 않게끔 책임을 맡은 사람들이었다. 역대기 기자는 "이스라엘에 진정한 하나님이 없었으며, 가르치는 제사장이 없었으며, 율법이 없었다"고 말한 10세기 예언자 아사랴(Azariah)를 언급한다. 다른 말로 하면, 역대기 기자에 따르면, 율법을 가르치는 사람들, 즉 제사장과 레위 사람은 하나님과 백성들 간의 언약관계를 유지하도록 섬긴 사람들이다.

역대기 기자에 따르면, 그들의 역사를 통해 제사장과 레위 사람은 가르치는 일을 담당했을 뿐 아니라, 백성들이 하나님과 맺은 언약관계가 흔들리고 위협을 받을 때는 적극적으로 개입했다. 원래 북왕국 출신이었던 유다 여왕 아달랴는 백성들에게 다른 신을 따르도록 부추겼고, 다윗 가문의 왕족을 암살하는데 거의 성공하기에 이르렀다. 역대기 기자는 제사장의 아내가 다윗의 후사를 남겨 둠으로써 그녀의 그러한 계획을 좌절시켰다고 우리에게 말해 주고 있다. 더 나아가 제사장들과 레위 사람은 아달랴를 대항해서 모의하고 올바른 후사를 왕위에 앉혔으며, 성전에서 올바른 예배를 재개했다고 밝히고 있다. 제사장과 레위 사람 덕분에 다윗 왕의 전통은 지속되었으며 하나님에 대한 충성 역시 회복되었다.

역대기 기자의 주요 목적은 하나님에 대한 백성들의 믿음에 생기를 불어넣는 것이었음을 기억하라. 그렇기 때문에 그는 7, 8세기에 살았던 히스기야와 요시야 왕의 예배와 관련된 행위에 특별한 관심을 표명한다. 두 왕은 모두 하나님께 충성하였고, 그들의 영토에서 우상숭배의 상징을 파괴하였으며, 하나님의 백성을 위해 성전에서 유월절을 축하하였다. 열왕기하는 이 두 왕의 군사적인 업적을 강조하는 한편, 그들이 위대한 열왕이 된 것은 하나님께 충성스럽게 예배드렸기 때문이라고 주장한다.

역대기 기자의 신학적인 입장이 가장 잘 요약된 곳은 역대하 15:2이다. "…너희가 만일 그를 찾으며 그가 너희와 만나게 되시려니와 너희가 만일 그를 버리면 그도 너희를 버리시리라." 역대기 기자는 이것을 강하게 믿었기 때문에 7세기에 므낫세가 오랫동안 왕위에 있는 것을 이해하기가 어려웠다. 므낫세 왕은 하나님을 저버리고 바알을 숭배하였기 때문에 악한 왕으로 간주되었다. 므낫세는 하나님을 저버렸는데 왜 하나님은 그를 버리시지 않는 것일까? 어떻게 므낫세가 50년이나 넘게 왕위에 있을 수 있었을까? 열왕기하 21장은 므낫세의 장수에 대한 어떤 설명도 하지 않는다. 그러나 역대하 22장은 므낫세는 적국에 포로로 잡혀 가게 되는데, 그 동안 주님께 울부짖어서 주님께서 예루살렘에서 그를 왕좌에 복귀시키는 것으로 되어 있다. 역대기 기자는 그 이후로 "므낫세가 그제야 여호와께서 하나님이신 줄을 알았더라"고 적고 있다.

어느 무엇보다 역대기 기자는 협력하여 하나님과의 관계를 유지하는 것을 강조한다. 역대기 기자의 서술에 따르면, 다윗과 솔로몬은 함께 예루살렘에 성전을 세우려던 이상을 현실로 이룬다. 그들은 또한 협력하여서 제사장과 레위 사람을 세웠으며, 또한 협력하여 참된 예배 전통을 지켜 나간다. 열왕기상에서 우리는 하나님의 백성은 북왕국 사람과 남왕국 사람으로 나뉘어졌다고 배운다. 그러나 역대기에서 우리는 어떤 북왕국 사람들은 여전히 하나님께 진실하게 남았다는 것과 여러 경우에 예루살렘에 있는 충성된 사람들 속에 거했다는 이야기를 듣게 된다. 역대기 기자는 포로생활에서 돌아온 공동체 상황에서 말하고 있다. "우리는 남쪽과 북쪽에서 왔고, 포로생활과 본토로부터 왔다. 그러나 우리 모두는 하나님의 백성이다. 우리는 충성해야 한다. 왜냐하면 우리가 하나님과 함께 하면 하나님께서도 우리와 함께 하시기 때문이다. 여기 예루살렘에 있는 우리에게는 제사장들과 레위 사람이 있다. 그들은 지난 역사를 통해 우리를 도와주었던 것처럼 오늘날도 우리가 하나님과 함께 하도록 도와줄 것이다. 그러므로 우리는 확신을 가지고 미래를 맞이할 수 있다."

(Cheryl B. Anderson)

토의

역대기 기자의 관점에서 보면 하나님께 충성을 다하는 것은 무엇인가? 역대기 기자가 남왕국 유다에 관심을 집중시키는 이유는 무엇인가? 제사장과 레위 사람은 어떤 역할을 했는가?

성경과 교재 (50분)

두 그룹으로 나누어 솔로몬 왕의 치리에 대해 준비하고 발표하게 하라. 두 그룹에게 역대하 1―9장과 매일 노트한 내용을 훑어보고 강조점이 무엇인지 찾아보게 하라. 발표할 때 무언극, 시, 노래, 예문, 랩 음악, 소극, 혹은 요약 등 여러 가지 방법을 사용하도록 하라. 그룹에게 발표를 준비할 시간을 몇 분간 주라. 발표를 마칠 때, 첫 번째 그룹은 열왕기상 11:41-43을, 두 번째 그룹은 역대하 9:29-31을 큰 소리로 읽게 하라.

솔로몬 왕이 어떤 왕인지 자세히 알기 위해 열왕기상 11:1-40을 큰 소리로 읽으라. 타락하다가 마침내는 왕국이 분열하게 된 원인이 무엇인지 찾아보라. 둘씩 혹은 셋씩 나누어 역대하 10―13장에 있는 르호보암과 여로보암의 치리에 대해 복습하라. 이 이야기에 따르면, 하나님께서 왜 왕국을 분열시키시는가?

역대기 기자는 유대 왕들을 설명할 때 진정한 예배와 신앙을 저버리는 갈등에 대해 기록하고 있다 (역대하 14―36, 셋째 날부터 다섯째 날). 3-4 그룹으로 나누어 각 장에 있는 왕의 이름을 살펴보고, 순종 혹은 실패와 타락을 나타내는 단어나 구절이 반복되어 나타나는지 주목하여 보라. 어떤 행동과 태도가 죄악과 패배로 이끌어 가는가? 어떤 행동과 태도가 순종을 나타내는가? 배교의 뿌리는 무엇인가? 진정한 예배의 근거는 무엇인가? 역대기 기자의 인과관계에 입각한 신학이 다윗 왕조 역사에서 명백해지는 곳은 어디인가? 학생용 교재 29쪽과 31쪽 윗부분에 있는 질문에 대답하라.

제자

휴식 (10분)

말씀과의 만남 (40분)

성경 본문: 역대하 7:12-22
역대하 7:12-22를 큰 소리로 읽어라.

3-4명이 한 조가 되어 다음과 같은 질문을 염두에 두고 구절을 공부하라.

이 구절은 하나님에 대해서 우리에게 무엇을 말해 주는가?

인간에 대해서는 우리에게 무엇을 말해 주는가?

하나님과 인간의 관계에 대해서는 우리에게 무엇을 말해 주는가?

그리고 나서 다음의 질문에 대답하라. 이 구절에서 역대기 기자의 신학에 대해 어떤 실마리를 얻게 되는가? 역대기 기자의 신학을 한 문장으로 진술해 보라. 각 그룹이 어떤 문장을 만들었는지 들어보라.

(어른과 청소년을 위한 효과적인 성경 교수법 29쪽에 있는 "신학적으로 성경을 공부하는 방법"을 참조하라.)

신실한 공동체의 모습 (20분)

우리는 신실한 믿음의 공동체이기 때문에 하나님의 백성으로 함께 결속되기를 자유로이 선택한다.

"인간의 모습"을 조용히 읽고 솔로몬 왕에 대해 생각해 보라. 그의 약함이 여기에 어떻게 반영되어 있는가? 3-4명씩 한 조가 되어 이야기하라. "인간의 모습"에서 어떤 부분들이 신실한 공동체의 모습에 이의를 제기하는가?

학생용 31쪽에 "신실한 공동체의 모습"에 있는 첫 번째 질문을 토의하라. 다음으로 역대하 7:14, 학생용 24쪽, 그리고 "철저한 제자"를 읽으라. 지도력에 대해 이 구절들이 어떠한 새로운 영감을 제공하는가? 당신의 교회에서 드리는 예배는 어떻게 정규적으로 기도와 회개를 훈련하도록 북돋우고 도와주는가? 나머지 두 가지 질문을 토의하라.

폐회 기도 (5분)

4과를 열고 성경 읽기를 점검하라. 금주의 기도 제목을 적어라. 시편 85편을 큰 소리로 읽으며 기도하라.

4 다시 건축하라

개회 기도 (5분)

지나간 주에는 유대 백성이 포로생활로 들어가는 것에서 끝났다. 금주에는 유대 백성이 포로생활로부터 돌아오는 것을 공부하기 전에 잠시 그들의 아픔을 함께 나누는 시간을 가져 보아라. 조금 후에 나오는 애가를 다루기 위해 개인들로 하여금 예레미야애가 2—5장을 읽도록 하라. 그리고 나서 예레미야애가 1장을 큰소리로 읽어라. 그런 후에 학생용 32쪽에 있는 에스라 1:2-3을 함께 읽어라

토의 시작 (비디오 내용) (25분)

발표자: 한진희 (Jin Hee Han)

토의 시작을 위한 준비

유대 백성의 귀환과 종교 공동체의 회복에 관련된 인물과 사건에 대하여 주목하라. *성전, 토라, 성읍*과 같은 단어들에 주의를 기울이라.

토의 시작 내용 요약

주전 538년에 고레스는 유대 백성들이 예루살렘에 돌아가서 그들의 성전을 재건하도록 허락했다.

성전 재건은 반대에 부딪혔다.

에스라는 토라에 근거한 정체성을 강조함으로써 개혁을 주도했다.

느헤미야는 무너진 성벽을 재건하고 도시를 다시 세웠다.

한 분이신 이스라엘의 하나님은 계속 함께 현존하셨다.

토의 시작 (비디오) 내용

서론: 유다 백성의 귀환과 성전 재건

나의 모국인 남아프리카가 압제로부터 해방되었을 때, 우리 모두는 미칠 듯이 기뻐했다. 그러나 우리에게는 하나의 어려움이 끝이 났지만, 또 다른 어려움이 새롭게 시작되고 있었음을 알게 되었다. 이제 상처를 입은 국가의 재건을 위해 온갖 힘을 쏟아야만 한다는 것이었다.

그것은 마침내 유대 백성들이 포로생활에서 풀려나 예루살렘 고향으로 돌아오게 되었을 때도 마찬가지였다. 예루살렘에서 그들을 기다리고 있던 것은 폐허였다. 야훼 하나님을 예배하던 소중했던 것은 사라져 없어졌고, 공동체의 삶에 소중했던 모든 것도 사라졌거나 아니면 잿더미로 변해 있었다.

에스라와 느헤미야는 부서진 벽과 동강난 희망을 회복하기로 시작한 사람들의 집요한 헌신에 대해 이야기해 주고 있다. 그들의 노력은 거의 영웅적이었으나, 한진희 교수는 또한 때로는 하나님의 백성이야말로 자신들 스스로가 가장 커다란 적이었음을 보여줄 것이다. 그러나 그들은 홀로 버려져 있지 않았다. 그들이 당하는 어려움 한가운데에는 사방의 거센 반대에도 불구하고 그들이 일을 끝까지 감당할 수 있도록 힘을 주신 신실하신 하나님께서 함께 하고 계셨다.

(피터 스토리)

예루살렘이 주전 587년 바벨론에 의해 패망당한 후, 포로생활에서 살아남은 세대를 계속 괴롭히던 의문이 하나 있었다. 잔인한 역사의 방향 전환은 그들에게서 왕, 왕국, 왕조, 그리고 성전을 빼앗아갔다. 이제 그들에게 던져진 질문은 어떻게 하면 조각난 것들을 다시 붙일 수 있을까 하는 것이었다.

포로생활을 하던 사람들이 나름대로 믿음생활을 하면서 소망 가운데 살 수 있도록 많은 제안들이 제시되었다. 군주국의 통치권이 이양된 후에 지도자 역할을 맡았던 제사장들은 예루살렘 성전이 있기 전 초기 이스라엘 시대에는 이동하는 성막, 즉 성전 안에서 하나님이 이스라엘 백성과 함께 하셨음을 백성들에게 상기시켜 주었다. 그들은 포로생활을 하던 이스라엘 백성들에게 비록 성전은 없어졌지만, 안식일이 되면 시간의 성소에서 (sanctuary of time) 주님을 계속 예배할 수 있다고 상기시켜 주었다. 신명기에서 열왕기 편집자들은 이스라엘 역사가 하나님과 백성들 사이에 맺은 모세의 율법대로 전개되었음을 지적해 주었다. 그것은 충성하면 축복이, 언약을 깨뜨리면 재앙이 따른다는 것이었다. 포로생활 동안 여러 가지 다른 생활 방식을 시험하고 개선하는 동안, 사람들은 계속 살아나갈 힘을 찾아 삶을 꾸려나갈 수 있었다. 심지어 어떤 사람들은 자기 땅이 아닌 곳에서 아주 성공적인 삶을 살았다는 것이 입증되었다.

그러나 거의 반세기가 지나갔을 때, 포로로 끌려왔던 1세대가 죽기 시작하자, 예루살렘과 성전에 대한 기억도 희미해지기 시작했다. 비록 초기 선지자들은 예루살렘 성전 파괴 후에 고국으로 돌아갈 것에 대한 약속을 예언했지만, 포로가 된 처지에 있는 그들에게 그 꿈이 과연 어떻게 실현될지를 눈앞에 그려보기란 그리 쉬운 일이 아니었다.

주전 539년 페르시아 왕 고레스 2세에 의해 바벨론의 압제가 종식되었을 때, 음울하게 포로생활을 하던 땅으로부터 밝은 희망의 빛이 비추이기 시작했다. 새로운 왕은 나라를 잃어버리고 바벨론으로부터 지배를 받던 유대 백성에게 놀랄 만큼 호의적이었다. 주전 538년, 고레스는 심지어 유대 백성들이 예루살렘으로 돌아가 그들의 성소를 재건할 것을 허락하는 칙령을 발표하였다. 소수의 사람들은 제2의 출애굽을 시작했고, 그들은 세스바살과 스룹바벨의 지도하에 귀환했다.

제사장 예수아와 스룹바벨의 지도하에 포로에서 돌아온 사람들이 정착하게 되자 그들은 이스라엘의 하나님의 제단을 쌓고 새로운 성전의 기초도 놓기 전에 번제물부터 바쳤다. 그들은 애굽에서 출애굽해서 나와 광야에서 텐트를 치고 살던 시절을 기억하면서 장막절을 지켰다. 재건하는 일이 2년째로 접어들자 그들은 성전의 책임자를 조직하고 나팔과 찬송소리로 성전의 기초를 봉헌하였다. 그 날 많은 사람들은 기쁨의 함성을 지르면서 눈물을 흘렸다.

모든 숭고한 계획들이 그러하듯이 성전 재건은 나름대로 저항을 받았다. 그 지역에 거주하던 사람들은 포로들이 돌아오는 것을 환영하지 않았다. 종종 우리들은 바벨론 포로로 인해 유다 땅이 텅 비게 되었다고 추측한다. 애가는 그러한 우리의 추측을 확인하는 것 같다. "전에는 사람들이 많더니 이제는 어찌 그리 적막하게 앉았는고…" (예레미야애가 1:1) 라고 시작하며, "시온의 도로들이 슬퍼함이여 절기를 지키려 나아가는 사람이 없

음이로다" (예레미야애가 1:4) 라고 되어 있다. 그러나 예레미야는 파괴 후의 유다의 생활에 대해 언급하고 있다. 그리고 정작 고고학적인 연구는 도성이 파괴된 후에도 예루살렘 바깥의 생활은 여전히 계속되었음을 확인할 수 있다.

그 땅에 거주하고 있던 사람들, 즉 남아있던 유대인들, 사마리아인, 암몬족, 아랍 사람 등등은 돌아온 포로들이 그 지역에 가져올 변화들을 환영할 이유가 없었다. 그들은 유대 회복사업을 회유, 협박, 뇌물, 제국의 장관들을 이용해 좌절시키려고 여러 모로 노력했다.

고레스 이후로 새로운 페르시아 왕들이 왕 위에 올랐을 때, 귀환을 반대하던 사람들은 유다와 예루살렘 사람들이 무너진 도시를 재건함으로써 페르시아의 통치에 대한 반역 모의를 한다고 기소하였다. "왕에게 아뢰나이다 당신에게서 우리에게로 올라온 유다 사람들이 예루살렘에 이르러 이 패역하고 악한 성읍을 건축하는데 이미 그 기초를 수축하고 성곽을 건축하오니 이제 왕은 아시옵소서 만일 이 성읍을 건축하고 그 성곽을 완공하면 저 무리가 다시는 조공과 관세와 통행세를 바치지 아니하리니 결국 왕들에게 손해가 되리이다" (에스라 4:12-13). 페르시아 왕은 자기 영토에 대해 모든 것을 보고받지 못했으며 고레스 칙령에 대해 알지 못했다. 반대자들은 새로운 왕을 회유하여 예루살렘 재건을 중지하도록 설득했다.

그러나 그러한 반대는 재건을 중지시키지 못했다. 학개와 스가랴 선지자의 격려에 힘입은 백성들은 다리우스 왕의 통치 동안에 성전 재건 사업을 재개했다. 다리우스 왕은 고레스 칙령에 대해 알고 성전 재건에 국고의 재정 도움을 받도록 명령하기에 이른다. 마침내 주전 515년 성전이 완공되었다. 돌아온 포로들은 주님의 집을 기쁨으로 봉헌하고 유월절을 경축하였다.

복구 사업은 아닥사스다 왕 시대에 새로운 국면을 맞게 되는데, 왕은 에스라 제사장에게 유다 공동생활을 모세의 율법에 기반을 두도록 제정하라는 과업을 내렸다. 유다 영토에서 유대 민족의 정사를 맡은 의장 역할을 임명받은 에스라는 새로운 귀환자의 물결을 이끌고 돌아올 때 가슴에는 이상으로 가득하고 수레에는 금과 은을 가득 싣고서 비전을 갖고 이끌었다. 돌아온 에스라는 백성들에게 토라에 기초한 정체성을 가지도록 언약으로 되돌아올 것을 촉구하는 전면적인 개혁을 시작하였다.

나중에 느헤미야 8장은 에스라가 이스라엘 백성을 위해 이룬 혁혁한 공을 보고한다. 일곱째 달 첫 날에 온 백성이 수문 앞에 함께 나아와 에스라에게 토라에 대해 좀 가르쳐 달라고 요청하였다. 에스라는 나무로 된 단에 서서 모세의 가르침을 담은 두루마리를 펴서 읽어주었다. 그리고 레위 사람들은 하나님의 말씀을 알려 주기 위해 하나님의 백성들 가운데로 나아갔다.

백성들은 하나님의 말씀을 듣고 그들이 얼마만큼 토라의 가르침에서 멀어졌는가를 알게 되자 울부짖었다. 그들은 주님 안에서 기뻐하는 것이 얼마나 그들에게 힘을 주는가를 깨닫고 울었다. 그야말로 성경은 "여호와로 인하여 기뻐하는 것이 너희의 힘"(느헤미야 8:10)이라고 말하고 있다. 에스라가 이끈 말씀의 축제는 거국적인 회개로 이어져 하나님의 백성은 토라를 따라 살겠노라고 공동 결의를 맺었다. 이제 성전은 제 자리에 있게 되었고, 토라 역시 제 자리에 있게 된 것이다.

느헤미야는 우리들에게 복구 사업이 장기적인 것이었음을 상기시켜 준다. 느헤미야는 아닥사스다 왕이 20년째 통치하던 해에 무대에 등장한다. 그는 유다 지역에서 남은 자들이 고통을 당하고 있다는 소식을 듣는다. "예루살렘 성은 허물어지고 성문들은 불탔다 하는지라" (느헤미야 1:3).

느헤미야는 하나님께서 개입해 주시기를 기도드렸다. 기도 덕에 그는 페르시아의 유다 지역의 총독으로 임명받기에 이른다. 느헤미야는 이제 예루살렘 성벽과 성읍 재건의 수리를 총괄하게 되었다.

느헤미야는 왕의 군대장관과 기병들을 데리고 예루살렘으로 돌아왔다. 그러나 에스라와 다른 하나님의 종들처럼 느헤미야 역시 반대자들을 만나게 된다. 역시 지역의 지도자들은 "이스라엘 자손을 흥왕하게 하려는 사람이 왔다 함을 듣고 심히 근심하더라" (2:10).

반대자들은 예루살렘 재건에 반역 혐의가 있다는 같은 전술을 사용했다. 사람들이 이쪽은 지붕에서 저쪽은 문짝에서 들보와 자물쇠를 갖추는 등 일을 분담해서 이쪽이 중수되고 저쪽이 중수되고 해서 성벽이 보수되어지자, 지역의 지도자들은 유대인들을 조롱하기 시작했다. "이 미약한 유다 사람들의 하는 일이 무엇인가" (4:2), "그들이 건축하는 돌 성벽은 여우가 올라가도 곧 무너지리라" (4:3).

그들이 조롱하자 느헤미야는 다시 기도하기 시작했다. 방해를 받는다고 해서 느헤미야와 백성들은 예루살렘 성벽에 대한 복구 사업을 멈추지 않았다. 지역의 지도자들이 무력을 사용해서 사업을 중단시키려고 음모를 꾸미자 느헤미야는 백성을 칼과 "우리 하나님이 우리를 위하여 싸우시리라" (4:20) 라는 말씀으로 무장시켰다. 나중에는 반대자들이 그를 함정에 빠뜨리려고 회유하자 그는 그들의 초대를 간단하게 무시해 버렸다.

그러나 유대인 공동체 안에서 부당하게 권력을 남용하고 있다는 것을 알았을 때, 느헤미야는 딴전을 부리지 않았다. 어떤 유대인들은 동족들로부터 이자를 취하고 있었다. 어떤 이들은 빚을 갚지 못하는 동료 유대인들의 재산을 압류하기도 했다. "그런즉 너희는 오늘이라도 그들의 밭과 포도원과 감람원과 집이며 너희가 꾸어준 돈이나 양식이나 새 포도주나 기름의 백분의 일을 돌려 보내라" (5:11) 라고 느헤미야는 요구했다.

이렇게 느헤미야가 백성들 간의 착취의 벽을 무너뜨리고 있는 중에도 예루살렘 성벽은 올라만 갔다. 마침내 성벽은 완성되었고 지역 내에 경외감을 불러일으켰다. 이제 백성들은 들어가서 예배드릴 성전이 있었고, 새로워진 자아정체성을 익힐 수 있는 토라가 있었고, 들어가 살 수 있는 성읍이 있었다.

에스라와 느헤미야서는 우리들에게 재건 사업에 참여한 하나님의 종들을 제시해 주는데, 세스바살, 스룹바벨, 예수아, 학개, 스가랴, 에스라, 그리고 느헤미야가 이에 포함된다. 재건에 앞장 선 지도자들 중 어떤 사람들은 결코 서로 만난 적이 없지만, 그들은 자기 시대에 하나님을 경배하는 백성들을 예루살렘에 회복시키려는 공동의 목표를 위해 노력했다,

또 많은 사람들이 재건에 기여했다. 페르시아 왕들, 제사장과 레위 사람들, 그리고 무엇보다 돌과 끌로 참여했던 백성들이다. 그러나 공동체 회복은 한 분 이스라엘의 하나님의 꾸준하신 현

존이 없었더라면 결코 일어나지 못했을 것이다. 에스라서는 우리에게 주님께서 페르시아 고레스 왕의 마음을 흔들어 유대 백성들이 예루살렘에 돌아가서 주님의 집을 재건할 수 있도록 허락하는 칙령을 내렸다고 말하고 있다. 우리는 에스라가 하나님께서 예루살렘으로 돌아가는 그의 일행을 보호해 주십사고 기도했던 것을 기억한다. 우리는 에스라가 백성들이 토라의 가르침대로 살게 해달라고 기도했던 것을 기억한다. 맡은 임무를 보면 아마 가장 정치적인 인물들 중 한 사람에 속할 느헤미야가 하나님 앞에서 기도의 제단 앞에 서 있는 것을 우리는 얼마나 자주 발견하게 되는지 모른다. 심지어 느헤미야 제일 마지막 구절에서도 우리는 이렇게 기도하는 느헤미야를 발견한다. "내 하나님이여 나를 기억하사 복을 주옵소서" (느헤미야 13:31).
(한진희)

맺는 말:
하나님의 도우심 없이 우리가 과연 어떤 가치 있는 것을 하나라도 지을 수 있는지 장담할 수가 없다. 그리고 하나님의 은혜 없이는 우리는 동강난 우리의 삶을 결코 회복할 수 없다.
(피터 스토리)

토의

회복을 가져오는 사람과 사건 중에서 어디에 하나님이 활발하게 현존하신다고 느꼈는가? *성전, 토라, 성읍*이 백성의 귀환에 기여한 바는 무엇인가?

성경과 교재 (50분)

금주의 성경 읽기는 자세한 역사보다는 신학적인 의미가 강조되었다. 두 조로 나누어 금주의 성경 읽기와 노트한 것을 살펴보고 하나님에 대한 의뢰가 행동, 말, 기도, 고백 속에서 어떻게 나타났는지 그 일례를 찾아보게 하라. 또 백성들이 하나님의 지시대로 반응한다는 확신을 나타내는 행동, 말, 기도, 고백 등의 일례도 찾아보게 하라.
1조: 에스라 1—10장과 학개 1—2장
2조: 느헤미야 1—13장
금주의 성경 읽기에서 철저한 제자로 보여지는 사람은 누구인가? "철저한 제자"를 읽어라. 3-4명씩 조를 짜서 "범상치 않은 방법으로 하나님의 지시에 따르는" 것이 무슨 뜻인지 토의하도록 하라. 그리고 나서 "철저한 제자"의 질문에 대해 답하게 하라.
전체 그룹으로 이방 여자와의 결혼에 대한 에스라의 고민에 대해 상기하게 하라. 에스라와 그 종교 공동체에 논점이 되었던 것이 무엇인지 묘사하라. 학생용 교재 39쪽 위에 있는 질문에 대답하라.
시편 126편을 큰 소리로 읽고 사람들이 그 시편을 날마다 읽으면서 기쁨을 어떻게 표현했는지 말해 보도록 초대하라.

휴식 (10분)

말씀과의 만남 (35분)

성경 구절: 학개 1장
한 사람에게 학개 1장을 소리 내어 읽게 하라. 반원들에게 다음의 질문을 생각하면서 다시 한번 말씀을 조용히 읽게 한다.
이 구절은 무엇을 말하는가?
무슨 일이 일어났는가?
기자가 전하려고 한 것은 무엇인가?
이 상황이 그곳에 있던 사람들에게 의미한 것은 무엇일까?
구절을 다시 한번 읽고 다음의 질문에 대답하게 하라. 21세기 사람들로서 우리들은 이 구절에 대해 무슨 말을 할 수 있는가? 이 구절에서 하나님은 우리를 무어라고 부르시는가? 이 구절은 나에게 어떤 주장을 하는가?
(*어른과 청소년을 위한 효과적인 교수법* 41쪽에 있는 "대화와 만남을 사용하는 방법"을 참조하라.)

신실한 공동체의 모습 (20분)

우리는 신실한 믿음의 공동체이기 때문에 듣지 않으려고 하기보다 들을 준비를 하며, 행동하지 않으려고 하기보다 행동할 준비를 한다. 이는 하나님의 부르심과 지시에 응답하기 위함이다.
세 그룹으로 나누어 "신실한 공동체의 모습"에서 던지는 질문을 하나하나 답해 보라.

폐회 기도 (5분)

5과를 열고 성경 읽기를 점검하라. 금주의 기도 제목을 적어라. 기도로 폐회하라.

5 이 때를 위함이 아닌지

개회 기도 (5분)

토의 시작 (비디오 내용) (25분)

발표자: 시드니 화이트 크로포드 (Sidnie White Crawford)

토의 시작을 위한 준비

에스더의 역할이 전개되는 것에 주목하라. 잔치의 중요성과 전환되는 역할이 음밀한 계획에 어떤 영향을 미치는지 주목해 보라.

토의 시작 내용 요약

에스더는 부림절을 지키기 위한 전설적인 인물이다.
모르드개와 에스더는 흩어져 살던 유대인 디아스포라였다.
에스더는 자신이 유대인임을 숨긴다.
하만과 모르드개는 숙적이었다.
부르(제비를 뽑는 것)가 부림절의 기원이다.

토의 시작 (비디오) 내용

서론: 에스더

유대인들을 멸살하려는 시도가 전혀 새로운 사실이 아니라는 사실을 에스더는 우리에게 상기시켜 준다. 그것은 성경만큼이나 오래된 것이다. 그렇기 때문에 거의 맨손으로 자기 백성을 살육으로부터 지켜낸 젊은 유대 여인에게 커다란 영예가 주어지는 것은 놀랄 만한 일이 아니다.

또한 에스더 이야기는 우리에게 "상황 윤리"에 대해 생각해 볼 수 있는 기회를 제공해 준다. 에스더는 처음에는 희생자로서 권력에 가까이 할 수 있었다. 그녀는 성적인 지배의 희생자였다. 즉 그녀는 페르시아 왕의 입맛에 맞는, 단지 또 한 명의 어린 노리개에 불과했다. 그리고 이는 버젓한 젊은 유대 여인에게 걸맞는 자리가 아니었다. 그러나 그 일에는 달리 어찌 할 수가 없었는지 몰라도 에스더는 진정 자기가 누구인가 하는 것을 결코 잊은 적이 없었다. 그리고 훗날 그녀의 민족이 위험에 처했을 때, 그녀는 왕정을 다스리고 있었던 어떤 남성에게도 지지 않을 만큼 기민하게 이리저리 얽힌 복잡한 정치 국면을 헤쳐 나가는 행동가가 된다. 시드니 화이트 크로포드가 오늘 우리와 더불어 이 흥미 있는 이야기를 읽어갈 것이다.

(Peter Storey)

여러분들이 예습하면서 알았듯이 에스더는 구약성경에서 가장 흥미진진한 이야기들 중 하나이다. 여기에는 위대한 소설의 요소들인 음모, 로맨스, 서스펜스, 그리고 해피엔딩이 골고루 들어있다. 에스더를 읽는 독자라면 누구나 사람 사는 이야기와 연관을 지을 수 있고, 주인공인 에스더와 모르드개에 공감을 느낄 수 있다.

유대인 정경에서 에스더는 성문서에 들어 있다. 성문서는 시편과 잠언과 같은 여러 종류의 문학을 담고 있다. 내용면에서는 교훈적인 성격을 띠고 있으며, 가르침을 주기 위해 쓰여진 것들이다. 성문서 중에서도 에스더는 메길로스, 즉 다섯 두루마리의 일부인데, 다섯 개의 짧은 두루마리에는 에스더, 룻기, 애가서, 전도서, 아가서가 들어있다. 다섯 두루마리는 대체로 후대에 묶여졌는데, 여러 절기에 각 책을 처음부터 끝까지 읽기 위해 절기의 순서를 반영하고 있다. 에스더는 부림절기 유산을 지키기 위해 쓰여졌다. 부림절에 대해서는 에스더 끝부분을 공부할 때 자세히 살펴보기로 하겠다.

에스더 이야기는 바사 (페르시아) 왕 아하수에로의 왕궁에서 시작된다. 아하수에로는 주전 485-464년에 페르시아 제국을 다스렸던 왕 아닥사스와 동일한 인물이다. 왕궁은 페르시아의 세 개의 수도 중 하나였던 수산에 위치하고 있다. 이러한 배경은 에스더 이야기에 역사적인 분위기를 제공한다. 그러나 이 책에 기록된 사건들이 실제로 일어난 것이었는지, 일어난 것이 아니었는지에 대해서는 논란이 많다. 이야기는 왕이 신복을 위해 베푼 잔치로 시작한다. 잔치는 에스더에서 문장상 중요한 구조의 일부로 되어 있다. 이 첫 번째 잔치는 곧바로 두 번째 잔치로 이어지는데, 이것은 왕이 수산 백성을 위해 베푼 것으로 이야기의 초점을 좁히고 있다. 두 번째 잔치 중간에 세 번째 잔치가 묘사되어 있다. 이는 왕후 와스디가 부녀자들을 위해 베푼 잔치이다. 이러한 잔치의 풍경은 사치스러운 것으로 묘사되어 페르시아 궁정의 부유함과 퇴폐의 기미를 보여주고 있다.

그 다음 일화는 술에 취한 왕의 소환을 받고서 나타나기를 거절한 왕후 와스디의 몰락을 그리고 있다. 와스디라는 인물은 에스더와 대조되는 인물이었다. 와스디는 자기 의지가 확고하고 고분고분하지 않은, 가부장적 세계에서 보면 부정적인 여성의 특성을 지닌 이로 그려진다. 와스디 왕후의 불복종은 추방이라는 벌을 낳게 된다. 이 일화는 허풍스럽고 기고만장한 왕과 그의 자문관들의 일면을 보여주고 있으며, 기자가 사용한 빈정거리는 익살스러운 문체를 띠고 있다. 이 빈정거리는 아이러니는 책 전반에 계속되고 있다.

두 번째 일화는 왕이 와스디 왕후가 추방된 결과를 인정하는 데서 시작한다. 그에게는 새로운 왕비가 필요하다. 그리고 그 왕비를 얻기 위해 결정적으로 자신이 심사위원이 되어 성경연대회를 개최한다. 2:5-7은 우리에게 이 이야기의 영웅들인 추방당한 유대인 모르드개와 그의 질녀이며 후견인인 에스더를 소개하고 있다. 그들은 추방된 공동체 혹은 페르시아 왕국 전역에 퍼져 살고 있던 디아스포라, 즉 흩어진 유대인들의 일원이다. 에스더는 왕의 후궁 가운데 한 사람이 된다. 우리는 이것을 이해할 때 에스더가 왕의 백성으로서 복종하는 것 외에는 선택의 여지가 없었던 것을 염두에 두어야 한다. 그녀는 그래도 다른 여자들보다는 운이 좋아서 남은 평생을 후궁에서 갇혀 지내지 않아도 되었다. 에스더는 왕의 눈에 들어 왕후로 간택된다. 에스더가 권력의 지위에 있는 자들을 기쁘게 할 줄 아는 능력을 가졌다는 것은 이후에 그녀가 위인 역할을 하게 되는데 중요한 전조가 된다. 에스더가 자신이 유대인이라는 사실을 숨기는 것을 주목해 보라. 이 음밀한 계획은 중요하다. 만약 에스더가 다니엘과 그 친구들처럼 엄격한 식사법을 준수하고 있었다면, 계획이 불가능했을 것이다. 이 일화는 네 번째 잔치로 끝을 맺는데, 여기서는 와스디와 에스더 사이에 역할이 뒤바뀐 것을 볼 수 있다. 와스디는 격하되고 에스더가 대신 왕후가 된다.

3장에는 네 번째 주요 인물인 아각 사람 하만이 등장한다. "아각 사람"은 사무엘상 15:1-9에 있는 아말렉 왕인 아각을 일컫는다. 아말렉 사람은 대대로 이스라엘의 대적이며, 사울 왕이 왕좌를 잃는 것도 아각과 아말렉 군대를 무너뜨리지 못했기 때문이었다. 모르드개는 사울 왕의 후손이므로 그와 하만은 원수지간일 수밖에 없다. 모르드개가 하만에게 절하기를 거절했던 이유는 달리 설명할 길이 없는데 이러한 배후 역사가 유일하게 그럴 듯한 이유가 된다.

음모를 꾸미는 사건들은 이제부터는 빠른 속도로 진행된다. 하만은 콧대 센 모르드개와 연관된 모든 유대인을 파멸시키려고 결심을 하게 되면서 3:7에서는 길일을 택하기 위해 "부르," 즉 "제비"를 뽑게 된다. 이 부르를 던지는 것이 "부림"이라는 이름을 가진 절기의 유래가 되는데, 정작 그 행사는 가상적인 것일지도 모른다. 하만은 왕으로부터 이 알 수 없는 민족을 파멸시키라는 허락을 받아내고 명령을 하달하기 위해 사람을 보낸다. 우리는 앞서 와스디의 일화에서 왕의 칙령은 뒤집을 수 없다는 것을 배웠기에 아마도 이번 칙령도 그러했을 것이다. 이 일화는 다섯 번째 잔치로 끝을 맺는다. 이번에는 수산의 시민들이 잔치를 축하하지 않는다는 것을 눈여겨보라.

4장은 결정적인 중추가 되는 장면이다. 모르드개가 하닥 편에 왕후 에스더더러 그녀의 지위를 이용하여 자기 백성을 구하라고 촉구하는 전갈을 보냈을 때, 에스더는 왕에게 부름을 받지 않은 상태에서 왕에게 나아가면 자신이 죽음을 무릅쓸 수 있다는 점을 지적하면서 거절한다. 모르드개의 반응은 에스더서에서 가장 신학적인 반향을 부르는 것이지만 현재까지는 아무런 종교적인 내용을 포함하지 않았다. "네가 만일 잠잠하여 말이 없으면 유다인은 다른 데로 말미암아 놓임과 구원을 얻으려니와". 4:14에 있는 "데"는 하나님에 대한 간접적인 언급일 수도 아닐 수도 있다. 그러나 모르드개는 비록 넌지시 돌려서 말하긴 해도 유대인을 구원하실 하나님의 섭리를 확실히 시인하고 있다. 그제야 에스더도 이 책에서 아마도 유일한 종교적 행위인 금식을 요청하게 된다. 이 금식은 앞서 있었고 뒤에도 있을 잔치와 첨예하게 대조가 된다.

이제 하나님의 섭리가 계신 것처럼 보이는데, 이는 에스더가 성공하기 때문이다. "왕후 에스더가 뜰에 선 것을 본즉 심히 사랑스러우므로 손에 잡았던 금 규를 그에게 내미니" (5:2). 에스더는 이번에도 앞에서와 마찬가지 방법, 즉 페르시아 궁정 체계에 있는 능력 있는 권력자를 기쁘게 함으로써 성공을 한다. 이러한 방법으로 그녀는 유배 상태 속에 살고 외국의 압제 하

에서 살아가던 유대인들에게 강력한 롤 모델을 보인다. 왕은 하만과 더불어 그녀의 잔치에 참여하겠다고 수락하는데 이는 이 책에서 여섯 번째 잔치이다. 비록 독자들은 에스더가 그녀의 첫 번째 잔치에서 왕에게 청을 했으면 하고 바라지만, 저자는 에스더가 또 다른 잔치를 청하도록 함으로써 일곱 번째 잔치에 가서야 왕에게 청을 하도록 미루고 있다. 그러나 이 두 잔치 사이의 이야기에서 가장 웃기는 일화가 도중에 끼어든다. 바로 하만이 욕을 보는 일화이다. 이 일화는 하만과 모르드개 사이에 역할이 뒤집히는 데서 시작한다.

7:3-8:2는 이야기의 결말을 제공한다. 에스더는 자기가 유대인이라는 것을 밝히고, 하만은 악한 모략가로 밝혀진다. 그리고 왕은 진실에 마침내 눈을 뜨게 된다. 하만은 권력의 자리에서 사망으로 떨어지며, 모르드개는 하만의 자리를 차지하게 된다. 이로서 역할이 완전히 뒤바뀌게 된다. 이렇게 역할이 뒤바뀐 것을 축하하는 절기, 즉 여덟 번째 잔치가 거행되며, 이 잔치에는 수산의 시민들과 유대인들이 모두 참여하게 된다.

왕이 이미 내렸기 때문에 뒤집을 수 없는 파멸의 칙령을 좌절시키는 문제가 남아 있는데 이는 유대인들이 스스로를 변호할 수 있게 함으로써 해결되고 있다. 심지어 하만의 몰락 이후에도 유대인들이 자기 방어를 할 필요가 있었다는 것으로 보아 당시 페르시아 왕국의 강한 반유대주의의 조류를 엿볼 수 있다. 죽었다고 기록된 사람이 많은 것과 에스더가 싸울 또 다른 날을 요청한 것으로 보아 피에 굶주린듯한 인상을 줄 여지가 있다. 그러나 우리는 이러한 행동은 칼을 쥔 다른 쪽의 사람들이 유대인을 죽이려고 했기 때문에 자기 방어로 행해진 것이라는 것을 기억해야 한다.

9:17-19에 유대인들이 절기와 더불어 경축하는 휴일은 이 책에서 아홉 번째와 열 번째 잔치가 된다. 왕명에 의해 영구적인 절기가 되는 부림절은 유대인의 대적들이 멸망한 날을 축하한다기보다는 유대인이 파멸당할 위협에서 벗어난 안도감을 축하하는 날이다. 부림은 아마도 그러한 파멸의 위협이 너무나 속적으로 익숙한 것이 되어버렸던 흩어진 디아스포라 공동체에서 일어난 절기일 것이다. 그러므로 에스더는 희망의 봉홧불이요, 부림절은 유대인에게 위대한 구원의 절기인 유월절에 버금가게 사랑받는 휴일인 것이다.

에스더는 유대인과 이방인이 서로서로 공동의 선을 향해 노력하면서 함께 살 수 있다는 세계를 꿈꾸고 있다. 에스더는 이러한 비전을 유머와 풍자를 사용해서 성취하지만 그 뒤에는 진중한 목적이 숨겨져 있다. 우리는 에스더를 읽는 내내 킥킥거리게 되는데 이 책이 재미있기 때문이다. 그러나 끝에 가서는 우리는 또한 그처럼 아주 인간적이었던 페르시아 세계에 하나님의 목적이 이루어졌음을 이해하게 된다. 그리고 그 세계는 오늘날 우리가 사는 세계와 얼마나 비슷한지 모른다.

(Sidnie White Crawford)

맺는 말:

여전히 생각하는 현대인들에게 교훈을 준다. 또한 박해가 에스더의 백성들인 유대인들에게 행해졌던 많고 많은 시대들을 생각나게 해준다.

(Peter Storey)

제자

토의

에스더의 역할은 무엇인가? 어떤 대목에서 에스더가 마침내 자기 역할을 한다고 보았는가? 잔치와 역할이 뒤바뀌어지는 이야기에서 어떤 작용을 하는가?

성경과 교재 (50분)

에스더의 이야기를 다른 각도에서 살펴보라. 세 조로 나누어 첫째 날부터 셋째 날까지의 성경을 특별한 목적을 염두에 두고 읽어보라.

1조: 이 이야기가 제대로 되어가기 위해 일어나야 했던 모든 일들을 찾아보라.

2조: 아하수에로, 와스디, 모르드개, 에스더, 내시, 하만, 세레스와 같은 각 인물들이 개발되기 위해 어떤 요소가 필요한지 연구하라. 각 인물이 이야기에 기여하는 바는 무엇인가?

3조: 이야기의 배경은 어떤 작용을 하는가를 연구하라. 조별로 10-12분간 토론한 후 각 그룹이 발표할 시간을 준다.

학생용 교재 45쪽의 첫 번째 문단 끝에 있는 두 가지 질문에 대해 토의하라. 그룹으로 "우리는 신실한 믿음의 공동체이기 때문에"로 시작되는 인용문을 큰 소리로 읽게 하라. 인용문을 숙고해보고 탄식의 말로 각자 응답하게 하라.

휴식 (10분)

말씀과의 만남 (35분)

성경 본문: 에스더 3장

에스더 3장을 큰 소리로 읽게 하라. 상황을 이해하기 위해 모르드개와 하만을 함께 연관시키는 역사를 상기하라. 3-4명이 한 조가 되어 다음의 질문을 가지고 구절을 연구하라.

이 구절은 무엇을 말하고 있는가?

무슨 일이 일어났는가?

저자는 무엇을 말하려고 의도하는가?

10분간 토의할 시간을 주라. 구절을 조용하게 다시 읽고 다음의 질문을 토의하라.

나는 이 구절에 대해 무엇을 말할 것인가?

21세기 독자로서, 우리는 이 구절에 대해 무엇을 말할 수 있는가?

하나님은 이 구절을 통해 나에게 무엇이라 말씀하시는가?

나는 어떻게 이 상황에 개입이 되는가?

이 구절은 나에게 어떤 주장을 하는가?

(*어른과 청소년을 위한 효과적인 성경 교수법* 41쪽에 있는 "대화와 만남을 사용하는 방법"을 참조하라.)

신실한 공동체의 모습 (20분)

우리는 신실한 믿음의 공동체이기 때문에 하나님이 침묵하고 계시는 것 같이 보일 때에도 하나님의 이름으로 행동한다. 우리는 하나님을 대신하여 어디에서 어떤 형태로 박해가 일어나든 이에 맞서 일어선다.

"인간의 모습"을 큰 소리로 읽는다. 잠시 동안 생각해 보라. 와스디, 모르드개, 혹은 에스더라면 이 상태에 어떤 반응을 보였을까?

신실한 공동체의 모습을 읽으라. 이는 어떻게 "인간의 모습"에 도전을 주는가? 2-3명씩 나누어 "신실한 공동체의 모습" 아래에 있는 질문에 답하라. 이제 신실한 공동체의 모습과 "철저한 제자"를 함께 살펴보라.

에스더 3:8을 큰 소리로 읽으라. 이러한 정서가 어떻게 들려지는가? 당신은 어떤 반응을 보였는가? 다른 그룹을 생각하라. 우리는 하나님을 대신하여 어떤 입장을 취해야겠는가?

폐회 기도 (5분)

6과를 열고 성경 읽기를 점검하라. 금주의 기도 제목을 적어라. 시편 83편을 소리 내어 기도하고 이스라엘과 그 근방 나라들을 위해 기도하고 폐회하라.

6 왕국의 도래

개회 기도 (5분)

토의 시작 (비디오 내용) (20분)

발표자: 데이비드 에이 드실바 (David A. deSilva)

토의 시작을 위한 준비

다니엘서가 어떤 종류의 책인지, 어떻게 사용되었고, 적용되어 왔는지에 주목하라.

토의 시작 내용 요약

기독교인들은 다니엘서를 예언서에 포함시키고, 유대인들은 다니엘서를 성문서에 포함시킨다.

"예언적인" 본문으로 읽는 것은 본문을 새로운 상황에 맞게 재해석하고 적용하는 단계를 나타낸다.

다니엘서의 예언들은 예언의 형태를 지니고 있지만, 사실은 묘사되고 있는 사건들이 지나고 난 후 되돌아보는 사건들이다.

토의 시작 (비디오) 내용

서론: 다니엘서

우리들 대부분이 다니엘서에 대하여 유일하게 알고 있는 것이 있다면, 어느 장에선가 사자굴 이야기가 나오고 풀무불 이야기가 나올 거라는 것이다. 그 외 나머지 부분은 국제적인 재난이나 종말의 때를 예고하는 사람들이 사용하도록 내버려두는 경향이 있다. 다니엘서의 기자는 예언에 대해 어떤 문제의식을 갖고 있기는 했지만, 문제는 과연 그것이 다니엘서의 내용인가 하는 데 있다.

데이비드 드실바는 우리에게 다니엘서에 나타난 심오한 자료는 미래를 예언하려는 것이 아님을 보여준다. 다니엘의 내용은 오늘날 세상에서도 아주 흔한 것들이다. 그것은 바로 강력한 권력자들은 스스로를 하나님으로 여기기 쉬운 경향이 있다는 내용이다. 그것은 바로 신자들이 아무 두려움 없이 겪어낸 고난에 관한 것인데, 이들 신자들은 하나님은 오직 한 분뿐이시며, 그 하나님은 다른 어느 누구와도 자리를 바꾸지 않으신다는 믿음에 가득 차 있었다.

(Peter Storey)

다니엘서는 구약성경에서 가장 이해하기 쉬우면서도 동시에 가장 이해하기 어려운 자료이다. 여기서 우리는 다니엘이 사자굴에 갇히는 이야기와 풀무불에 들어간 세 명의 젊은이들에 대한 이야기를 접하게 된다. 다섯 살짜리 우리 아들이 벌써 좋아하는 이야기이다. 우리는 또한 남왕국의 왕과 북왕국의 왕에 대한 예언이 숨겨진 이상한 짐승을 발견하며, "다니엘아 마지막 때까지 이 말을 간수하고 이 글을 봉함하라" (12:4) 라고 책을 숨기라는 신비한 명령을 듣는다. 우리는 양극단이 섞여있는 이 책을 어떻게 사용해야 할까? 특히 다니엘서에 있는 모호하고 신비한 환상을 어떻게 해석해야 할까?

이 책을 어떻게 이해해야 하는가에 대한 우리의 불확실성은 다음과 같은 사실에도 반영된다. 즉 기독교인들은 다니엘서를 예언서에 포함시키는 반면, 유대인들은 다니엘을 히브리 성경의 세 번째 부분인 성문서에 포함시키고 있다. 유대 공동체는 주전 200년경 예언적인 책들을 수집했다. 이 사실은 주전 180년경 활동했던 예루살렘의 현인 예수 벤 시라의 글에 반영되어 있다. 벤 시라는 이스라엘 역사에서 뛰어난 인물들을 찬양하는 찬송을 지었다. 그는 이사야, 예레미야, 에스겔 그리고 "열두 명" (즉 소선지자들)을 모두 같은 부분에서 (시락 48:23−49:10, 외경) 언급하고 있는데, 다니엘은 결코 언급되고 있지 않다. 주전 1, 2세기에 성경을 묘사하면서 "율법서와 선지서와 또 다른 책들"이라고 한 것도 선지서 모음이 완성되었다고 (그러므로 끝났다고) 여겨지는 듯한 인상을 준다. 그러므로 다니엘서가 선지서 중에 포함되어 있지 않고 성문서에 포함되어 있다는 것은 여러 가지를 암시해 준다.

먼저, 주전 1, 2세기의 유대 공동체는 말라기와 마찬가지로 다니엘서도 예언이 그친 다음에 씌어졌다고 인정했다. 비록 다니엘서가 주전 6세기에 씌어진 것처럼 다니엘서에 나타나 있지만 (그래서 왜 그렇게 오래 동안 알려져 있지 않았던가 하는 설명을 제공해 준다), 이 문학적 배경을 문자 그대로 받아들여서는 안 된다. 다니엘이 벤 시라 시대 이후에 세상에 밝혀지게 되고, 아마도 그 시대 이후에 씌어진 작품으로 알려졌기 때문에, 이 책을 선지서에 포함시키는 것은 올바르지 않았을 것이다.

둘째, 유대 공동체는 다니엘이라는 이름을 가진 선지자가 주전 6세기에 책을 쓴 것 같지는 않다고 생각했다. 하지만 그럼에도 불구하고 이 책이 하나님이 당신의 백성에게 주는 중요하고 참된 말씀을 포함하고 있으며, 따라서 유대교의 거룩한 성경에 속한다고 여겼다.

초대 기독교 운동을 포함한 유대인 그룹은 성문서 중 몇몇 책을 "예언서"로 여기고 읽었다. 하나의 일례를 들어보면, 표면상으로는 전혀 미래의 사건을 알리거나 미래의 인물을 묘사한다고 여겨지지 않던 시편을 쿰란 공동체(사해 문서 공동체)의 역사에 관한 예언을 알리는 것으로 해석했다. 시편은 또한 예수의 중요성, 그의 죽음과 부활을 둘러 싼 사건, 그리고 심지어 하나님 나라에서 계속되는 이야기라는 의미에서 예언적인 것으로 이해되었다. 그러므로 이러한 동일한 공동체가 미래에 하나님이 가져오실 승리에 대한 소식을 제공해 주는 다니엘을 "예언자"로 여긴 것은 그다지 놀랄 만한 일이 아니다. 시편과 마찬가

제자

지로 다니엘을 "예언적인" 것으로 읽는 것은 저자의 의도나 원래의 청중이 그 글을 어떻게 이해했는가를 나타내는 것이 아니다. 오히려 그러한 문서들이 저자의 의도를 뛰어넘어서 새로운 상황에서 재해석되고 적용되는 단계를 나타낸다고 하겠다. 일례로, 주후 1세기 유대 역사가이며 제4 에스라의 저자인 요세푸스는 다니엘의 네 번째 짐승이 그레코 시리안 왕조가 아니라, 로마 제국을 나타낸다고 이해하고 있다. 예수님은 다니엘 7장과 11장의 언어를 사용하여 주후 70년 예루살렘의 멸망을 예언하시는 것으로 나타난다. 그러나 다니엘을 이렇게 사용한 것이 정작 이 책이 어떤 책인가 하는 질문에는 답을 주지 않는다. 오직 이 책이 어떻게 계속 사용되어져 왔고, 후기 청중에 의해 어떻게 적용되었는가를 답해 줄뿐이다.

또한 이러한 경향으로 인해 교회에서는 다니엘을 예수님의 오심, 사역, 그리고 하나님께서 미래에 하실 일을 알리는 위대한 선지자 가운데 넣게 된 결과를 불러 온 것이 확실하다.

주후 3세기에 살았던 현명한 비기독교인 폴피리 라고 하는 사람은 오늘날 많은 성서학자들이 이해하게 된 것을 그때 이미 인식하고 있었다. 즉 다니엘의 환상과 우리가 알고 있는 이 책의 형태는 주전 6세기가 아닌 주전 2세기 유다로부터 유래한다는 것이다. 이 견해는 원칙상 미래는 미리 알려지거나 계시될 수 없다는 판단에 기반을 두기보다는 다니엘에 나타난 역사의 정확성에 잣대를 두고 있다. 이 책이 가장 정확하지 못한 곳은 바로 다니엘이 왕궁에서 주요 인물로 살았다고 하는 그 기간에 대해 묘사할 때이다. 반면 가장 정확한 곳은 주전 2, 3세기의 역사를 그릴 때이다.

알렉산더 대왕이 이룩한 제국은 네 명의 장군에 의해 나뉘어졌다. 이집트를 다스리게 된 프톨레미와 시리아를 통치하게 된 셀루시드가 유대 백성들에게 가장 관심이 많았는데, 이유는 이들 두 왕국 사이에 팔레스타인이 놓여있었기 때문이다. 팔레스타인의 지배를 놓고 전쟁이 많이 일어났다. 주전 198년, 시리아의 안티오커스 3세가 팔레스타인을 차지했다. 그의 아들 안티오커스 4세는 다니엘 7—12장에서 하나님의 백성에게 최대의 적으로 나타난다. 여기 나오는 환상은 안티오커스 4세의 죽음 직전까지 그 기간 동안 역사를 놀랄 만큼 정확하게 반영하고 있다. 과거를 기억하는 데서 저자가 미래를 예언하는 데로 전환하는 시점(즉 안티오커스 4세가 어떻게 종말을 맞을 것인가)에서 역사 기록은 저자가 오해하는 것을 보여주고 있다. 안티오커스는 지중해 쪽으로 서부를 향한 전투에서 종말을 맞은 것이 아니라, 동쪽 페르시아 깊숙한 곳에서 죽었다. 그러므로 다니엘의 "예언들"은 바벨론 이후 유다를 지배해온 이방 왕국과 지배자들의 역사를 새로 말해 주는 것으로 이러한 지배가 안티오커스 4세 통치에 집중되었다는 것을 재현하는 것으로 보인다. "미래를 예고"하는 형태를 지니고 있지만, 실제로는 지나간 과거의 사건들을 돌아보며 회상하는 것이다.

책이 의미하는 "마지막 때"가 아주 명확한 때는 주전 166—165년으로 꼭 집을 수 있다. 이 기간에 독자들은 최근에 겪은 과거 상황과 현재 겪고 있는 상황이 그대로 다니엘의 환상에 반영된 것을 볼 수 있었을 것이다. 실제로 다니엘을 이해

하는 데 가장 도움이 되는 책은 개신교나 유대교의 정경이 아니라 로마 가톨릭과 정교회 성경인 제1마카비서와 제2마카비서이다. 통일 왕국을 바라던 안티오커스 4세는 일단의 진보적인 유대인들이 예루살렘을 자기네 조상들의 율법이 아닌 그리스 헌법으로 다스려지는 희랍 도시로 만들자는 주장을 환영했다. 안티오커스는 그들의 제안을 온전히 받아들여, 심지어 예루살렘 성전을 이방 신에게 재봉헌하기까지 하였다. 제1마카비서는 다니엘과 마찬가지로 이를 일컬어 "황폐케 하는 자" (1마카비 1:54; 다니엘 9:27) 라고 한다. 지역 주민들이 비협조적으로 나오자 안티오커스는 유대 법을 지키는 것을 불법화함으로써 저항을 진압하려 했다.

그 시절 이후부터는 많은 이야기들이 충성스런 유대인들이 고문 받고 사형에 처해지는 이야기이다. 충성심이 극단적으로 시험 당하던 이러한 상황을 이야기하기 위해, 여러 무명의 유대인들은 다니엘에 대한 오래된 이야기들을 모았다. 그리고 모은 이야기들을 세계 제국의 역사는 온전히 하나님의 손안에 있으며, 머지않아 하나님의 정의와 승리를 목격하게 될 것이라고 역사를 전개시킨 다니엘의 묵시서와 합쳤다. 이야기들은 충성되고 용감한 행동의 본을 제공하고 있으며, 하나님께서 곧 승리를 가져오실 것이므로 충성스럽고 용감한 행위를 계속할 수 있도록 환상들은 하나님의 빛에 비추어 해석되고 있다.

안티오커스 4세의 종교 박해를 받던 시기에 다니엘과 세 친구들이 보여준 용기는 충성을 다하던 사람들에게 좋은 모범이 되었고 또한 기운을 북돋워주는 것이었다. 이를 어거스틴보다 더 잘 파악한 사람은 없다. "세 젊은이들의 하나님과 마카비 시대 순교자들의 하나님은 동일한 분이셨다. 전자는 불에서 구함을 받았고 후자는 불로 처형되었다. 그러나 이들은 모두 영원하신 하나님을 통해 승리할 것이다." 다니엘의 선언은 역사 가운데 계신 하나님의 승리이다. 결코 인간사의 불의나 교만이 이야기의 끝이 아니라, 하나님의 목적과 뜻을 같이한 사람들을 하나님께서 구원해 주신다는 것이 요지이다. 다만 그 구원은 다니엘의 이야기처럼 죽음의 이편에서 일어날 수도 있고 혹은 죽음의 저편에서도 일어날 수 있다.

(David A. deSilva)

맺는 말:

만일 당신이 가진 믿음 때문에 그 대가를 치른 적이 있다면, 당신이 가진 용기는 다니엘서에서 흐르는 것과 같은 근원에서 나왔을 것이다. 그것은 바로 무대를 잠깐 동안 거들먹거리며 활보하면서 약한 자를 괴롭히는 사람이 아니라, 역사 중에 최후의 발언권을 가지고 계신, 살아 계신 하나님이시다!

(Peter Storey)

토의

다니엘서는 어떤 종류의 책인가? 어떻게 이해되고, 사용되고 적용되어져 왔는가? 이 이야기들의 목적은 무엇인가? 이상들(visions)의 목적은 무엇인가?

38

성경과 교재 (50분)

다니엘서의 하나님이 바벨론에서 어떻게 여겨지는지 느껴보기 위해 다니엘 6:26-27의 눈을 통해 성경을 읽으라. 학생용 교재 46쪽에 있는 다니엘 6:26-27을 큰 소리로 읽으라. 그리고 서너 명이 한 조가 되어 첫째 날과 둘째 날의 성경 구절을 다음의 질문을 염두에 두고 각기 읽으라.

이 성경 구절은 다니엘 6:26-27의 진실을 예시해 주는가 아니면 역행하는가?

무슨 일이 일어났는가? 의미는 무엇인가? 토의하라.

다니엘의 이야기를 오늘날의 삶과 연관 짓기 위해서 두세 명씩 짝을 지어 학생용 교재 49쪽에 나타난 질문에 답하라. 토의 후에 학생용 교재 46쪽에 있는 "인간의 모습"을 보라. 방금 토의한 질문과 "인간의 모습" 사이에 어떤 관련이 있는가?

환상에 대해 나누어 보라. 상징, 이미지, 역사, 지리, 땅의 왕국, 다가오는 하나님의 왕국, 안티오커스 4세에 관해 환상은 독자들에게 어떤 것을 의미하는가? 두 조로 나누어 성경과 셋째 날 읽기, 그리고 학생용 교재 51-53쪽에서 정보를 이끌어내라. 성경의 주석도 살펴보라.

다니엘서는 묵시서이다. 묵시문학은 이 세상에 대한 부정적인 견해와 새로운 창조 혹은 또 다른 세상에 대한 구원의 희망, 그리고 믿는 자들에게 용기를 북돋우는 특징을 가진다.

휴식 (10분)

말씀과의 만남 (40분)

성경 본문: 다니엘 3:1-18

우리 시대에 맞게 이야기를 현대판으로 각색해 보라. 먼저 이야기의 내용을 정확히 알라. 성경을 큰 소리로 읽으라. 서너 명씩 한 조가 되어 다음의 질문을 토의하라.

이 이야기에 연루된 사람이나 사물은 무엇인가?

각기 어떤 역할을 하는가?

어떤 것이 요청되고 왜 그러한가?

젊은이들이 그러한 반응을 하도록 도운 것은 무엇인가?

성경을 조용히 다시 한번 읽으라. 다음 이야기를 정리하라.

오늘날 부름은 어떤 형태를 띠는가?

현실적으로 대체가 가능한 상징, 행동, 결과는 무엇인가?

현대인으로부터 예상되는 반응은 무엇인가?

이제 이야기의 현대판을 만들어 보라. 전체 그룹으로 현대판을 들어라.

신실한 공동체의 모습 (20분)

우리는 신실한 믿음의 공동체이기 때문에 어떤 대가를 치르든지 우리 문화 속에서 신앙을 부인하는 요소들을 적극적으로 거부한다.

학생용 교재 53쪽에 있는 첫 번째 질문을 토의하라. "인간의 모습"과 신실한 공동체의 모습을 읽으라. 이 두 문장 사이의 긴장 관계에 대해 이야기하라. "철저한 제자"에 나타난 제안을 따르면서 사람들이 자기 자신에 대해 무엇을 발견했는지 이야기하게 하라. 그리고 나서 이 부분의 마지막 두 문제에 대한 반응을 토의하라.

폐회 기도 (5분)

7과를 열고 성경 읽기를 점검하라. 금주의 기도제목을 적어라. 시편 9편으로 기도하고 폐회하라.

7 지식의 근본

개회 기도 (5분)

토의 시작 (비디오 내용) (20분)

발표자: 레이몬드 씨 밴 루웬 (Raymond C. Van Leeuwen)

토의 시작을 위한 준비

세 개의 주제에 대하여 주의를 기울이라. 이스라엘 지혜의 특징, "하나님을 경외하라"는 개념, 그리고 지혜와 어리석음의 대조.

토의 시작 내용 요약

이스라엘의 지혜는 여호와를 경외하는 것을 포함했으며, 기본적인 삶의 양상을 인식하는 것, 그 인식을 적용하는 능력, 인식에 근거해서 행동할 수 있는 능력을 포함했다.

"여호와를 경외하는 것"은 하나님께 헌신하면서 살아가는 모든 삶을 짧게 표현하는 것이다.

인생은 두 가지 길을 가진 여정이라고 할 수 있다. 하나는 어리석은 길이요, 다른 하나는 지혜의 길이다.

토의 시작 (비디오) 내용

서론: 잠언 1—15장

"내 아들아 너는 듣고 지혜를 얻어" (잠언 23:19). 잠언에서 나오는 구절이다. 그리고 우리 자녀들은 종종 다르게 생각하고 있는 것처럼 보인다. 그러나 우리는 그들 스스로가 시인하는 것보다 훨씬 많이 좋은 내용을 귀담아 듣는다는 것을 안다. 왜냐하면 어느 누구도 우리 선조로부터 축적되어 온 지혜에 기대지 않고는 아무 것도 할 수 없기 때문이다. 지혜에 관해서 말하자면, 나는 단지 영리함이라거나 사실적인 지식보다 훨씬 많은 어떤 것을 의미한다고 생각한다. 잠언의 지혜는 효율적으로 인생에 맞부딪칠 수 있는 능력, 자기의 진정한 힘이 어디에 있는지 아는가 하는가를 의미한다.

지혜문학 전승은 가나안, 바벨론, 이집트와 이스라엘과 같은 고대 근동을 통해 꽃을 피웠으며 "현자" 라고 알려진 지혜로운 사람의 특수 계급에 의해 보존되어 왔다. 그들은 백성들의 축적된 지혜를 수집하고 대조하고 베꼈다. 현자들은 많은 존경을 받았는데, 평민뿐 아니라 왕들도 그들에게서 가르침을 받기 위해 도움을 청했다. 아마도 그러한 모음집 중 단독으로 존재하는 가장 위대한 것이 잠언일 것이다.

레이몬드 밴 루웬은 잠언에서 흐르는 주제를 우리가 더 잘 이해할 수 있도록 도와줄 것이다.

(Peter Storey)

"모든 사람들은 살기 위해 지혜를 필요로 하고, 모든 건강한 사회는 그 지혜를 다음 세대에 물려준다" (New Interpreter's Bible V, 19). 이스라엘의 지혜문학은 잠언, 욥기, 그리고 전도서이다. 여기서 이스라엘은 인생의 기본 문제들과 씨름하는 과정에서 시적인 표현과, 충고와 연설을 사용하였다. 이스라엘의 현명한 통찰력 중 많은 부분이 고대 이집트와 메소포타미아에도 평행하게 나타나고 있으며, 어떤 속담은 이스라엘의 이웃나라로부터 빌려온 것도 있다. 이렇게 공통된 지혜가 나타나는 것은 놀랄 일이 아닌데, 왜냐하면 모든 인간은 하나님의 창조 가운데 살아가면서 비슷한 문제로 고민하고 있기 때문이다. 이스라엘의 지혜가 다른 점은 이스라엘은 유일하신 야훼 하나님께서 그의 지혜로 만물을 만드시고, 다스리신다고 믿었다는 것이다 (3:19—20; 8장).

이스라엘의 지혜는 네 가지를 포함하고 있다. (1) 여호와를 경외하는 것, (2) 자신이 기본적인 삶의 패턴을 살아가는 데 필요한 통찰력, (3) 그 영감을 자기의 상황에 적용할 줄 아는 능력, (4) 자기 통찰력에 힘입어 행동하는 능력이다. 예를 들어, 하나님은 사람들을 일하도록 부르신다. 그러나 모든 사람은 자기가 누구인지 알 필요가 있으며, 자기에게 맞는 일이 무엇인지 알 필요가 있다. 그리고 자기가 실제로 그 일을 해야 한다 (잠언 6:6—11; 10:4—5; 마가복음 13:32—27).

잠언은 성경에서 최초의 지혜서이다. 그것은 젊은이들이 바쁜 삶을 거룩하게 살아가고, 현실 세계의 실정을 이해할 수 있는 길을 열어주기 위해 쓰여졌다. 잠언은 또한 현명한 사람들이 더 현명해지도록 도와준다. 잠언 1:7은 잠언 전체의 의미를 가리키는 길잡이가 된다. "여호와를 경외하는 것이 지식의 근본이거늘 미련한 자는 지혜와 훈계를 멸시하느니라." 잠언에서 "하나님을 경외하는 것"은 예배, 사업, 정치, 아침 식사 때, 그리고 심지어 잠자리에서까지도 하나님께 헌신하며 사는 모든 삶을 짧게 표현하는 말이다. 하나님을 경외하는 것이 지혜의 근본인 이유는 하나님 없이는 우리가 만물의 참된 의미가 무엇인지, 어떻게 온 삶이 하나님과 연관되었는지 혹은 어떻게 모든 것이 하나님의 영광을 위해 착착 들어맞는지를 보지 못하기 때문이다. 하나님을 아는 것은 우리로 하여금 사물을 있는 그대로, 그리고 그들이 해야 할 바를 알게 해준다. 지혜로운 사람은 행동하기에 적당한 시간과 장소를 알며, 올바른 방법으로 일을 처리할 줄 안다. 그들은 바로 일을 처리한다. 그리고 만일 상황이 맞으면 실행한다. 지혜로운 사람은 하나님께 관심을 집중하나 그들은 또한 자기 앞에 놓인 것에도 관심을 갖는다. "지혜는 명철한 자 앞에 있거늘 미련한 자는 눈을 땅 끝에 두느니라" (17:24). 지혜로운 사람은 삶의 모든 것이 하나님께 속해 있다는 것을 안다.

잠언 1:7 후반부는 모든 사람이 다 지혜롭거나 거룩하지 않다는 것을 보여준다. 어떤 사람들은 어리석다. 그들은 열심히 일하는 것을 좋아하지 않고 살아가는 데 필요한 훈련을 싫어한다. 그래서 잠언은 사람들을 지혜로운 사람과 어리석은 사람으로, 또 선한 사람과 악한 사람으로 양분한다. 물론 완벽하게 지혜롭거나 완벽하게 악한 사람은 아무도 없다. 우리들 대부분은 양면을 고루 가지고 있다. 그러나 잠언은 삶은 여정이며, 우리는 지혜로운 길을 향하거나 어리석은 길을 향하고, 혹은 선이나 악을 향해 나아가는 거라고 주장한다. 지혜로운 삶은 지혜와 더불어 하나님을 향해 함께 나아가는 여정이다. 하나님 없이 지혜를 원하는 것은 공기 없는 삶을 원하는 것과 같다.

잠언 1—9장에서는 삶을 두 가지 여정으로 묘사하고 있다. 어리석게 사는 길과 지혜롭게 사는 길이다. 이 장들은 마치 막 성인이 되어 책임을 맡게 된 젊은이에게 부모가 주는 "윤리 장"과 같이 씌어져 있다. 아버지나 어머니가 (6:20; 31:1-9) "아들"에게 말하고 있으며, 악한 자가 꾀는 것(1:10-19; 2:12)과 "음녀"(2:16-19)에 대해 경고하고 있다. "음녀"는 젊은이에게 있어 부인 이외의 다른 사람이다. 음녀는 매력적일 수 있으나, 성적인 경계 안에만 한정되지는 않은데, 이는 아담과 이브에게 동산의 나무가 경계선 밖에 있었던 것과 마찬가지이다. 잠언 1—9장에서 "음녀"는 미련한 것을 은유로 표현한 것이며, 아내는 지혜로운 것을 은유로 표현하여 쓴 것이다 (5:15-20; 8:35; 18:22; 31:10-31). 이러한 이미지는 호르몬이 넘치는 젊은 남자들을 위한 것이다. 그러나 이는 또한 인생을 바라봄에 있어 자신들이 올바로 즐길 수 있는 좋은 것들에만 욕망을 제한할 필요가 있다는 시각으로 바라볼 용의가 있는 여자들에게도 마찬가지로 적용된다.

잠언 9장은 상반되는 길, 여자, 길 마지막에 있는 집들—지혜의 집과 어리석은 집의 이미지가 함께 나타난다. 지혜의 집에 들어가는 것은 하나님의 아름다운 창조 안에 있는 생명을 의미하며 (9:1-6), 어리석은 집에 들어가는 것은 사망을 의미하는데, 사망은 음부의 깊은 곳에 있기 때문이다 (9:13-18). 어리석은 집에 있는 젊은이는 물을 벗어난 물고기처럼 죽는다. 잠언 1—9장을 읽는 동안 길, 여자, 집의 이미지가 함께 나타나는 곳을 주의해 보라 (2:16-19; 5:3-8; 7:24-27; 9:1-18).

잠언 8장은 지혜 스스로가 말하는 소리이다. 지혜는 생의 한가운데 있는 인간을 향해 말하는 여자로 의인화되어 있다. 지혜는 여기서 자신의 "이력서"를 밝히고 있다. 지혜는 사람들에게 자기가 줄 수 있는 것이 무엇인지 말하는데, 왜냐하면 사람들에게는 호색하고 좋은 우둔함이 아니라 참된 선함이 필요하기 때문이다. 8:22-31에서 지혜는 자신의 특이한 주장을 정당화한다. 지혜는 창조 시작부터 하나님과 함께 있었으며, 하나님이 제대로 세상의 형상을 만드실 때 함께 현존했다는 것이다. 기독교인들은 잠언 8장을 하나님의 말씀이자 지혜이신 예수 그리스도에 의해 세상이 창조되고, 그 안에서 모든 만물이 하나가 되는 예수 그리스도를 이해하는 수단으로 사용되어 왔다 (요한복음 1:1-18; 골로새서 1:15-20).

잠언 10—15장에서 우리는 다른 종류의 글, 즉 두 줄을 사용하여 상반되는 것을 말하는 속담 모음집을 발견하게 된다. 속담은 올바른 사람과 악한 사람, 착한 사람과 나쁜 사람을 대조한다. 여기서 사람들은 자기가 심은 것을 거두고 있으며, 행동은 그에 맞는 결과를 낳는다. 좋은 행동은 선을 낳으나, 나쁜 행동은 해를 입힌다. 이런 삶의 기본적인 원칙은 지혜에도 기본이다. "불의의 재물은 무익하여도 공의는 죽음에서 건지느니라"(10:2). "손을 게으르게 놀리는 자는 가난하게 되고 손이 부지런한 자는 부하게 되느니라"(10:4). 나중에 가서야 이러한 규

칙에 예외와 하나님의 자유와 인간이 가진 지혜의 한계가 자세히 조목조목 밝혀진다. "지혜로도 못하고, 명철로도 못하고 모략으로도 여호와를 당하지 못하느니라 싸울 날을 위하여 마병을 예비하거니와 이김은 여호와께 있느니라" (21:30-31).

승리는 하나님께 속하므로 모든 상황에 다 맞는 잠언은 없다고 기억하는 것이 중요하다. 잠언은 서로 모순될 수도 있는데, 각기 다른 상황에 적용되기 때문이다. 예를 들어, "미련한 자의 어리석은 것을 따라 대답하지 말라 두렵건대 너도 그와 같을까 하노라" (26:4-5). 혹은 이 두 가지를 보라. "친구는 사랑이 끊어지지 아니하고 형제는 위급한 때를 위하여 났느니라 지혜 없는 자는 남의 손을 잡고 그의 이웃 앞에서 보증이 되느니라" (17:17-18). 여기서 친구와 이웃은 히브리어에서 동일어이다 (26:4-5; 17:17-18). 잠언은 중력의 법칙처럼 보편적인 법률이 아니다. 대개 열심히 일하면 성공에 이르게 되는 것은 사실이다. 하지만 때로는 욥이나 전도서에서 보듯이, 실패가 선함과 성스러움에 이르게 한다는 것도 사실이다. 지혜로운 자는 어느 잠언이 어떤 경우에 맞는지 안다. "경우에 합당한 말은 아로새긴 은 쟁반에 금 사과니라" (25:11).

(Raymond C. Van Leeuwen)

토의

이스라엘의 지혜는 이스라엘의 이웃 나라의 지혜와 어떻게 다른가? "여호와를 경외하는 것"이 의미하는 것은 무엇이며, 그것이 어떻게 지혜롭게 사는 것에 영향을 미치는가? 어리석은 자와 지혜로운 자의 길을 묘사하라.

성경과 교재 (50분)

시편 1편을 큰 소리로 기도하라. 사람들에게 나무와 겨 대신 다른 이미지를 사용하여 다시 쓴 시를 읽어보게 하라.

잠언 1:7과 "인간의 모습", 학생용 교재 54쪽은 지혜에 대한 토의를 시작할 배경을 제공한다. 잠언을 읽은 다음에 "인간의 모습"을 한 목소리로 크게 읽으라. 순서를 바꾸어 다시 한번 큰 소리로 읽는다. 둘씩 짝을 지어 잠언을 읽고 들을 때의 느낌에 대해 말하라.

학생용 교재가 지혜와 미련에 대해 무엇이라고 하는지 상고해 보라 "지혜는 존재에 있어 하나님의 특성을 담고 있다." "미련은 일반적으로 악으로의 초대를 나타낸다." "선택에는 결과가 뒤따른다." 네 명 내지 여섯 명이 한 조가 되어 이러한 말을 하나씩 상고하라. 이 말이 무슨 말인지 무엇을 뜻하는지 생각을 나누라. 예시나 일례를 들어보라. 당신의 지식과 경험에 미루어 볼 때 이러한 각각의 말에서 어떤 진리를 발견하는가?

잠언 1—15장에 있는 충고에 대한 개요를 얻기 위해 두세씩 짝을 지어 각 그룹에게 하루 분의 성경 읽기를 나누어주라. 조별로 나누어 다음의 주제들을 잠언에서 찾아보라고 하라. 도덕적 형성, 악한 자와 선한 자의 대조, 지혜의 길과 미련의 길, 하나님을 경외하는 것이 지혜의 근본이 된다는 것, 선택과 결과의 관계에 관련된 것. 성경공부를 하는 데 10분씩 할애하라. 그러고 나서 사람들이 발견한 것을 듣는 시간을 가진다.

제자

휴식 (10분)

말씀과의 만남 (40분)

성경 본문: 잠언 3:1-12; 3:21-35

한 사람에게 성경구절을 큰 소리로 읽게 한다. 두 그룹으로 나누어 구절을 의역하게 한다. 한 구절씩 한 그룹에 할당한다. 두 그룹에게 할당된 구절을 한 절 한 절 읽고 무슨 말을 하고 있으며, 무엇이 어떻게 이야기 되고 있으며, 어떻게 다르게 말할 수 있을지 토의하게 하라. 각 조는 한 문장으로 된 의역을 만들도록 하라. 의역한 것을 들으라.

(*어른과 청소년을 위한 효과적인 성경 교수법* 63쪽에 있는 "의역과 정반대로 해석하는 방법"을 참조하라.)

신실한 공동체의 모습 (20분)

우리는 신실한 믿음의 공동체이기 때문에 지혜에 귀를 기울이고 날마다 행동을 통하여 그러한 지혜를 실천하고자 노력한다.

서너 명이 한 조가 되어 "신실한 공동체의 모습" 아래 있는 세 가지 질문에 대답한다. 그리고 나서 신실한 공동체의 모습을 읽는다. 이러한 질문을 토의하라. 얼마만큼 그리고 어떤 방법으로 믿음에 찬 공동체의 표를 강조하는 확신이 "인간의 모습"에 나타난 감정을 지워주는가? "철저한 제자"의 표를 읽으라. 올바른 길을 선택하고 주어진 상황에 어떤 가르침이 적용되는지를 결정하는데 무슨 책임이 따르는가? 어떤 곁길, 장애물들이 지혜의 길에 머무는 것을 어렵게 하는가?

폐회 기도 (5분)

8과를 열고 성경 읽기를 점검하라. 금주의 기도제목을 적으라. 찬송이나 기도를 하고 폐회하라.

8 생명 길

개회 기도 (5분)

토의 시작 (비디오 내용) (20분)

발표자: 데보라 에이 애플러 (Deborah A. Appler)

토의 시작을 위한 준비

잠언의 지혜가 개인의 선을 넘어 가정과 공동체에 어떻게 적용되는지에 주의를 기울이라.

토의 시작 내용 요약

잠언은 사회가 던지는 상반되는 여러 메시지 가운데서 기초 지식을 제공해 준다.

잠언은 가정에서 시작되어 더 큰 공동체까지 계속되는 관계에서 일어나는 선택에 대한 실질적인 지혜를 제공한다.

잠언은 공의와 의로움에 대해 관심을 갖고 있다.

길과 행함이 지혜로 옳아가려면 어떻게 해야 하는가에 대한 교훈을 나타내 준다.

토의 시작 (비디오) 내용

서론: 잠언 16-31장

잠언을 읽는 동안 여러분은 자신의 모습을 바라보는 것 같다고 느껴 본 적이 여러 번 있었을 것이다. 인간의 본성은 2,500년 동안 그다지 많이 변하지 않은 것 같다. 사람들은 여전히 어떻게 선택을 해야 만족한 삶을 살 수 있고, 어떤 길을 걸어야 성취감을 느끼면서 만족스러운 삶을 살 수 있을 것인지를 알기 원한다.

잠언은 단순히 개인이 성공을 하는데 도움이 되는 충고의 글들을 모은 것이 아니다. 잠언은 인간이 차별하고, 착취하려는 경향이 있다는 것을 직시한다. 잠언은 다른 사람들, 특히 가난한 자를 짓밟으려 하는 사람들에게 엄격하다. 데보라 애플러는 잠언의 지혜가 어떻게 개인적인 관계를 넘어 우리 공동체의 관계까지 영향을 끼치는지를 설명해 줄 것이다.

(Peter Storey)

나는 나무를 좋아한다. 나무의 높이와 그들의 아름다움을 좋아한다. 나무의 긴 수명을 좋아한다. 나무는 여러 세대에 걸쳐서 사람들의 삶을 지켜본다. 가지를 그네 삼아 놀거나, 나무 사이로 숨바꼭질하며 노는 수없이 많은 아이들을 품어준다. 나무는 서로에 대한 사랑을 기념하기 위해 나무 기둥에다 사랑의 맹세를 아로새기는 젊은이들의 기쁨을 본다. 나무는 더운 여름날 숨 막히는 태양으로부터 피난처를 제공하기도 한다. 심지어 하나님의 백성들이 하나님으로부터 멀어질 때, 하나님께서 이스라엘과 유대 백성들을 대하여 나무더러 증인이 되라고 부르셨기도 하다. 그러다가 후에 백성들이 바벨론 땅으로부터 귀환할 때, 나무들은 손뼉을 치면서 흥겨운 장단을 맞춘다. 나무는 견고하다. 나무는 오래 견딘다. 나무뿌리를 하나 뽑아 보려고 시도해 보라. 쉽지가 않다. 왜 그럴까? 나무는 땅 속 깊숙이 자리 잡고 있기 때문이다. 뿌리는 자양과 양분으로 상호관계가 얽힌 채 땅 밑에 끈끈하게 달라붙어 있다.

고대 이스라엘은 강력한 나무의 이미지를 잃어버리지 않았다. 하나님은 에덴 동산에 생명나무를 두셨는데, 성경에서 지혜 문학의 전승과 연관되는 것이 생명나무이다. 지혜는 "그 얻은 자에게 생명나무라 지혜를 가진 자는 복되도다" (잠언 3:18). 하나님의 지혜를 굳게 붙잡으면 우리 또한 뿌리를 내린 사람이 된다. 우리 또한 뿌리에서 넘쳐 올라오는 자양분과 양분으로 얽힌 상호관계로부터 영양을 공급받게 되는 것이다. 그러면 우리는 여러 갈래로 길이 나 있는 이 혼란스런 세상, 올바른 방향으로 이르는 길이 적은 이 세상에서 어떻게 생명나무와 지혜를 찾을 수 있을까?

포로생활에서 귀환한 공동체가 예루살렘에 돌아왔을 때, 위대한 도시와 가족의 뿌리가 바벨론에 의해 산산조각이 난 것을 깨닫고 그들 역시 똑같은 질문을 던졌다. 더구나 부모들의 세대가 알았던 정치 체계는 더 이상 존재하지 않았다. 다윗 왕의 계보를 이은 왕의 부재로 인해 지도력은 공백을 가져왔다. 새로운 공동체가 갈등을 경험하는 그 자리에 지배세력인 페르시아와 후대 희랍과 로마의 새로운 철학과 종교적인 신념이 대신 모양새를 잡으려 하고 있었다. 혼란 상태에 빠진 유다 백성들은 그러한 격변 가운데서 어떻게 생기 넘치는 신앙의 공동체를 유지할 수 있을지 가르쳐달라고 하나님의 지혜를 갈구했다. 백성들이 직면한 위기를 이해하시는 하나님은 이 포로생활에서 돌아온 공동체가 지혜와 생명의 길로 이르도록 도와주는 지도를 제공해 주셨다. 이 지도책, 즉 잠언은 올바른 길을 찾으려고 몸부림치는 현대를 사는 우리들에게도 여전히 유효하다.

잠언은 사회 속에서 갈등을 일으키는 메시지를 받고 살아가는 개인과 신앙 공동체가 삶을 이해하려고 몸부림칠 때 확고한 토대를 제공해 준다. 그리고 이러한 잠언을 기록한 현인들은 인간이라는 것이 무엇을 의미하며, 이 세상이 어떻게 움직이는지에 대해 일가견이 있었던 것이 명백하다. 예를 들어, 재정적으로 어려움을 겪는 사람이라면, 누구나 다음과 같은 격언에 나타난 지혜를 이해할 것이다. "부자는 가난한 자를 주관하고 빚진 자는 채주의 종이 되느니라" (22:7). 혹은 죽을병에 걸린 친구를 어떻게 위로할지를 몰라서 우리가 슬슬 피하게 될 때, 하나님의 지혜는 우리에게 이렇게 상기시켜 준다. "어떤 친구는 형제보다 친밀하니라" (18:24). 차가 고장 나거나 컴퓨터가 말썽을 일으킬 때는, 우리가 절대적으로 기술문명을 신뢰한다는 것이 얼마나 미련한지 상기해 보게 된다. 유다는 전쟁에 쓰이는 말에 믿음을 두었으나 "싸울 날을 위하여 마병을 예비하거니와 이김은 여호와께 있느니라" (21:31) 라고 되어 있다.

잠언은 어떻게 하면 올바르게 살 것인지, 어떻게 하면 생명에 이르는 올바른 선택을 할 것인지 매일매일 실생활에 적용되는 지혜와 가르침을 제공한다. 특히 16—31장에 이러한 선택은 관계의 상황 속에서 일어난다. 즉 가정에서 관계가 시작되어 밖으로 나아가 가계 확대가족과 같은 더 큰 공동체로 확대된다. 그러나 이러한 관계도 지혜에만 근거를 둘 때에 비로소 생명과 행복에 이르게 된다. "집은 지혜로 말미암아 건축되고 명철로 말미암아 견고하게 되며" (24:3-4). 그러나 이러한 보배들은 가족 단위로 열심히 일하는 것을 필요로 한다. 여기에 부모 역할이 한 몫을 하게 된다.

잠언은 부모들에게 "마땅히 행할 길을 아이에게 가르치라 그리하면 늙어도 그것을 떠나지 아니하리라" (22:6). 현인은 자녀들이 아직 어려서 훈련되어질 수 있을 때 훈련하는 것이 현명하다고 한다. "네가 네 아들에게 희망이 있은즉 그를 징계하되 죽일 마음은 두지 말지니라" (19:18). 이 지혜를 가슴에 아로새긴 보답은 잘 훈련받은 아이가 부모와 공동체에 주는 기쁨과 평안이다 (29:17). 이러한 지혜를 따르지 않은 결과는 가계에 부끄러움을 가져오는 자식이다 (19:26; 20:11). 지혜로운 부모는 자녀들에게 막중한 책임을 가지고 있다고 강조한다. 가정 안에서 자녀들은 어떻게 사랑하고, 관대하고, 공평하고, 올바르고, 충실하고, 부지런하고, 침착하고, 충성할지를 배운다. 잠언은 이러한 가치들을 어린 나이게 제대로 심어놓지 않으면 이미 혼란스런 세상에 더 큰 혼란을 일으킨다고 강조하고 있다. 그러나 부모의 가르침을 받아들이거나 거부하거나 하는 선택의 책임은 자녀들에게도 있다 (19:26; 20:20; 30:17). 지혜로운 행동은 가계에 조화를 가져온다.

잠언은 더 큰 신앙 공동체, 특히 불의가 만연한 포로생활 이후의 공동체 안에서 관계를 만드는 도구를 제공하는 데 관심을 둔다. 히브리 예언서처럼 잠언은 확연히 정의와 공정의 쟁점에 관심을 갖는다. 공정한 행위의 일례가 전체 책을 통해 84번이나 나타나며 무엇이 올바르고 그른가에 대해 막중한 강조점이 따르고 있다. 그야말로 "지혜롭게, 공의롭게, 정의롭게, 정직하게 행할 일에 대하여 훈계를 받게" (1:3) 하는 것에 대한 중요성이 책의 서두에 강조되어 있다.

현인은 사람들이 지혜에 가까워지는 길을 가르쳐 주기 위해 "길"과 "행함" 등의 용어들을 자주 사용했다 (2:7). 일례로, 사람은 지혜를 따라 공평의 길로 온전히 걷기로 선택할 수 있다. 사실 약속의 땅을 유지하기 위해서라도 옳고 공평한 길을 선택하는 것이 현명하다 (2:20-21). 확실히 지혜의 나무를 향하는 길은 또한 공평과 공정의 길이며 안전과 생명의 장소이다 (2:8; 8:20; 12:28).

이러한 길에 이르는 방법은 가정에서 배워야 한다. 예를 들어, 르무엘 왕은 공평의 이상을 강조하기 위해 모친이 그에게 가르쳤던 말을 사용한다. "너는 말 못하는 자와 모든 고독한 자의 송사를 위하여 입을 열지니라 너는 입을 열어 공의로 재판하여 곤고한 자와 궁핍한 자를 신원할지니라" (31:8-9). 잠언은 공평하고 올바르게 처신하는 자는 불의로 가난한 자의 양식을 빼앗지 않으며 (13:23); 뇌물을 받지 않으며 (17:23); (29:4); 거짓 무게를 달지 않을 (16:11; 20:10, 23) 뇌물을 억지로 내게 하지 않으며 (29:4) 라고 강조한다. 현명한 사람은 공평한 가족과 공평한 공동체가 평화로운 삶을 이룬다는 것을 이해한다. 비록 잠언에 부, 명예, 장수가 제대로 삶을 선택하는 자에게 올 것이라고 가르치지만 (22:4; 10:7; 22:1; 8:16; 28:16), 현인은 또한 삶의 애매모호성에 관해서도 민감하다. 즉 우리가 하나님의 지혜를 추구하는 데 충실하다고 할지라도 우리가 통제할 수 있는 영역 너머에 있는 상황 때문에 가난과 고통이 일어나기도 하는 것이다.

우리가 지혜의 길을 걸을 때, 우리의 이해는 한정되어 있다. 오직 하나님만이 우주의 궁극적인 질서가 무엇인지 아신다 (16:9; 20:24). 그러므로 오로지 우리가 희망할 것은 우리가 하나님께 꿋꿋이 뿌리를 내리고 있는 것이다. 지혜를 추구하는 우리들은 우리의 발이 안전히 이 생명나무에 이르는 길에 심어져 있을 때에야 지혜를 찾을 것이다. 우리는 이 나무를 추구하고, 이 나무를 굳게 잡도록 부름받았다. "지혜를 가진 자는 복되"기 때문이다 (3:18).   (Deborah A. Appler)

토의

잠언은 어떤 지혜를 개인에게 제공해 주는가? 가정에서 실천되는 지혜와 공동체 생활에서 실천되는 지혜 사이에 어떤 연관이 있는가? 길과 행함이라는 단어가 지혜의 주제에 어떻게 부합되는가?

성경과 교재 (50분)

"인간의 모습"을 조용히 읽으라. 여기에 표현된 생각과 태도는 인생에 대한 어떠한 기대를 강조하는가? 짝을 지어 이야기하라. 오늘 당신이 읽은 잠언은 "인간의 모습"에 어떤 반응을 보일까?

잠언은 성격상 밑줄을 긋거나 표시를 하도록 우리를 초청하는데, 왜냐하면 잠언은 우리의 상황에 대해 말해 주고, 기억을 상기시켜 주며, 지혜로써 우리에게 손짓하기 때문이다. 서너 명씩 짝을 지어 둘째 날부터 여섯째 날까지 성경 읽기와 노트를 재빨리 훑어보되, 사람들에게 특별히 관심이 가던 잠언을 말할 시간을 주고 왜 기록했는지 이유를 물어 보라. 각자가 말할 기회를 주라. 그리고 나서 학생용 64쪽에 있는 "형태 혹은 스타일" 부분을 복습하면서 간단히 어떻게 이 정보가 잠언을 이해하는 데 도움을 주었는지 이야기하라.

학생용 교재는 주제를 선택하고 그 주제에 맞는 잠언을 짝지어 보도록 제안하고 있다. 둘씩 짝지어 다른 사람이 어떤 주제를 선택했고 관련된 잠언이 무엇인지 선택한 것을 들을 기회를 주라. 그리고 나서 다른 두 명의 짝과 합쳐서 각각의 십계명을 나타내는 잠언을 함께 찾아보게 하라. 각 사람들이 잠언과 계명들의 연관점을 찾을 수 있는 시간을 주라. 학생용 교재 66쪽 오른쪽 아래 부분에 있는 질문에 대답하라.

시편 25편을 함께 기도하라. 공부반의 공간이 허락되면, 시편을 다함께 읽으면서 방 주위 길을 따라 걸어보라.

휴식 (10분)

말씀과의 만남 (40분)

성경 본문: 잠언 22:17—23:18

이 구절은 "현명한 사람의 격언"이라고 지정된 잠언을 모은 일부분이다. 이 구절을 조용히 읽고 개인적으로 이 구절에 나타난 다양한 주제를 찾아보고 목록을 적어보라. 주제와 반복되는 구절을 찾아보라. 그리고 나서 서너 명이 한 조가 되어 공부하면서 발견한 것을 말하게 하고 이 잠언들이 오늘날 어떻게 적용되는지 구체적인 상황을 토의하게 하라. 또한 오늘날 사회에서 사는데 별로 맞지 않는 잠언이 있으면 적어보라.

신실한 공동체의 모습 (20분)

우리는 신실한 믿음의 공동체이기 때문에 어떤 선택을 해야 할 때, 세상의 지혜가 아닌 하나님의 지혜를 신뢰한다.

신실한 공동체의 모습을 큰 소리로 읽고, "인간의 모습"을 다시 한번 살펴보라. 신실한 공동체가 "인간의 모습"에 응답해 주는 것은 무엇인가? 세 명이 한 조가 되어 "신실한 공동체의 모습" 아래에 있는 세 가지 질문에 답하라. 그리고 나서 각 사람이 "철저한 제자" 아래에 있는 질문에 어떻게 응답하는지 들어보라.

폐회 기도 (5분)

9과를 열고 성경 읽기를 점검하라. 금주의 기도제목을 적어라. 학생용 교재 62쪽에 있는 기도를 읽고 폐회하라.

9 죽을 수밖에 없는 삶

개회 기도 (5분)

토의 시작 (비디오 내용) (20분)

발표자: 사무엘 파간 (Samuel Pagan)

토의 시작을 위한 준비

헛됨이라는 단어가 뜻하는 것에 주의를 기울이고, 전도서가 어떻게 인생을 이해하려 하는지 살펴보라.

토의 시작 내용 요약

전도서는 구체적인 방법으로 메시지를 표현하고 있으며, 전통적인 유대교의 지혜와 인생에 대한 이해에 도전을 던지고 있다.

전도서는 성문서에 포함되어 있으며, 관찰과 경험을 통해 삶을 이해하려는 목적이 있다.

두 가지 진실이 두드러지고 있다. 하나님이 만물을 다스리시는 분이시라는 것과 모든 사람들이 결국은 죽는다는 것이다.

토의 시작 (비디오) 내용

서론: 전도서

신약성경에서 각 복음서들이 서로 다른 예수님의 모습을 부각시켜 주고, 서신들이 다른 서신들과 함께 조화를 이루고 있는 것과 마찬가지로, 전도서의 전도자는 우리에게 잠언에서 발견되어지는 그런 종류의 지혜를 과도하게 의지하지 말라고 우리에게 주의를 주는 것 같이 보인다. 마치 "지혜 그 자체를 갖고 있다고 해서 재난으로부터 보호받는 것은 아니다. 당신이 그 모두를 지니고 있다 해도 여전히 삶은 당신의 귓전을 스치고 지나간다. 그리고 어떤 경우든 우리 모두는 죽기 마련이다" 라고 말하는 것 같다.

격언을 모은 것이 아무리 지혜롭다고 해도 쉽사리 격언만으로는 대답되어질 수 없는 더 커다란 문제들과 함께 전도자는 씨름하고 있다. 그리고 전도자는 씨름을 하는 동안 곧바로 악과 불의의 실체, 우리 성격의 애매모호함, 그리고 죽음의 불가피함에 대해 달려 맞서고 있다. 만일 그가 조금은 암울하게 들린다면 아마도 이 세상 모든 것이 복된 소식이 아니라는 것 때문이고, 우리가 만일 빛을 알기 원한다면 또한 그림자도 알고 있는 것이 낫다고 그가 말하기 때문이다. 사무엘 파간이 하는 말에 주의를 기울여 보자.

(Peter Storey)

전도서는 현실성이 아주 높은 종교적 메시지를 담고 있다. 비록 대중이 많이 읽는 성경은 아니지만, 유대교인과 기독교인 독자들에게 꽤 인기를 누리고 있다. 전도서 안에서 독자들은 실용적인 메시지가 좌절과 절망을 담고 표현되어 있는 것을 보는데, 가장 익숙한 구절인 "헛되고 헛되니 다 헛되도다"에 나타나 있다. 비록 전도서의 주제와 신학적 접근이 성경이 되어져 가는 과정에서 약간의 논쟁을 일으키기는 했지만, 전도서는 처음부터 공식적으로 기독교 문서로 받아들여졌다.

전도서는 메시지를 구체적인 스타일로 표현하고 있기 때문에, 우리는 거룩한 성경 속에서 아마도 가장 현실적인 저자를 만날 것이다. 저자는 전통적인 유대 지혜와 삶에 대한 이해에 도전을 던지고 있으며, 삶과 인생의 복잡다단함을 파악하기 위해 일반적으로 받아들여지던 생각들에 의문을 가지려는 의지를 보이고 있다.

기독교에서 전도서가 예배 중에 유일하게 읽혀지는 본문은 3:1-3이며, 주로 새해 첫날에 읽혀진다. "범사에 기한이 있고 천하 만사가 다 때가 있나니" (3:1). 그리고 고대 랍비들이 이 인생에 대한 회의적인 접근을 한 것에 종교적인 가치를 두었다고 인정하면서 현대 회당에서 전도서가 전부 읽혀지는 절기는 숙곳 (Feast of Sukkoth) 혹은 장막절이다. 때때로 이 책의 주제는 인생의 복잡다단한 면에 대한 대화에 활기를 불어 일으키나 이 메시지가 신학적으로 함축하고 있는 것에 대해 심각하게 논쟁을 삼는 교회나 회당은 거의 없다.

히브리어로 이 책의 제목은 코헬레스(Qoheleth)이며, "전도자" 혹은 "선생"으로 번역될 수 있다. 코헬레스는 집합하다 혹은 집회를 의미하는 어원에서 유래되었다. 우리는 이 책을 전도서라고 하는데, 이는 코헬레스의 희랍어 번역이며, 아마도 집합 혹은 회중의 지도자를 의미한다. 전도자의 저자가 누구인지 그 이름은 모르지만, 학자들은 저자가 주전 3세기, 250년경 유대 사회에서 중요한 역할을 담당했던 지혜자 혹은 현인의 한 사람이었던 남성이라고 추정한다.

전통적으로 이 책은 솔로몬과 연관되어 생각하게 되었는데, "다윗의 아들 예루살렘 왕 전도자의 말씀이라"로 시작하기 때문이다. 성경에 따르면, "하나님이 솔로몬에게 지혜와 총명을 심히 많이 주시고 또 넓은 마음을 주시되 바닷가의 모래 같이 하시니 솔로몬의 지혜가 동쪽 모든 사람의 지혜와 애굽의 모든 지혜보다 뛰어난지라" (열왕기상 4:29-30) 라고 되어 있다.

의심할 바 없이 솔로몬의 지혜자로서의 명성 때문에 사람들은 그가 성경의 여러 책들을 썼다고 믿었는데, 여기에는 잠언과 아가서도 포함된다. 그러나 전도서 안에는 솔로몬이 전도서를 썼을 거라는 증거가 별로 없다. 예를 들어, 2장 이후에는 저자는 왕입네 하는 말이 전혀 없다.

히브리 성경의 정경은 세 부분으로 되어 있다. 토라, 예언서, 그리고 성문서이다. 전도서는 잠언과 욥기처럼 성문서에 포함되며, 관찰과 경험을 통해 삶을 이해하려는 데 목적을 둔다. 전도서는 특별히 인간이 가진 본성에 주의를 기울이면서 성공적인 삶에 이르는 행동이 어떤 것인지 충고해 준다. 관찰과 경험은 또한 신학적 성찰을 이끌어낸다.

전도서는 보편적인 관점에서 삶을 보고, 신학적인 성찰로 삶을 보며, 삶의 목적은 인간뿐만 아니라 모든 부류의 삶이 마음껏 그리고 충만하게 있는 힘을 다해서 살아야 한다는 것을 확신하는 데 있다고 본다.

자주 반복되는 헛됨이라는 말은 히브리 명사 헤벨(hebel)에서 유래되었는데, 수증기, 공허, 무익함, 무의미 등 여러 가지 모양으로 정의될 수 있다. 이는 움켜잡을 수 없고, 어느덧 지나가는 어떤 것을 뜻하는 것 같다. 전도서의 지혜는 실제적이고 인간적이다. "사람이 먹고 마시며 수고하는 것보다 그의 마음을 기쁘게 하는 것은 없나니" (2:24). 전도서가 행복을 보장하지 않는 반면에, 대신 삶의 쾌락을 인정하며 진리를 추구하는 지혜가 인생을 이해하는 길이라는 것을 인정한다. 전도서에서는 두 가지 진리가 두드러지고 있다. 하나님이 만물을 다스리시는 자라는 것과 모든 사람이 결국은 죽는다는 것이다.

그렇다면 전도서의 메시지는 이러하다. 비록 인간의 경험은 공허하고 무의미한 것 같지만, 하나님이 주시는 지혜로 인해 인간은 삶의 어려움 가운데서라도 행복을 누릴 수 있으며, 자기 자신이 죽는다는 현실을 마주할 수 있다. 중심이 되는 메시지는 마지막 충고이다. "하나님을 경외하고 그 명령을 지킬지어다" (12:13).

전도서에서 하나님은 항상 함께 하시며 능력이 있으신 권세자시다. 하나님의 길을 인간된 우리가 완전히 이해할 수는 없지만 그분이 원하시는 것은 사람들이 올바르고 도덕적인 삶을 통해 행복을 추구하는 것이다.

(Samuel Pagan)

토의

전도자는 어떻게 산다는 것이 헛된 것이라는 견해를 전달하는가? 전도서의 중심 메시지는 무엇인가? 당신 생각에 이 책이 기독교 교회력에서 적은 부분만이 읽혀지는 이유가 무엇이라고 생각하는가?

성경과 교재 (50분)

전도서에서 반복되는 단어는 모두, 흙, 헛됨 이다. 세 그룹으로 나누어 각 조에 단어 하나씩 할당하라.

1조: 첫째 날에서 셋째 날까지의 성경 읽기와 노트를 보고 할당된 단어를 찾아보라고 하라.

2조: 저자가 그 단어들을 사용하여 전달하기 원하는 구체적인 사상이 무엇인지 생각해 보라. 그러고 나서 다음의 질문을 토의하라. 전도서의 저자가 반대하거나 바로 잡으려고 시도하는 삶에 대한 견해나 철학은 무엇인가? 저자가 이 주제어를 반복하는 것이 어떻게 그의 메시지를 강조하는가? 전도서가 펼치는 삶의 헛됨에 대한 견해에서 당신은 어떠한 용기를 얻는가?

잠언의 저자와 마찬가지로 전도서의 저자는 지혜에 대해 많은 것을 말하고 있다. 다음 구절을 찾아보라. 전도서 1:12-18; 2:12-23; 7:5-14; 8:1-9; 9:13-18. 두세 명씩 짝을 지어 이 구절 중 하나를 읽고 저자가 지혜를 어떻게 정의하고 있는지 이야기해 보라. 전체 그룹으로 의견을 들어 보라. 그러고 나

서 전도서의 저자와 잠언의 저자가 지혜를 이해하는 방법을 비교해 보라.

전도서는 사망의 실재에 관해 예리한 그림을 제공해 준다. 다음 구절을 큰 소리로 읽어라.

3:16—4:4
9:1-6
12:1-7

일단 구절을 읽었으면 사람들에게 전도서의 저자가 죽음을 이해한 것에 대해 사람들의 이해를 가지고 대답함으로써 전도자에게 "말대꾸해 보라"고 초청하라. 학생용 교재의 76쪽에 있는 첫 번째 질문에 응답하라. 토의를 시편 39:4-6을 다 같이 소리내어 읽는 것으로 끝맺는다.

휴식 (10분)

말씀과의 만남 (40분)

성경 본문: 전도서 5:1-7

전도서 5:1-7을 큰 소리로 읽으라. 다음과 같은 질문을 염두에 두고 구절을 다시 한번 조용히 읽어라. 이 구절은 우리에게 하나님에 대해 무엇을 말해 주는가? 이 구절은 우리에게 인간에 대해 무엇을 말해 주는가? 이 구절은 우리에게 하나님과 인간의 관계에 대해 무엇을 말해 주는가? 둘씩 혹은 셋씩 나누어 토의하라. 그러고 나서 전체 그룹으로 다음의 질문을 토의하라. 만일 전도서 저자가 관찰한 것처럼 "모든 것이 헛되다면" (1:2), 왜 "여호와를 경외하는" 것이 중요한가 (5:7)?
(어른과 청소년을 위한 효과적인 성경 교수법의 29쪽에 있는 "신학적으로 성경을 공부하는 방법"을 참조하라.)

신실한 공동체의 모습 (20분)

우리는 신실한 믿음의 공동체이기 때문에 여러 모양으로 나타나는 삶의 신비를 그대로 받아들이며, 죽음 또한 삶의 일부로 받아들인다.

"인간의 모습"과 신실한 공동체의 모습을 큰 소리로 읽어라. 개인적으로 "신실한 공동체의 모습" 아래에 있는 첫 번째 질문을 상고해 보고, 짝과 그것을 토의해 보라. 당신으로 하여금 죽음을 삶의 일부분으로 받아들이도록 도와주었던 경험들을 회상해 보라.

"철저한 제자"의 첫 번째 문장을 읽어라. 다시 짝을 지어 우리가 통제할 수 없는 어떤 것들을 찾아보라. 우리가 삶에서 만나게 되는 어떤 신비를 불러보라. "신실한 공동체의 모습" 아래 있는 나머지 질문들에 대답하라.

폐회 기도 (5분)

10과를 열고 성경 읽기를 점검하라. 금주의 기도제목을 적어라. 전도서 3:1-8을 큰 소리로 서로 교독하며 기도하라.

10 생명은 하나님이 주신 선물

개회 기도 (5분)

토의 시작 (비디오 내용) (20분)

발표자: 더블유 시블리 타우너 (W. Sibley Towner)

토의 시작을 위한 준비

전도서에 나오는 하나님에 대한 여섯 가지 주장에 주의를 기울이고, 하나님에 대한 묘사에 무엇이 빠져 있는지 주의를 기울이라.

토의 시작 내용 요약

우리는 전도자가 살았던 때와, 그의 성별, 혹은 직업에 대해 확실히 모른다.

우리는 전도자가 하나님을 믿었다는 사실을 안다.

• 하나님은 세계의 주권을 가지고 계시며 질서를 유지하신다.
• 우리 인간은 하나님이 하시는 일을 알 수가 없다.
• 하나님은 일어나는 모든 일들을 주장하고 계신다.
• 하나님은 우리가 자유롭게 선한 것이나 혹은 선하지 않은 것을 선택하도록 해주시고 그 책임을 지게 하신다.
• 하나님은 경외되어야 한다.
• 하나님은 인간들에게 인생을 즐길 수 있는 방법을 주시고 우리가 그렇게 하기를 기대하신다.

전도서는 하나님이 누구이시고, 하나님이 무엇을 하실 것인지에 대해 너무 쉽게 이야기하는 것에 대해 주의를 준다.

토의 시작 (비디오) 내용

서론: 전도서

전도서 기자는 삶에 대해 약간 비관적인 입장을 취하고 있을런지는 몰라도, 그렇다고 해서 그가 틀렸다고 생각하지 말라. 아마도 그는 미래에 오실 구세주 사상의 희망에 쉽사리 기대기보다는 "현재 여기에 있는 삶에 관여하라"는 실제성을 강력하게 전달하고 싶었는지 모른다. "삶은 제자리에 멈추어 있지 않는다. 삶을 맛보라. 아픔이 오면 아픔에 젖으라. 그리고 기쁨이 오면 축하하라. 삶의 모든 계절을 충만하게 살라."

그러한 것 배후 어딘가에 하나님이 계시다. 그러나 이 책은 하나님을 우리 가까이 느끼게 해주는 책이 아니다. 전도서의 전도자에게 하나님은 언제나 멀리 계신 분인 것 같다. 더블유 시블리 타우너는 전도자가 우리에게 가르쳐 주는 것은 우리가 삶에서 맛보는 단순한 행복들이야말로 우리가 홀로 있지 않다는 것을 상기시켜 주고 또한 모든 것 뒤에는 하나님이 주관하고 계신다는 것을 가르쳐 주고 있다.

(Peter Storey)

우리는 전도서 배후에 있는 사람이 살았던 정확한 시대, 성별, 혹은 정확한 직업에 대해서 확실하게 알 수 없다. 고대 편집인이 이 책의 시작과 끝 부분에서 전도자를 일컬을 때는 3인칭을 사용하여 남성대명사가 사용되고 있으니 저자를 말할 때 '그' 라고 하기로 하자. 최근 번역에서는 그를 "전도자" 라기보다는 "선생"으로 번역하고 있는데, 코헬레스 제목이 이런 식으로 번역될 수도 있고, 또 편집자가 그를 일러 "전도자가 지혜자이어서 여전히 백성에게 지식을 가르쳤고" (전도서 12:9) 라고 하기 때문이다. 그가 사용하는 히브리어와 그의 사상이 보여주는 헬라 시대의 정신에 미루어, 우리는 전도서를 쓴 사람은 주전 250년경에 살았다고 짐작할 수 있다. 이는 이 책이 종종 저자로 추정하는 솔로몬 왕 훨씬 이후에 속한다.

우리는 선생이 하나님을 믿었다는 것은 확실히 알 수 있다. 비록 야훼라는 하나님의 고유한 이름을 한 번도 사용하지 않지만, 그는 책에서 일반적으로 하나님의 이름을 말하는 엘로힘을 40번이나 사용하고 있다. 하나님, 이스라엘의 하나님을 그는 염두에 두고 있다.

그러나 선생은 하나님을 독특한 각도에서 묘사하고 있다. 남용된 신학용어들이 이 책에는 없다. 이제 하나님에 대한 그의 여섯 가지 주장을 살펴보자.

첫째, 하나님은 전 세계에서 절대적으로 질서를 유지하시는 주권을 가지고 계신다. "하나님께서 행하시는 모든 것은 영원히 있을 것이라 그 위에 더할 수도 없고 그것에서 덜할 수도 없나니" (3:14).

둘째, 우리 인간은 구체적으로 하나님이 하시는 일이 무엇인지 실제로 알 수 없다. 하나님은 섭리의 손길을 잘 숨겨두신다. "내가 하나님의 모든 행사를 살펴 보니 해 아래에서 행해지는 일을 사람이 능히 알아낼 수 없도다 사람이 아무리 애써 알아보려고 할지라도 능히 알지 못하나니" (8:17).

셋째, 일어나고 있는 모든 일은 하나님이 명하신다. "형통한 날에는 기뻐하고 곤고한 날에는 되돌아 보아라 이 두 가지를 하나님이 병행하게 하사" (7:14). 만물의 정해진 순서가 있다는 것이 전체 책에서 가장 유명한 구절로서 이렇게 시작된다. "범사에 기한이 있고 천하 만사가 다 때가 있나니" (3:1-8).

넷째, 그럼에도 불구하고 하나님은 우리로 하여금 자유롭게 좋고 나쁜 것을 선택하도록 허락하셨으며, 우리가 택하는 것을 책임지도록 하셨다. 다른 말로 하면, 모든 것을 미리 결정하시는 하나님은 어떤 면에서는 아직 결정되지 않는 도덕적 질서를 정하신다. "내가 내 마음속으로 이르기를 의인과 악인을 하나님이 심판하시리니 이는 모든 소망하는 일과 모든 행사에 때가 있음이라 하였으며" (3:17).

다섯째, 하나님은 두려움의 대상이므로 깊은 경외와 존경으로 대해야 한다. 안전과 성공은 오직 하나님을 이런 식으로 가까이 하는 사람들에게만 올 수 있다. "내가 아노니 하나님을 경외하여 그를 경외하는 자들은 잘 될 것이요 악인은 잘되지 못하며…이는 하나님을 경외하지 아니함이니라" (8:12-13).

마지막으로 하나님은 비록 멀리 계시고, 알 수 없는 분이라 할지라도, 하나님은 인간이 삶을 즐길 수 있는 수단을 주시고, 우리가 그렇게 하기를 원하신다. "너는 가서 기쁨으로 네 음식물을 먹고 즐거운 마음으로 네 포도주를 마실지어다 이는 하나님이 네가 하는 일들을 벌써 기쁘게 받으셨음이니라" (9:7). 그렇다면 그것은 이미 정해진 행복인가? 아니면 무엇인가? 또 다른 곳에서 선생은 젊은 청년들에게 하나님은 청년들이 긍정적으로 인생을 즐기기 바라며, 만일 그들이 그러하지 않으면 하나님께서 그 책임을 물으실 것이라고 말한다. "청년이여 네 어린 때를 즐거워하며 네 청년의 날들을 마음에 기뻐하여 마음에 원하는 길들과 네 눈이 보는 대로 행하라 그러나 하나님이 이 모든 일로 말미암아 너를 심판하실 줄 알라" (11:9).

요약하자면, 선생은 하나님을 능력이 있으시나 만물을 멀리서 만들고 감찰하시는 분으로 묘사하고 있다. 또한 인간이 보기에 불가사이하고 사람으로 하여금 하나님을 두려워하길 원하시며, 사람들에게 삶을 즐길 방법들을 후히 주시는 분으로 그리고 있다.

이제 이러한 하나님의 묘사에서 어떤 것이 빠져 있는지 주목해 보라. 전도서에서 하나님은 역사 속의 주역배우가 아니시다. 모세오경에서 하나님은 전능한 해방자로서의 역할을 맡고 있으며, 예언서에서 하나님은 심지어 이스라엘과 유다까지 하나님의 언약을 어기면 열방을 싹 쓸어버리는 분으로 나타나 있지 않은가. 구원의 역사나 구원 그 자체는 전도서에서 하나님이 하는 일이 아니다. 어떤 사람은 이 책에서 하나님의 역사는 전능한 역사가 아닌, 작은 행위에 있다고 주시했다!

전도자는 하나님께서 우리를 보호하고 계심을 가장 잘 인식할 수 있는 곳은 아마도 먹고 마시고 사랑하는 사람들이 가까이 있는 인간적인 복에 있는 거라고 가르치고 있는 것이다.

또한 개인과 시편과 신약성경 전반에 걸쳐 풍부하게 증거해 주고 있는 개인과 하나님의 개인적인 관계가 빠져 있다.

또한 신명기와 전기예언서에 나타나 있는 하나님께서는 틀림없이 의로운 자에게 보상을 내리시고, 죄진 자에게 벌주신다는 확실한 인과응보 체계가 빠져 있다. 선생은 허심탄회하게 말한다. "내 허무한 날을 사는 동안 내가 그 모든 일을 살펴보았더니 자기의 의로움에도 불구하고 멸망하는 의인이 있고 자기의 악행에도 불구하고 장수하는 악인이 있으니" (전도서 7:15).

희망 또한 전도서에서는 거의 나타나지 않는 주제이다. 오실 메시야나 마지막 날에 하나님께서 악을 무찌르고 승리하실 거라는 말은 어디에도 없다. 선생이 보는 하나님의 역사에는 부활이나 사망 후의 삶도 속하지 않는다. 시간은 계속 흐르고 끝없는 순환이 계속된다. "이미 있던 것이 후에 다시 있겠고 이미 한 일을 후에 다시 할지라 해 아래에는 새 것이 없나니" (1:9).

전도서가 처음 성경의 정경에 포함되기 위하여 제안될 때부터, 어떤 비평가들은 이런 모습의 하나님은 우리가 성경의 다른 곳에서 듣고 믿는 하나님과 일관되지 않는다고 주장해 왔다. 물론 그들의 말이 옳다. 그러나 그들은 핵심을 놓치고 있다. 성경을 통해 하나님은 우리들에게 다른 관점들을 가진 책의 전집을 주셨다. 그 모든 관점들이 할 말이 있는 생명력을 가지고 있다. 이러한 생명력 있는 말들 가운데에서 우리는 또한 하나님에 대해 너무 많이 안다고 주장하는 것에 대해서 선생이 충고하는 말을 받게 된다. 성경의 전도서는 절대적인 주권을 가지신 하나님이 만드시고, 그분에 의해 보존되는 이 세상 안에도 때로는 착한 사람들에게도 나쁜 일이 일어나고, 때로는 아우슈비츠에서처럼 전능한 일이 일어나지 않는 경우도 있다는 것을 우리가 인정하게끔 해준다. 이 책은 누가 하나님인지, 하나님이 무엇을 하시는지에 대해 우리가 너무나 쉽게 이야기하는 것에 대해 주의를 준다. 우리는 확실하게 알지 못한다! 바울 사도는 예수 그리스도의 사역, 죽음, 그리고 부활을 통해 하나님의 긍휼과 진리를 가까이서 보았다고 확신을 가지는 우리 기독교인들에게 이렇게 상기시켜 준다. "우리가 이제는 거울로 보는 것같이 희미하나…이제는 부분적으로 아나" (고린도전서 13:12).

우리 믿는 자들은 전도서의 선생이 가진 이러한 현실 감각으로부터 얻는 바가 있다. "너는 하나님 앞에서 함부로 입을 열지 말며 급한 마음으로 말을 내지 말라 하나님은 하늘에 계시고 너는 땅에 있음이니라 그런즉 마땅히 말을 적게 할 것이라" (5:2).

(W. Sibley Towner)

토의

하나님에 대한 여섯 가지 주장을 전체로 보아 전도서의 하나님을 가장 잘 묘사하는 하나의 단어는 무엇인가?

당신은 전도서에서 하나님을 묘사하는 이야기에서 빠진 것들을 어떻게 생각하는가?

성경과 교재 (50분)

전도서의 저자는 삶을 즐기라는 충고와 삶의 헛됨에 대한 냉철한 관찰을 직물을 짜듯 엮고 있다. 그러한 네 가지 구절을 점검해 보라.

전도서 2:22-26
전도서 5:13-20
전도서 8:14-17
전도서 9:7-10

네 그룹으로 나누어 네 구절을 하나씩 다음의 질문을 사용하여 공부하라.

저자는 어떤 종류의 즐거움을 추천하는가?
어떤 면에서 삶을 즐기는 것이 무익하고 어리석은가?
삶을 즐기는 데서의 하나님의 역할은 무엇인가?

학생용 교재 84쪽에 있는 전도서의 시적인 구절을 소리 내어 읽어 보라고 제안하라. 전체 그룹으로 두세 개를 골라서 읽어라. 그리고 나서 학생용 교재 85쪽 위에 있는 질문에 답하라.

시편 90편을 금주의 전도서 읽기에 비추어 보라. 둘씩 셋씩 짝을 지어 시편을 조용히 읽어라. 그리고 나서 다함께 전도서의 단어나 구절을 연상시키는 것들을 찾아보라. 시편 90편의 음조와 전도서의 음조를 비교하라. 어떤 "소리"가 당신에게 가장 잘 들리는가? 왜 그런지 말해 보라.

휴식 (10분)

제자

말씀과의 만남 (40분)

성경 본문: 전도서 11장

전도서 11장을 큰 소리로 읽어라. 반원들에게 이 구절의 의미에 대해 조용히 묵상하라고 초청하라. 다음과 같은 질문을 사용하여 생각을 인도하라.

세상 모든 문제에 답을 줄 수 있는 지혜는 없다. 미래를 알지 못하는 지혜에는 어떤 것들이 있는가?

"하나님의 일"(11:5)을 알지 못하는 것의 장점과 단점은 무엇인가?

어떻게 하면 우리는 우리가 가진 자원을 가지고 관대하게 일하고 행동하면서도 결과에 대해 불안해하지 않을 수 있을까?

사람들에게 위의 질문에 대한 생각을 염두에 두고 개인적으로 이 구절을 자신의 말로 다시 적어보라고 하라. 사람들이 의역한 것을 전체 그룹으로 들어라.

(*어른과 청소년을 위한 효과적인 성경 교수법* 63쪽에 있는 "의역과 정반대로 해석하는 방법"을 참조하라.)

신실한 공동체의 모습 (20분)

우리는 신실한 믿음의 공동체이기 때문에 삶을 선물로 받아들이고, 그 삶을 현재에 만끽하고, 또한 삶을 주신 하나님께 감사드린다.

"인간의 모습"을 큰 소리로 읽어라. 신실한 공동체의 모습을 큰 소리로 읽어라. 전체 그룹으로 먼저 사람들을 "인간의 모습"에서 신실한 공동체의 모습으로 움직이는 것을 저지하는 것들이 무엇인지 말하게 하라.

그리고 나서 짝을 지어 "신실한 공동체의 모습" 아래에 있는 질문에 답하게 한다.

폐회 기도 (5분)

11과를 열고 성경 읽기를 점검하라. 금주의 기도제목을 적어라. "철저한 제자"를 지키기 위해 감사와 신뢰의 기도를 하라.

11 타당한 불평

토의 시작 (비디오 내용) (20분)

발표자: 캐롤 에이 뉴섬 (Carol A. Newsom)

토의 시작을 위한 준비

이스라엘이 고난을 어떻게 이해했는지, 그리고 욥이 하나님에 대해 어떻게 생각했는지에 주의를 기울이라.

토의 시작 내용 요약

여기서 가장 중요한 질문은 왜 인간은 경건한가? 이다

이스라엘은 고난이 죄의 증거라고는 생각하지 않았다.

이스라엘은 죄된 행동과 정말 악한 사람 사이에는 차이가 있다고 인정했다.

이스라엘은 하나님은 당신께 도움을 구하는 사람은 누구에게나 응답하신다고 믿었다.

욥은 하나님이 신랄한 원수가 되셨다는 가능성을 생각하고 있었다.

욥은 하나님이 공정하시다는 믿음에 근거하고 있다.

토의 시작 (비디오) 내용

서론: 욥기 1—21장

내가 처음 목회하던 시절, 어떤 현명한 한 분이 내게 이렇게 충고해 준 적이 있었다. 만일 내가 기독교인이라는 이유로 삶의 모든 신비에 대한 해답을 찾기를 희망한다면, 그것은 하나님이 제공해 주실 수 있는 것 그 이상의 것을 기대하는 것이라고 말이다.

신앙이 삶의 모든 모순을 설명해 주거나, 삶의 모든 의문을 대답해 줄 것이라는 약속은 어디에도 없다. 사실 어떤 때는 진정한 신앙은 우리로 하여금 우리가 살고 있는 이 세상이 궁극적으로 옳고, 선하고, 사랑스럽고, 온전한 것들이라고 믿게 하며, 온전한 세상이 궁극적으로 승리할 것이라는 것을 믿도록 요청한다. 하지만 이에 모순되는 증거가 판치는 세상에서 이러한 확신을 우둔하리만치 붙잡고 있기 위해서는 글쎄, 우리에게 그렇다고 가르쳐줄 욥과 같은 사람이 필요하지 않을까. 그리고 그런 놀랄 만한 인물을 우리가 더 잘 알도록 도와줄 캐롤 뉴섬과 같은 사람이 필요하다.

(Peter Storey)

"우스 땅에 욥이라 불리는 사람이 있었는데." 성경에 나오는 인물들 중 욥만큼 강한 사람도 드물 것이다. 그는 감히 자신의 사례를 하나님과 논쟁한 사람이었다. 성경 중에 욥기만큼 신학적으로 도전을 제기하는 책도 드물다. 이 책은 고난을 당하는 경험에 대해 어려운 질문을 제기하고 있으며, 일어나는 모든 일에 이유를 찾고픈 우리들의 욕망을 담고 있으며, 이 세상에서 악이 차지하는 자리와 창조주 하나님의 본성과 우리와 하나님의 관계에 대해 말하고 있다. 욥기를 읽는 많은 사람들은 좌절을 느끼는데, 그 이유는 제기된 모든 질문들에 대해서 명백한 해답이 없는 것처럼 보이기 때문이다. 당신은 아마도 스스로 결정해야 할 것이다. 그러나 내 생각에 이 책은 그래도 우리가 이 책이 던지는 논점에 대해 새로운 방식으로 생각하도록 돕는, 도전을 주는 시각을 제시한다고 생각한다.

우리들 대부분이 욥기는 무고한 자가 겪는 고난에 관한 책이라고 주로 생각하는 경향이 있다. 하지만 그 질문이 이 책의 서두에 나와 있지는 않다. 첫 두 장에서 제기된 핵심적인 질문은 이것이다. 왜 사람들은 경건한가? 경건함은 어떤 종교적인 보험 증권이라 할 수 있는가? (하나님을 경배하고 도덕적으로 행동하라. 그리하면 아무런 고난이 없는 삶을 보장받게 될 것이다.) 아니면 참된 경건은 행운이나 불운과는 완전히 별개로 하나님 안에 신뢰의 관계를 갖는 것인가? 이 책은 이러한 질문을 파헤치고 있다. 과연 경건하다고 평판이 크게 난 사람이 만약에 갑작스런 재난으로 인해 행복하고 안전한 삶이 곤두박질 칠 때, 어떻게 반응할까를 상상하는 것으로 이 질문을 파헤친다.

명백한 것은 이야기가 그럴 듯하게 되기 위해 욥도, 그리고 욥의 친구들도 욥이 고난을 겪게 되는 실제 이유를 모른다는 것이다. 대신에 그들이 서로 이야기하기 시작하자, 그들이 아는 것이란 이 엄청난 재난이 갑자기 욥에게 일어났다는 것이다. 그래서 그들은 이 상황을 이해하기 위해 물려받아 온 신학적인 믿음과 자신의 경험에 의지해야만 한다.

우리는 자연스레 욥에게 연민을 갖게 되기 때문에 세 명의 친구들은 "희생자를 비난"하려는 "나쁜 사람들"이라고 쉽게 단정하기 쉽다. 그러나 그건 그리 간단한 것이 아니다. 그들은 마음이 굳은 (적어도 처음에는) 사람들이 아니다. 그들이 욥에게 준 충고를 이해하기 위해, 우리는 전통적으로 고대 이스라엘에서 고난을 어떻게 이해해 왔나를 이해할 필요가 있다. 세 가지 중요한 점을 생각해 보자.

첫째로, 이스라엘 사람들은 모든 고난이 죄 때문이라고 생각하지 않았다. 그들은 어떤 일들은 그저 단지 일어날 뿐이라는 것을 알았다. 그들은 또한 어떤 고난은 인간의 악이 일으키는 것이라는 것도 알았다. 그러나 그들은 고난은 어떤 사람이 하나님과의 관계에 문제가 있는 표시일 수도 있다는 가능성을 배제하지 않았다. 그래서 갑자기 재앙이 닥치면, 과연 그것이 단순히 끔찍한 일들의 하나인지, 아니면 하나님이 화가 나신 것으로—아니면 적어도 하나님의 경고로 이해해야 할지 분명하지가 않았다.

둘째로, 고대 이스라엘은 심지어 가장 경건한 사람조차도 이렇게 저렇게 저지르게 마련인 죄된 행동과 진정으로 악한 사람 사이에 차이를 두었다. 사실상 이스라엘은 부지불식 가운데 알지 못하고 하나님을 화나게 하는 일이 가능하다고 믿었다. 즉 사람이 자기가 무슨 잘못된 일을 했는지 감지하지 못할 수도 있다고 믿었던 것이다. 그러나 만일 당신의 행동이 하나님 보시기에 그릇된 것이라면, 그때는 하나님이 어떤 식으로든 반응하셔서 무엇이 하나님과의 관계를 방해했는지 당신에게 알려 주실 것이었다. 그래서 비록 나쁜 일이 일어날 때마다 당신을 비난할 필요는 없지만, 고난은 자기 성찰과 도덕적인 자기 점검의 기회를 제공한 것은 틀림이 없었다. 그리고 만일 당신이 자신의 행위 가운데 어떤 잘못을 발견했으면, 다시 삶의 질서를 제대로 잡을 수 있게 되는 것이다.

세 번째로, 고난에 대한 가장 중요한 전통적인 믿음은 하나님은 도움을 청하는 사람에게는 누구나 응답을 하시는 믿을 만한 분이시라는 것이다. 이러한 생각이 하나님께 간청하는 시편의 기조에 흐르고 있다. 무고한 사람은 하나님께 고통을 덜어주시기를 청할 수 있다. 또한 적에 의해 괴롭힘을 당하는 사람도 마찬가지였다. 자신이 죄는 지었다고 생각하나 구체적으로 하나님을 화나게 하는 무슨 일을 했는지 모르는 사람들은 용서를 구하는 기도를 드릴 수 있었다. 그리고 심지어 악한 사람이라 해도 회개하면 하나님의 도우심과 긍휼을 확신할 수 있었다.

이러한 믿음은 친구들이 욥에게 던지는 충고를 이해하는데 핵심이 된다. 욥이 모르는 것처럼 그들도 왜 이러한 재난이 욥을 덮치게 되었는지 알지 못한다. 그들은 여러 가지 가능한 이유들을 제시한다. 그러나 그들은 설명을 찾는 데 관심을 두기보다, 자신들에게 확실해 보이는 것을 욥더러 하라고 권면하는데 더 관심을 보이고 있다. 엘리바스는 말하기를 "나라면 하나님을 찾겠다" (5:8). 친구들은 차례로 욥에게 스스로를 점검하고, 찾은 죄를 따로 고하면 하나님께서 그를 밝고 안전한 미래로 회복시켜 주실 것이라고 충고하고 있다.

당신은 아마도 욥을 향한 친구들의 태도가 대화가 진행됨에 따라 경직되어 가는 것을 알아챘을 것이다. 그들은 마침내 욥이 변할 가능성이 없는 악질분자 중에 한 사람이라고 비난한다. 왜? 그들의 입장에서 생각해 보면, 욥은 그들의 지혜로운 충고를 완강하게 거절했기 때문이다. 즉 그들이 생각하기에 경건한 사람이라면 누구나 마땅히 대처해야 할 방법으로 응답해야 하는 것을 욥이 거절하기 때문에 욥은 그들이 생각했던 사람이 아닐지도 모른다는 가능성을 보여주었던 것이다. 고대 전통의 시각에서 아주 선례가 없는 것은 아니었지만, 어쨌든 욥이 자기 상황에 대처한 방법은 놀랄 만하다.

어떤 면에서는, 자신이 당한 고난이 너무나 엄청났기에 욥으로선 세 친구의 전통적인 충고를 받아들이기가 불가능했을지 모른다. 욥은 그의 재난을 "바다의 모래보다" 무겁다고 묘사했으며, 이런 이유로 그의 말은 경솔했다. 그러나 욥이 자신의 경험을 묘사하는 것에서 두드러지는 것은 그가 하나님을 화난 대적으로 묘사하고 있다는 사실이다. 하나님은 그에게 화살을 쏘고, 그를 시궁창으로 떠밀고, 그를 쓰디쓴 것으로 채우시는 분으로 묘사되고 있다. 이러한 언어는 시편의 언어가 아니다. 욥의 절규는 사무엘로부터 "여호와께서 너를 떠나 네 대적이 되셨거늘" 이라는 말을 들었던 사울의 처량한 슬픔을 떠올리게 해

준다. 게다가 이는 욥처럼 뚜렷한 이유 없이 가족을 잃었던 나오미의 쓰라림을 생각나게 해준다. 나오미는 말한다. "내가 풍족하게 나갔더니 여호와께서 내게 비어 돌아오게 하셨느니라 여호와께서 나를 징벌하셨고 전능자가 나를 괴롭게 하셨거늘." 나오미처럼 욥은 자신이 이해할 수 없는 이유 때문에 하나님께서 모진 대적이 되었을 가능성을 생각하고 있는 것이다.

친구들보다도 욥은 더 그에게 왜 그러한 일들이 일어났는지 이유를 뚜렷하게 알지 못해서 괴로워한다. 그는 하나님으로부터 그러한 적의를 일으킬만한 일을 아무 것도 한 것이 없었다. 비록 그가 어떤 죄를 저질렀다 하더라도 그 죄가 그가 겪는 모든 재난을 정당화하지는 못할 것이었다. 친구들과 욥이 상황을 다른 틀로 해석하는 것을 주목해 보라. 친구들이 주는 충고의 기반이 되는 전통은 문제에 대처하는 (coping) 근사한 방법을 제공해 준다. 그러나 욥은 다른 장소에서 시작한다. 그는 하나님의 적의를 느끼는 것과 같은 과격한 자신의 경험으로부터 시작한다. 욥은 "대처"하기(cope)를 원하지 않는다. 그는 화가 나 있다. 그는 근본적으로 그의 상황이 부당하다는 것을 드러내기를 원한다. 이러한 부당함이 욥으로 하여금 자신의 무고함을 주장하도록 몰아가고 있다.

그러나 욥이 누구에게 말할 수 있겠는가? 친구들마저 그를 이해하지 못한다. 그리고 하나님이 그의 대적이라면 하나님 또한 그에게 귀를 기울이지 않으실 것이다. 그래도 여전히 욥은 하나님께 계속 말을 하면서 그의 불평을 직접 하나님께 하고 있다. 확실히 하나님에 대한 욥의 생각은 복잡하고 심지어 모순되기까지 하다. 그러나 그러한 사실은 그리 놀랄 만한 것이 아니다. 욥은 전통적인 신앙, 즉 하나님은 정의의 하나님이시라는 신앙에 깊이 뿌리 내리고 있다. 그러한 신념이 그의 존재의 핵심을 차지하고 있다. 그러나 그가 최근에 겪은 경험은 하나님은 그를 부당하게 학대하고 계시다는 것을 시사한다. 모순되는 경험에 대해 정직하게 이야기하려고 애쓰는 사람이라면 누구든지 모순되는 일을 말할 수밖에 없을 것이다. 그리고 욥이 바로 그런 경우이다. 유대인 철학자 마르틴 부버가 말한 것처럼 "욥은 불의를 믿음에도 불구하고 하나님을 믿으며, 하나님을 믿음에도 불구하고 불의를 믿고 있다." 하나님께서 산문에 묘사하고 있는 것처럼 욥은 진실로 어떤 결과가 따르더라도 "초지일관하는" 사람이다.

(Carol A. Newsom)

맺는 말:

욥기는 심오한 내용을 담고 있다. 욥기는 우리 모두가 삶 가운데에서 한 번은 씨름해야만 하는 문제를 다루고 있다. 나는 욥이 자신의 사례를 하나님께 가지고 가는 다음 시간까지 어떻게 기다릴지 모르겠다.

(Peter Storey)

토의

고대 이스라엘은 고난을 어떻게 이해하고 있었나? 욥이 고난을 당한 경험은 그의 하나님에 대한 생각에 어떠한 영향을 미쳤는가?

성경과 교재 (50분)

욥기 1—2장의 이야기의 줄거리를 나누며 공부할 수 있는 분위기를 만들라. 두 장의 절들을 반원들 간에 나누어 주라. 사람들이 숙제해 온 것을 살펴볼 시간을 주라. 그리고 이야기를 시작하라.

친구들이 욥에게 충고하는 주요점은 무엇이며, 욥이 친구들에게 대답하는 주요점은 무엇인지 찾아보라. 둘씩 짝을 지어 하라. 둘째 날과 셋째 날의 성경을 나누어 두 명으로 된 짝에게 할당하라.

　　　1조: 엘리바스 (욥기 4—5장)
　　　2조: 욥 (6—7장)
　　　3조: 빌닷 (8장)
　　　4조: 욥 (9—10장)
　　　5조: 소발 (11장)
　　　6조: 욥 (12—14장)

둘씩 짝을 지어 할당받은 성경구절의 요점을 발표할 수 있도록 준비할 시간을 7—10분간 주라. 노트한 것과 학생용 교재를 참조하라. 그리고 나서 전체 그룹으로 친구들이 충고하는 것과 욥의 대답을 들으라.

1조는 엘리바스를 대신해서 말할 것이다.

2조는 욥을 대신해서 대답할 것이다.

각 조가 돌아가면서 말할 것이다. 전체 그룹으로 다음의 질문에 대답하라. 이 대목까지에서 당신은 친구들에 대해 어떤 인상을 받는가? 욥에 대한 인상은 어떤가?

새로 짝을 지어 넷째 날과 다섯째 날의 성경 읽기도 같은 방법으로 대화를 계속하라. 짝이 대화를 준비할 수 있도록 시간을 7—10분간 주라. 짝끼리 이야기할 시간을 준 후에 다음의 질문을 토의하라.

이 대목까지에서 친구들이 대화하는 태도를 어떻게 묘사하겠는가? 이 대목에서 욥의 심정은 어떠한가? 친구들이 고난에 대해 설명하는 것 중에 당신이 들어본 것은 무엇인가? 그리고 나서 학생용 교재의 93쪽 위에 있는 질문에 답하라.

휴식 (10분)

말씀과의 만남 (40분)

성경 본문: 욥기 3장

욥기 3:1—10, 11—19, 20—26을 세 사람에게 큰 소리로 읽도록 부탁하라. 서너 명이 한 조가 되어 이 장을 공부하되 두 가지 목적을 가지고 하라. 하나는 욥의 말 뒤에 있는 감정을 이해하는 것이고, 또 다른 하나는 욥을 대신하여 긍휼을 간청하는 글을 쓰는 것이다. 성경 연구를 인도하기 위한 질문으로 이것을 사용하라. 욥이 사용한 단어와 이미지로부터 욥의 어떠한 감정을 알 수 있는가? 욥이 자비를 위하여 어떤 것들을 간구할지 서로 말해 보라. 그리고 나서 개별적으로 욥을 대신해서 자비를 간구하는 문장을 써보라. 간구하는 문장을 전체 그룹에서 나눠보라.

신실한 공동체의 모습 (20분)

우리는 신실한 믿음의 공동체이기 때문에 고통이나 불의를 경험할 때 왜라는 질문을 하게 된다는 사실을 인정하고, 해답이 오지 않을 때라도 하나님의 임재를 확신한다.

"인간의 모습"을 큰 소리로 읽어라. 그리고 나서 순종하는 공동체의 모습을 읽어라. 이러한 진술이 어떻게 우리의 삶에 대한 무지함과, 또한 "인간의 모습"에 명백히 나타난 삶의 실재를 우리가 인식하는 것 둘 다를 말해 주는가? 서너 명이 한 조가 되어 이 난에 있는 세 가지 질문에 대답하라.

"철저한 제자"는 쉽게 대답하려는 욕구를 자제한다. 비극이 일어날 때 쉬운 대답이 입 밖으로 불쑥 먼저 나오는 이유는 무엇이라고 생각하는가?

폐회 기도 (5분)

12과를 열고 성경 읽기를 점검하라. 금주의 기도제목을 적어라. 시편 17:1—7을 폐회기도로 사용하라.

12 하나님의 때

토의 시작 (비디오 내용) (20분)

발표자: 캐롤 에이 뉴섬 (Carol A. Newsom)

토의 시작을 위한 준비

욥이 재판에 대해 말로 표현하지 않는 생각과 고난의 의미에 대한 이해 때문에 어떻게 그가 사물에 대해서 제한된 견해를 가지게 되는지 주의를 기울이라. 하나님께서는 이 문제의 틀을 어떻게 다시 짜주시는지 주의를 기울이라.

토의 시작 내용 요약

욥이 하나님과 법정에서 재판하면서 대면하려는 생각은 새로운 것이다.

하나님은 문제의 핵심을 새롭게 조명하신다.

욥은 이 세상과 자기의 상황을 법적으로 옳고 그르다는 식으로 이해하고 있다.

하나님은 창조와 혼돈에 대해 말씀하신다.

하나님은 고난에 대한 합리적인 설명을 제공하지 않으신다.

토의 시작 (비디오) 내용

서론: 욥기 22-43장

나는 하나님께서 다르게 역사하실 수 있었으리라고 생각한다. 이 세상에서 예측이 불가능한 것이 없고, 비극이 없고, 제자리에서 벗어난 것들이 없는 완벽한 삶의 질서를 하나님께서 창조하실 수 있었다고 생각한다. 욥이 겪은 재난과 같은 것을 없게 하실 수 있을 것이다. 어떤 종류의 깜짝쇼도 결코 없을 것이다. 단지 똑딱거리는 장난감 시계 마냥 예측이 가능한 우주만 있을 수도 있지 않았을까!

그러면 우리들 모두는 정신이 나갈 정도로 지루해질 것이다! 캐롤 뉴섬은 욥이 하나님과 논쟁하는 곳으로 우리를 곧장 안내해서 간다. 그리고 이 장들에서 우리는 욥이 변덕스럽게 제멋대로 하나님을 대항하여 생각하기에 비극을 초래하고 있다는 것을 깨닫게 될 것이다. 즉 하나님에 대하여 변덕스럽고 제멋대로 생각하는 것은 하나님이 기적으로 세계를 창조하시는 것과 반대의 것이라는 사실을 깨닫게 될 것이다. 우리가 제멋대로 생각하면 하나님의 기적을 깨달을 수가 없다. 똑같은 바다 물결이 단 두 번도 같은 곳에 일어나지 못하게 하는 그 예측이 불가능한 놀라움은 정녕 원치 않고, 두렵고, 비극적인 가능성 역시 받아들이게 했을 것이다.

(Peter Storey)

지난 주 우리는 하나님에 대한 욥의 모순된 경험에 대해 이야기했다. 그는 하나님이 정의의 하나님이라고 믿고 있으나, 또한 하나님께서 그를 불공평하고 잔인하게 취급해 오셨다고 확신하고 있다. 결과적으로 친구들이 욥에게 도덕적인 삶을 점검하고 겸손히 하나님께 기도하면서 의뢰하라고 충고하는 것은 그에게는 별 도움이 되지 않는다. 이 충고가 제아무리 다른 상황에 있는 다른 사람에게는 효력이 있다 하더라도, 아픈 욥에게는 곧이들리지 않았다. 욥은 하나님께 대하여, 그리고 하나님께 말할 새로운 방법을 혼자서 모색하고 있다. 당신은 아마 욥의 대사가 법률 용어처럼 들리는 것을 눈치 챘을 것이다. 9장부터 욥은 어떻게 하면 하나님과 재판을 할 수 있을지 말하고 있다. 13장에서 그는 하나님과 사례를 변론하기를 바라고 있으며, 만일 그럴 기회가 온다면 자신이 결백을 증명하리라고 확신하고 있다. 또한 16장에서 그를 위해 증언할 하늘의 증언을 언급하고 있다. 하나님과 재판하는 이미지는 23장에서 정점에 이르는데, 여기서 욥은 재판이 어떻게 전개될지 생생하게 상상하고 있으며, 31장에는 언약의 맹세를 하고 있다.

이스라엘의 전통에 이렇게 하나님과 재판하는 전례가 있는가, 아니면 욥은 혁신적으로 새로운 어떤 것을 제안하고 있는가? 구약성경은 사람들이 정의의 문제를 놓고 하나님과 논쟁하는 일례를 담고 있다. 아브라함, 모세, 그리고 예레미야는 모두 하나님과 논쟁을 한다. 그러나 이들 중 그 누구도 논쟁을 법정에서 재판하는 용어로 표현하지는 않는다. 욥은 하나님과 직면하는 것을 법정에서 재판하는 용어를 씀으로써 새로운 방법을 사용하고 있다. 종교적 경험에서 새로운 이미지와 새로운 은유는 중요하다. 이들은 사람들이 겪는 혼란스럽고 무질서한 감정들을 뚜렷한 그림으로 질서를 부여하는데 도움을 준다. 욥의 경우가 그러하다. 욥 위에 휘몰아친 재난은 마치 욥이 죄된 행위를 저질러서 하나님께서 심판하시고 꾸짖으시는 것처럼 느껴진다. 그러나 욥은 자신이 결백하다는 것을 알고 있다. 반대로 욥은 자신을 잘못 꾸짖고 그를 너무도 잔인하게 공격해서 마치 죽을 것처럼 만드신 한두 가지 잘못 때문에 하나님께 죄가 있다고 생각한다. 간단히 말해, 하나님은 살인 미수의 죄가 있다는 것이다! 그러나 욥은 하나님은 근본적으로 공평하시다고 믿는다. 그러므로 양자가 서로의 사례를 진술하고 과연 누가 옳고 누가 그른가 상황을 분명하게 하는 것보다 더 좋은 방법이 없다고 생각한다. 만일 하나님이 옳다면, 하나님은 재판에서 공정하게 들으시고 공정하게 행동하실 것이다.

하나님과 재판하는 것은 강력한 이미지이다. 이는 친구들의 충고보다도 욥의 고통의 경험을 다루기에 더 적합하다. 그러나 욥이 사용하는 강력한 이미지가 말로 하지 않는 암시는 무엇일까? 이것은 어떠한 하나님의 이미지를 전제로 하는가? 욥은 하나님이 실제로 이렇게 말할 것이라고 상상한다. "욥아, 너는 결백하다. 결과적으로 나, 하나님이 너를 불공평하게 대한 죄가 있다." 이는 생각이나 할 법한 일인가? 구약성경에서 하나님은 마음을 돌리시고 어떤 행동은 회개하신다고 말하는 것이 가능하다. 그리고 어떤 시편 기자와 선지자들은 하나님 앞에 나아와 하나님께서 다스린다고 하는 이 세상에서 불의를 느끼는 고뇌를 아뢰고 있다. 그러나 성경 그 어디에도 욥이 염두에 두고 있는 그러한 장면을 상상하고 있는 사람은 없다.

아마도 욥이 모델로 가지고 있는 문제는 하나님의 이미지라기보다는 과연 고통의 의미를 어떻게 이해하는가와 관련되어 있을 것이다. 전통적으로 이해하는 고난은 미묘하기도 하고 다르기 쉬운 것이었다. 놀랍게도 욥은 고난의 뜻을 아주 편협하로 이해하고 있었던 것 같다. 그는 자신이 당한 고난이 하나님이 보내신 것으로 생각하는 것 같다. 그래서 한편으로 고난은 죄 때문에 받는 벌로 정당화되거나 혹은 정당화되지 않으면 하나님의 학대에 다름이 없는 것이 된다. 이것 아니면 저것 양자택일이다. 그의 가설 때문에 그는 사물을 보는데 제한된 방식으로밖에 볼 수 없다.

욥의 열정과 남을 감동시키려는 이야기 방식에 압도당한 많은 청중은 실망하게 되고, 심지어 하나님이 폭풍 가운데서 말씀하시는 대목에 이르면 화를 내게도 된다. 그러나 아마 욥은 적절한 질문을 던지지 못하고 있는지도 모른다. 그러므로 하나님은 욥이 알아들을 수 있는 용어로 대답하실 길이 없다. 욥에게 대답하실 때 하나님은 문젯거리를 다른 틀로 다시 만드신다. 이제 하나님이 욥의 오만을 반박하시는 것은 사실이다. 그것도 아주 강력한 수사학적 질문을 사용하신다. "어디에 있었느냐," "너는 아느냐," "너는 할 수 있느냐." 이것을 할 것이냐 저것을 할 것이냐? 하나님께서 질문하시는 내용은 하나님은 하나님이시고 욥은 하나님이 아니라는 것이다. 그러나 하나님은 또한 욥의 시야를 다른 곳으로 돌리시는 듯하다. 하나님은 욥이 볼 수 없는 세상의 어떤 것을 보여주고 계시다. 그러나 무엇인가? 하나님의 연설은 이해하기가 쉽지 않다. 그것은 한 가지 방식보다 더 많은 방식으로 해석될 수 있다. 그러나 우리는 하나님이 욥에게 보여주시는 것이 무엇인지 어렴풋이 감지할 수는 있다. 하나님이 사용하시는 이미지들을 살펴보고 그것을 욥의 사고방식과 대조해 보자.

욥은 세상과 자기의 상황을 법적으로 옳은가 그른가 하는 용어로 이해한다. 그러나 하나님은 그보다는 창조와 혼돈으로 말씀하신다. 그러한 묘사는 땅의 기초의 이미지로 시작하는데, 건축가가 건물을 고안하듯이 세상을 고안하는 것으로 시작한다. 하나님은 빛과 어둠, 눈과 비 같은 정규적이고 질서를 제공하는 기능을 하는 자연에 대해 말씀하신다. 그러나 하나님은 또한 창조된 세계 안에 있는 혼돈스럽고 두려운 요소의 존재에 대해서도 말씀하신다. 바다는 전통적으로 창조 구조를 무너뜨리려고 위협하는 힘을 상징하는 것으로 사용되어 왔다. 하나님은 바다를 다루기 힘든 것으로 언급하시지만, 또한 땅에 닿을 수 없는 경계로 말씀하신다. 마찬가지로 하나님이 들짐승을 묘사할 때는, 고대인들이 그에 대해 어떤 생각을 가지고 있었는지 기억하는 것이 중요하다. 그들은 들짐승들을 "멸종위기에 처한 종"으로 여기지 않고 버려진 황야의 두려운 영역에 속하는 피조물로 여겼다. 도시와 마을과 농장은 안전한 장소였다. 이와 대조하여 황야는 상징적으로 혼돈을 연상시켜 주었다. 그럼에도 불구하고 하나님은 이러한 이질적이고 독립적인 피조물을 돌보신다고 말씀하시고 있다. 이러한 이미지는 베헤못

(Behemonth)과 리워야단 (Leviathan) 같은 무서운 짐승을 묘사할 때 정점에 달한다. 이들과 흔히 관련되어 있는 혼돈스런 바다처럼 그들은 하나님의 세상의 일부분이다. 그러나 그들에게는 나름의 한계와 경계가 있다.

욥과 우리는 이것을 어떻게 해석해야 할까? 하나님은 그것을 조목조목 설명하지 않으신다. 그러나 하나님이 말씀하시는 것은 고난의 문제와 연관이 있다. 우리의 과제는 이미지들과 그것이 함축하는 것이 무엇인지 살펴보는 것이다. 나는 모든 고통이 법적으로 옳고 그름으로 축소되거나 벌과 학대로 축소될 수는 없다는 생각을 하고, 또 그렇게 믿는다. 질병과 사고, 폭력과 비극은 존재한다. 무섭고 혼돈스런 경험은 단지 이 세계와 우리 인생의 일부분이다. 하나님은 욥더러 이것을 인정하라고 주장하신다. 그러나 더 중요한 것은 하나님은 욥에게 이런 세계를 보여주고 계시다. 즉 혼돈이 존재하지만, 그것이 전부는 아니라는 것이다. 그리고 이것은 제어되지 않는 것도 아니다. 반대로 하나님이 거기 계신다. 하나님은 계속 창조하시고 유지하시며, 아침마다 흑암을 밀어내시며, 바닷물에 경계를 정하시며, 비를 가져오시며, 버려진 곳에도 새로운 성장을 가져오신다.

이 연설에서 하나님은 고난에 대하여 합리적으로 설명해 주지 않으신다. 그것은 할 수가 없는 것이다. 그러나 하나님은 욥이 이 세상을 바라보는 데 있어서, 그리고 욥과 하나님과의 관계를 바라보는 데 있어서, 새로운 방법을 주신다. 그것은 비난과 죄의식의 범주 그 너머에 있는 것이다. 하나님은 욥에게 창조물을 지속하고 새롭게 하는 범주 안에 고난을 포함시키는 길을 보여주신다. 하나님은 고립 대신에 화해되는 방법을 보여주신다. 많은 독자들은 이 책의 결말 "해피엔딩"을 거슬리는 것으로 받아들인다. 그러나 아마도 그것을 화해와 새로운 시작의 상징으로 읽는다면, 그것은 욥의 이야기를 끝맺는 적절한 결론이 될 것이다.

(Carol Newsom)

맺는 말:

당신은 어떤지 모르겠다. 하지만 나는 캐롤 뉴섬과 같은 사람의 말을 듣고 있노라면, 때때로 나는 성경이 가진 신비와 그 장엄함에 압도된다. 성경은 살아가는 데 있어 얼마나 커다란 선물인지 모르겠다.

(Peter Storey)

토의

상황을 해결하기 위해 재판 모델을 사용하는 욥의 문제는 무엇인가? 하나님은 욥에게 그가 볼 수 없는 세상에 대해 무엇을 보여주시는가?

제자

성경과 교재 (50분)

전체적인 논쟁이 어떤 것인지 감을 잡기 위해, 지난주부터 시작된 욥의 친구들과 욥 사이의 대화를 계속 따라가 보자. 두 명씩 여섯 조로 나누어 욥기 22—27장을 할당해 주고, 욥의 친구들 혹은 욥을 대신해서 준비하게 한다. 각 조로부터 그 장에 대해 한 문장씩 나누게 한다. 그러고 나서 이 질문을 가지고 토의하라. 이 대화는 악한 사람, 선한 사람, 그리고 하나님의 정의와의 관계에 있어 우리에게 무엇을 가르쳐 주는가?

욥기 29—30장은 욥이 그의 과거와 현재의 상황을 아름답고도 슬픈 말로 묘사하고 있다. 사람들에게 29과 30장을 다 읽을 때까지 차례대로 비교적 빠른 속도로 큰 소리를 내어 읽게 한다. 욥기 29장을 가능하면 동그랗게 서서 서로 마주보며 읽어라. 그리고 욥기 30장은 동그랗게 서서 서로 등을 지고 읽어라. 그러고 나서 서너 명씩 한 조가 되어 욥기 31장과 매일 노트한 것을 훑어보면서 욥이 자기 결백을 어떻게 주장하는지 이야기하라.

반원들에게 욥기 32—37장의 엘리후의 말에 관심을 기울이게 하라. 사람들에게 해설을 달지 말고 세 명의 친구들이 말하지 않았지만 엘리후가 덧붙이는 생각이 있는지 물어보라.

창조의 신비에 대해 생각하라. 욥기 38:1—42:6을 네 조에게 할당해 주고, 하나님이 손가락으로 지으신 창조물의 신비를 찾아보게 하라. 하나님의 말씀 중에 욥을 만족시키는 것이 무엇인지에 대해 이야기하라.

당신이 시작했던 것처럼 욥기 연구의 이 부분을 끝내라. 동그랗게 서서 이야기의 결말을 말해 주라 (42:7-17).

휴식 (10분)

성경과의 만남 (40분)

성경 본문: 욥기 28장

욥기 28장을 여러 문장으로 이루어진 예문을 만들어 보라. 각 문장은 지혜를 찾을 수 있는 것을 후렴으로 하여 마친다. 세 조로 나누어 욥기 28장을 조용히 읽게 하라. 그들의 예문에 포함시키고픈 생각과 후렴이 될 만한 문장에 대해 말해 보게 하고 예문을 쓰게 한다. 이를 위해 토의하고 기록할 시간을 충분히 주라. 그리고 각 조가 만든 예문을 들으라.

신실한 공동체의 모습 (20분)

우리는 신실한 믿음의 공동체이기 때문에 하나님의 주권을 받아들이고, 삶의 신비를 인정하고, 하나님의 피조물 안에서 우리의 자리를 즐기면서 하나님께 경외하는 마음으로 나아간다.

"인간의 모습"을 큰 소리로 읽고 나서 "신실한 공동체의 모습"을 한 구절 한 구절 상고해 보라.

다음으로 "철저한 제자"를 살펴보라. 때때로 배움은 무엇이 아니라고 말할 때 무엇을 배우게 된다. 서너 명씩 한 조가 되어 "철저한 제자"의 문장을 정반대로 만들어 보라. 예를 들어, 하나님의 뜻을 신뢰한다는 것의 반대는 무엇인가? 새로운 방법으로 생각하는 것의 가치는 무엇인가? "신실한 공동체의 모습" 아래에 있는 첫 번째 두 가지 질문을 전체 그룹에서 토의하라. 그리고 마지막 질문을 서너 명씩 한 조가 되어 토의하라.

폐회 기도 (5분)

13과를 열고 성경 읽기를 점검하라. 금주의 기도 제목을 적어라. 시편 102:1-2로 기도하라.

13 마음의 관심사

개회 기도 (5분)

토의 시작 (비디오 내용) (20분)

발표자: 엘렌 에프 데이비스 (Ellen F. Davis)

토의 시작을 위한 준비

인간의 욕구 중에는 성적으로 친밀한 관계를 갖기 원하는 것과 하나님과 친밀한 관계를 갖기 원하는 두 가지 갈망이 있음에 주의를 기울이라. 이러한 것은 에덴에서의 불순종으로 인해 손상된 관계를 회복하는 것이다.

토의 시작 내용 요약

아가서는 우리로 하여금 성적으로 친밀한 관계를 갖기 원하는 것과 하나님과 친밀한 관계를 갖기를 원하는 갈망에 대해 좀 더 깊이 이해하도록 부른다.

아가서는 남자와 여자, 인류와 하나님, 그리고 인류와 인간 이외의 창조물 간의 치유에 대해 말하여 주고 있다.

토의 시작 (비디오) 내용

서론: 아가서

성경에는 사랑과 충성, 정욕과 배반에 대한 이야기들로 가득 차 있다. 이러한 이유는 성경에서는 우리들이 가진 가장 중요한 실체를 다루고 있기 때문이다. 성경은 우리가 성적으로 친밀한 관계를 갖기 원하는 것이 사실이고, 또 그것이 강해서 종종 문제꺼리가 된다는 것을 인정하고 있다. 슬프게도 인간의 역사에 있어 남녀관계에는 착취와 불공평과 학대라는 그림자가 계속 지속되어 왔다.

아가서는 그러한 것을 바로 잡는 역할을 한다. 이는 인간의 친밀한 관계를 인간이 할 수 있는 한 찬양하고, 마땅히 하나님이 의도하신 대로 그래야 하는 것으로 당당하게 찬양하고 있다. 이 찬란한 시는 두 연인끼리 진정으로 존중하고, 칭찬하며, 서로의 정열을 표현할 수 있는 말을 찾느라 애간장을 끓는 마음속으로 우리들의 감정을 휘몰아 넣는다.

엘렌 데이비스는 인간의 정열에 대한 이 노래가 어떻게 영원부터 위대한 연인인 하나님이 우리와 함께 나누기를 갈망하는 친밀함의 비유가 될 수도 있는지를 보여줄 것이다.

(Peter Storey)

어떻게 아가서처럼 그토록 야한 책이 성경에 들어올 수 있었을까? 실수로 들어온 것이라고 어떤 사람은 말한다. 많은 학자들은 이를 정경에 넣기로 투표했던 고대 랍비들이 하나님께 너무 몰입해 있어서 이 인간의 사랑의 시를 잘못 읽었으리라고 믿는 사람도 있다. 랍비들은 아가서가 하나님과 이스라엘 사이의 사랑을 축하한 것으로 생각했다! 그렇다. 고대 랍비들은 진정 그렇게 생각했다. 그리고 그들의 생각은 옳았다. 인간의 육적인 사랑의 노래이지만, 하나님과 이스라엘, 그리고 하나님과 인간 간의 사랑에 대한 것이다. 즉 이 노래는 우리가 성적으로 친밀한 관계를 갖기를 원하는 것과 하나님과 친밀한 관계를 갖기를 원하는 것을 보다 깊게 이해하기를 요청하고 있다. 나아가, 이 노래는 그러한 두 가지 종류의 갈망이 같은 부류에 속한다고 암시하고 있다. 많은 사람들은 깊은 육적인 사랑을 통해 자기희생을 할 수 있는 스스로의 능력, 죄를 회개하고 용서받는 능력, 마음으로부터 우러나오는 용서를 할 능력을 배운다. 많은 사람들에게 인간의 육적인 사랑은 종종 "학교"와도 같아서 우리가 하나님과의 관계에서 충실하게 거하기 위해 필요로 하는 기술을 배우게 된다.

아가서는 우리의 꿈이 그러하듯이 상징적인 언어를 말해 준다. 당신이 꾼 꿈이 무엇을 의미하는지 밝혀내고자 할 때나, 꿈과 같이 들리는 시를 파악하고자 할 때, 당신은 이러한 이미지나 장면이 내게 무엇을 상기시켜 주는지 질문해야 한다. 예를 들면, 아가서에서 가장 행복한 순간은 여자와 남자가 정원에서 함께 있을 때였다. 그것은 무엇을 상기시켜 주는가? 쉬운 질문이다. 그것은 바로 에덴 동산이다. 그러나 정원에서 일어났던 첫 번째 러브 스토리는 결정적으로 불운한 결말로 끝났다. 하나님께 불순종한 후, 남자는 여자를 비난하고, 첫 번째 부부는 지금의 우리가 "가부장적 사회"로 부르는 힘의 불균형의 상태로 "타락하고" 말았다. 그래서 하나님은 하와에게 경고하신다. "너는 남편을 원하고 남편은 너를 다스릴 것이니라" (창세기 3:16).

아가서는 남녀 간에 있었던 고대의 불균형을 바로 잡는 것을 찬양한다. 여자가 항시 아름다움보다는 힘을 나타내는 이미지로 묘사되고 있는 것에 주목하라. 남자는 여자를 바로 왕의 병거의 준마에 비유한다 (아가서 1:9). 4장 4절에서 그는 말한다. "네 목은 무기를 두려고 건축한 다윗의 망대." 강하고 권위가 있지 않은가. 여자는 심지어 전설적인 아름다움의 수도에 비유되고 있다 "너는 디르사 같이 어여쁘고, 예루살렘 같이 곱고" (6:4). 이러한 도성은 갖고 싶은 욕구와 더불어 힘을 상징한다. 그리고 이 여자는 강렬하게 소유하고 싶은 존재이다. 에덴에서 하나님은 여자에게 말했다. "너는 남편을 원하고". 그러나 아가서의 여자는 기쁨으로 소리친다. "나는 내 사랑하는 자에게 속하였도다 그가 나를 사모하는구나" (7:10). 그리고 남자와 여자가 정원에서 만날 때, 그들은 힘에 있어 동등하고, 또한 욕망과 사모함에 있어 동등하다. 남자와 여자 사이에 있던 고대의 불균형과 고립은 치유되었다.

그러므로 아가서는 우리를 꿈꾸듯 에덴 동산으로 데리고 가서 우리에게 인간의 불순종으로 망가졌던 관계—남자와 여자 간의 관계뿐 아니라 인간과 하나님의 관계—의 회복을 보여준다. 그리고 여기서 우리는 아가서에 나타난 두 번째 의미의 단계에 이르게 된다. 만일 우리가 성경 전체가 인류와 하나님 간의 위대한 러브 스토리라고 생각한다면, 우리의 것은 대부분이 아주 슬픈 사랑 이야기라는 것을 인정해야 한다. 처음부터, 인류는 반복해서 하나님으로부터 등을 돌리는 길을 선택했다. 그러나 아가서에서 우리는 반대되는 움직임을 꿈속처럼 흘깃 보게 된다. 우리는 이스라엘, 인류, 그리고 인간의 영혼들이 하나님을 원하는 것을 본다. 우리는 하나님이 우리를 사랑하시듯 우리가 하나님을 사랑하고 원한다면 과연 어떠할까를 흘깃 보게 된다. 그러나 하나님을 사모하는 것은 인간이 가진 감각 가운데 가장 섬세한 것이다. 아마도 이 때문에 하나님의 이름이 아가서에서 직접 불린 적이 없을 것이다 "사랑하는 자가 원하기 전에는 흔들지 말고 깨우지 말지니라" (3:5). 그래서 시인은 우리가 가진 하나님을 사모하는 마음을 일깨우기 위해 간접적인 방법을 사용한다. 즉 일상적으로 육적인 사랑의 경험을 넘어 종교체험의 영역 속으로 우리를 밀어 넣는 사랑의 언어를 사용하는 것이다.

그러한 변화는 여인이 연인을 갈망하는 첫 번째 표현에 이미 나타나 있다. "우리가 너로 말미암아 기뻐하며 즐거워하니" (1:4) 라고 그녀는 말한다. 이는 보통 쓰는 사랑의 언어라고 보기에는 너무 고양된 엉뚱한 표현이다. 더구나 누가 "우리"인가? 이 여인은 자기가 사랑하는 남자와 단 둘이 있기를 원하는 게 아닌가? 아가서에서 인간의 러브 스토리 상황에서 잘 이해되지 않는 단어들을 마주치면, 이런 질문을 하라. 이것은 나에게 무엇을 상기시키는가? "우리가 너로 말미암아 기뻐하며 즐거워하니." 당신은 시편 118장에서 거의 똑같은 말을 들은 적이 있을 것이다. "이 날은 여호와께서 정하신 것이라 이 날에 우리가 즐거워하고 기뻐하리로다." 그러므로 이는 이스라엘이 하나님 안에서 즐거워하는 것을 말한다. 이 사랑에 눈 먼 여인은 이 시점에서 모든 이스라엘을 대표한다. "우리가 너로 말미암아 기뻐하며 즐거워하니"는 예배로의 부름과 같이 우리로 하여금 그녀의 "왕"—이스라엘이 주로 하나님에게 적용시키는 용어—과 더불어 들뜬 기쁨을 나누기를 초청하는 것이다.

아가서가 에덴에서 상처 입은 관계를 회복하는 것에 관한 것이라면, 우리는 세 번째 단계의 의미를 생각해 볼 필요가 있다. 그 첫 번째 정원에서는 또 다른 종류의 고립이 스며들었는데, 즉 인류와 인간 이외의 피조물 간의 고립이었다. 창세기는 이를 상징적으로 표현한다. 기름진 흙이 엉겅퀴를 낼 것이며, 하나님은 여자의 후손과 뱀 사이에 불화를 두신다. 그러나 지금 아가서는 하나님이 인류와 다른 피조물 사이에 의도하셨던 조화의 회복을 얼핏 보여준다. 연인들의 정원은 벌어지는 꽃들로 만발하다. 더욱 파격적인 것은 연인들이 서로를 묘사하는 데 있다. "네 머리털은 길르앗 산 기슭에 누운 염소 떼 같구나" (4:1; 6:5). "생김새는 레바논 같으며 백향목처럼 보기 좋고" (5:15). 이것은 놀라운 일이다. 만일 당신이 연인들이 어떻게 생겼을까 상상하려고 애쓰면 할 수가 없다. 그들이 서로를 향한 칭찬은

우리 마음속에 멋있는 남자와 여자의 모습을 연상시키기보다는 아름다운 땅, 이스라엘 땅, 초목이 싱싱하고 원기가 왕성한 동물들의 삶을 연상시키기 때문이다.

만일 우리가 이 노래에 나타난 풍부한 이미지에 주의를 집중하면, 우리들 안에 또 다른 종류의 거룩한 욕망이 움터오기 시작할 것이다. 우리는 이 노래를 하나님께서 아름다운 이스라엘 땅과 그 너머 온 땅을 향해 가지신 사랑을 우리와 나누기를 초청하고 계시는 신비적인 시로 읽을 수 있는가? 혹은 우리가 가진 사랑의 결핍 때문에 생태학계에 엄청난 피해가 일어난 것에 막 눈이 뜨인 우리 세대를 향해 아가서가 주는 위대한 종교적 가치라고 생각하는 것이 가능한가?

그렇다면 아가서는 우리를 세상의 처음으로 꿈꾸듯 데려가는 신비한 시이다. 이 꿈은 하나님과 우리 사이에 함께 꾸는 꿈이며, 남자와 여자 사이, 하나님과 인류, 인류와 자연 사이에 완전한 조화와 가득 찬 꿈이다. 아마도 이 노래를 이렇게 이해하는 것이 고대 랍비들이 모든 성경이 거룩하고 "아가서는 거룩한 것 중에 가장 거룩하다"고 말한 의미에 가장 가까울 것이다.

(Ellen F. Davis)

맺는 말:
인간의 사랑과 관심을 가장 심오하게 표현하는 결혼은 기독교 예식에서 그리스도와 교회 사이의 관계에 비교된다. 인간의 사랑과 하나님이 친밀감과의 연관성은 우리가 커다란 기쁨으로 축하할 수 있는 어떤 것이다.

(Peter Storey)

토의

성적인 친밀함에 대한 인간의 욕구와 하나님과의 친밀함에 대한 인간의 욕구가 함께 한다는 생각에 대해 당신은 어떻게 이해하는가? 이 노래에 나타난 세 가지 단계의 의미는 무엇인가?

성경과 교재 (50분)

두 그룹으로 나누어 아가서에서 남녀 간에 서로 사랑을 표현하기 위해 사용하는 언어와 이미지를 상기하라. 모든 장들을 훑어보라. 그리고 나서 하나님의 이스라엘을 향한 언약의 사랑을 표현하는 단어를 비교하기 위해 다음의 구절을 찾아보라.
창세기 17:7-8; 출애굽기 6:7;
이사야 54:4-8; 61:10-11; 62:5;
예레미야 2:2; 31:31-32; 호세아 2:16-20.
다음의 질문으로 토의하라. 그것이 남자와 여자 간이든, 아니면 하나님과 이스라엘 간이든지, 사랑의 언어로 전달된 메시지는 무엇인가? 만일 인간의 사랑의 언어가 하나님과 인간 사이의 사랑을 대표할 수 있다면, 그것은 인간의 사랑에 대해 무엇을 말하는가?

시편 84편을 교독하라. 하나님에게든 연인에게든 사랑을 표현할 수 있고 자라날 수 있는 방법에 대해 이야기를 나누라.

지혜문학의 관점에서 아가서를 읽어보라. 세 그룹으로 나누어 성경 읽기와 질문을 다음과 같이 할당하라.

그룹 1: 셋째 날. 잠언 2-3장은 아가서 5-6장의 연인들에게 어떤 지혜를 주는가?

그룹 2: 넷째 날. 아가서 7장에 있는 연인들이 잠언 4-5장을 어떻게 들을 것이라고 생각하는가?

그룹 3: 다섯째 날. 전도서 9장과 11장은 아가서 8장의 연인들에게 무슨 말을 할까?

휴식 (10분)

말씀과의 만남 (40분)

성경 본문: 아가서 1-8장

네 그룹으로 나누어 아가서에 있는 단어, 이미지, 장면을 연구하라. 각 조에게 2개의 장을 할당하라.

1단계: 개별적으로 할당된 장을 읽고 보이는 것, 들리는 소리, 맛, 냄새, 감각 등을 열거하라. 개별적인 공부에 10분을 할당하라. 그룹으로 모여서 감각을 통한 성경연구에서 무엇을 얻었는지 이야기하게 하라.

2단계: 개별적으로 할당된 장을 다시 한번 읽되, 이러한 질문을 염두에 두고 읽어라: 어떤 구체적인 말, 이미지, 장면이 다른 구약성서의 부분에 사용된 것을 떠올리게 하는가? 이 두 여인의 선을 넘어 가리키는 단어, 이미지, 장면들에는 어떤 것들이 있을까? 사람들이 발견할 것을 들어라. 그리고 마지막으로, 다음의 질문을 토의하라: 어떻게 언어가 간접적으로 하나님에 대해 이야기할 수 있다고 배웠는가?

(어른과 청소년을 위한 효과적인 성경 교수법 48쪽에 있는 "모든 감각을 사용하여 성경을 공부하는 방법"을 참조하라.)

신실한 공동체의 모습 (20분)

우리는 신실한 믿음의 공동체이기 때문에 하나님께서 우리에게 아낌없이 자기를 내어주신 사랑을 본받아 우리에게 친밀한 사랑을 요구하는 사람들에게 응답하여 준다.

"인간의 모습"을 큰 소리로 읽고 이 문장에 나타난 문장의 일례나 예시가 될 만한 것을 나누도록 초청한다. 둘씩 셋씩 짝을 지어 "신실한 공동체의 모습" 아래 있는 세 번째 질문을 토의하라. 신실한 공동체의 모습을 큰 소리로 읽고 다음의 질문을 토의하라. 어떻게 아낌없이 자기를 주는 것이 "인간의 모습"에 대한 대응책이 될 수 있는가?

새로 짝을 지어 "철저한 제자"를 읽고 각자 마음 내키는 대로 응답하라. 마지막으로, 전체 그룹으로 "신실한 공동체의 모습"에 있는 첫 번째 두 가지 질문을 토의하라.

폐회 기도 (5분)

14과를 열고 성경 읽기를 점검하라. 금주의 기도 제목을 적어라. 기도로 폐회하라.

14 믿음의 노래

개회 기도 (5분)

토의 시작 (비디오 내용) (25분)

발표자: 케넷 에이 캔터 (Kenneth A. Kanter)

토의 시작을 위한 준비

시편은 인간이 만든 문서로서 과연 인간의 존재에 대해 어떻게 생각하는지, 그리고 시편 기자는 하나님의 현존을 어떻게 인식하고 있는지에 주의를 기울이라.

토의 시작 내용 요약

랍비문학은 시편을 찬양시집으로 지정하고 있다.

시편들은 인간의 존재를 비추어 주는 인간의 문서이다.

하나님을 인식하는 것이야말로 시편 기자에게는 친밀하고도 유일한 목적이다.

토의 시작 (비디오) 내용

서론: 시편

인간 각자의 영혼 속에 깊이 심어진 본능은 예배드리는 것이다. 즉 인간은 예배를 필요로 한다. 창조주와 관계를 확립하고 싶어 하는 갈망은 인간의 모습을 보여주는 일부분이다. 당신과 나는 기도하기 위하여 우리의 머리를 숙이기 전에는 완전하지 못하고, 찬양하기 위하여 우리의 목소리를 높이기까지는 완전하지 못하다.

랍비 케넷 캔터가 우리에게 이제껏 씌어진 가장 위대한 찬송가를 소개해 줄 때에, 유대 사람들이 우리들에게 전해준 이 선물을 나와 더불어 깊은 감사의 마음으로 느껴 보기를 희망한다. 시편 기자들 때문에 우리는 삶과 죽음, 하나님을 향한 우리의 갈망에 관한 감정들을 표현하는 말을 얻게 되었다. 이 말은 말로 표현하기에는 아주 심오한 것이다 "내 영혼이 하나님 곧 살아 계시는 하나님을 갈망하나니."

(Peter Storey)

맨해튼행 전철에서 두 여인이 제각기 시편에 매혹되어 있었다. 한 여인은 30세 된 정통 유대교인, 또 다른 한 여인은 55세쯤 된 흑인이었다. 한 여인은 조용히 히브리어로, 또 한 사람은 영어로 된 고대 작가의 글을 읽고 있었다. 여인들은 어떤 것에 몰두하고 있었다.

오랜 세기에 걸쳐 사람들은 위로와 위안을 얻으려고, 인도를 받으려고, 또 삶의 의미와 희망과 확신을 얻으려고 시편을 폈다. 즉 영적인 치유를 얻기 위해 시편을 읽었다.

토라(모세오경)와 네비임(예언서)에서 하나님은 인류에게 손을 내미신다. 하나님께서 주도권을 잡고 계시다. 메시지도 하나님의 것이다. 하나님께서 말씀하시고, 우리는 말씀을 받는다. 하나님이 주신 자유의지로 우리는 귀 기울여 듣고 받아들이거나, 아니면 귀를 막고 거절할 수도 있다. 그러나 시편은 다르다. 시편에서 우리가 하나님께 손을 내민다. 시편에서 주도권은 우리의 것이다. 시편의 언어는 인간적이다. 우리가 하나님과 의사소통을 하려고 노력한다. 하나님이 소식을 받으시고, 하나님께서 응답하실 수도 있고, 하지 않으실 수도 있고, 동의하실 수도 있고, 거절하실 수도 있다.

시편에서 인간의 영혼 자체는 제한적이고 순간적인 일상생활의 범위를 넘어 간격을 넓혀간다. 시편은 모든 생명의 궁극적인 근원과 접촉하려고 노력한다. 시편은 거룩하신 하나님의 현존을 경험하기 위해 찾는다. 시편은 인간이 하나님을 향해 추구하는 것을 기록한 것이다. 고대의 시편 기자가 자신들을 표현한 형식은 자신들을 사로잡았던 다양하고 자주 변하는 감정들을 반영하고 있다. 모든 인간의 감정이 사실 그러하다. 시편은 인간의 조건을 드러내 놓고 묘사하고 있다. 그들이 유대교 예배와 기독교 예배의 기본적인 패턴을 불어넣고, 유대교 예식과 기독교 예식에 특성과 본질을 주고, 개인과 회중의 영적 생활과 기도생활을 주관하게 된 것은 놀랄 만한 일이 아니다.

랍비문학에서 시편은 "찬양시집"으로 지정되어 있다. 이 이름은 비록 시편 145편 하나만이 "찬양"(tehilla)이라는 부제를 갖고 있음에도 불구하고, 유대인들 가운데 전통적으로 사용되어져 왔다. 유대교 예문에 포함된 이러한 시편을 언급할 때, 탈무드 권위자들은 이들을 "찬양시"라고 부르고 있다. 히브리어와 희랍어로 말의 어근은 악기로 음악을 연주하는 것, 그리고 음악 연주에 맞춰 노래하는 것에 그 뜻이 있다. 이는 이 성경책 대부분이 어떻게 기록되었는지의 어원을 설명해 준다. 레위족과 예배자들이 현악기와 관악기 연주에 맞추어 찬송을 부르는 것은 고대 예루살렘 성전에서 종교 의식을 드리는 특성이었다. 많은 시편들이 칠십인역과 탈무드에 둘 다 언급된 주중의 날들이나 축제의 경우와 연관되어 있었다.

시편은 단순히 아름다운 문학작품 그 이상의 것이다. 그들은 인간이 기록한 문서이고, 이스라엘 공동체 사람들이 경험한 삶의 다양한 측면을 반영하고 있다. 특별히 시편은 삶의 존재의 어려움을 반영하고 있다. 하나님을 믿는 사람들이 압제를 당했을 때, 그들이 이상에 충실하게 남아있기 위해 겪는 갈등, 악을 행하는 사람들이 승리할 때 그들의 마음에 생기는 의심, 더 나은 자아로 승리하기 위해 죄인이 싸우는 싸움, 하나님의 공의에 대해 믿음을 가짐으로써 절망을 이기는 것 등을 담고 있다.

시편은 여러 가지 경우와 상황에 처할 때, 기도와 성찰을 제공해 주는 풍부한 보물창고이다. 수세기를 통해 모든 신앙을 가진 사람들은 150장의 시편에서 위안과 인도를 받아왔다. 이 시편들은 광범위한 경험과 표현을 반영한다. 즉 절망과 기쁨, 공포와 소망, 기진함과 믿음, 낙담과 생기 등이다.

그러한 경험들은 어느 한 민족 혹은 어느 한 시대에 제한되어 있지 않다. 그것들은 전 세계적으로 계속해서 일어나는 것으로 시편에서 사라지지 않는 매력을 이룬다. 그것들은 모든 시대에서 셀 수 없이 많은 남녀노소가 바라고 갈망하고 생각하고 느꼈던 것들을 메아리쳐 준다. 시편의 어떤 독자는 이를 이렇게 묘사한다. "역사상 모든 상황과 시대에서 지친 여행자들에게 시편은 생수의 강이 되어왔으며, 또한 위로의 우물이 되어왔다. 시편은 어느 특정한 시대, 나라, 혹은 종교의 형태에도 제한되지 않았다." 하나님을 찾는 모든 사람들에게 시편은 그들의 추구에 만족할 만한 도움을 주었다.

하나님을 의식하는 것은 시편 기자들의 마음에 그들이 하나님과 가깝게 있고 또 그들의 마음을 진동시켜 주는 것이었다. 그들은 모든 인류와 모든 백성들이 하나님의 현존 앞에 있으며 하나님께서 주시하고 계시다는 것을 알았다. 어려운 역경 아래에서 시편 기자들은 일시적으로 주께서 그들로부터 "그의 얼굴을 숨기셨다"고 느꼈지만, 하나님께 대한 흔들리지 않는 믿음을 가진 덕분에 절망으로부터 구원받을 수 있었다. 그들은 결코 하나님께서 그들에게 무관심하다거나 무슨 일이 그들에게 일어나든지 염두에 두지 않으신다고는 결코 생각할 수가 없었다. 그러하다면, 그들에게 삶은 모든 의미를 잃을 것이었다.

하나님은 초월하고 계실 뿐만 아니라 내재하고 계신다. 우리 너머에 계시고, 우리와 함께 하신다. 신분이 천한 사람들과 함께 거하시면서 하나님은 약한 자들에게 보호자 되시고, 진실로 하나님은 그를 부르는 자에게 가까이 오신다. 하나님은 모든 피조물의 필요를 공급하신다. 온 우주와 우주에 속한 모든 것은 하나님의 영에 의해 유지되고, 인도함 받고, 통제를 받는다. 왜냐하면 하나님의 영은 혼돈으로부터 질서를 가져오고 질서가 계속되는 것을 보장하기 때문이다.

하나님의 힘을 넌지시 가리켜 시편에서는 자주 하나님을 하늘과 땅의 창조주로 종종 부른다. 그러나 그보다 더욱 자주 하나님의 특성으로 사랑, 긍휼, 거룩함, 정의를 찬양한다. 시편 전체를 통하여 하나님의 본성의 윤리적인 본질은 단지 추상적인 교리가 아니라 우리 삶에 영감을 주는 것으로 표현되고 있다.

전승에 의하면, "하나님의 영감"으로 쓰여진 시편은 특별한 영적 능력이 있기 때문에 하나님의 빛을 가장 효과적으로 비춰 준다고 한다. 진실로, 시편은 악으로부터 선을 분별하는 과정을 도와주고, 하나님의 분노의 심판을 하나님의 긍휼로 가라앉힌다. 이러한 고귀한 작품을 통해, 우리는 거룩하신 주께 찬양 드린다. 하나님을 찬양하리로다.

시편을 읽고 연구하면서 랍비 셀돈 짐머만(Zimmerrman)의 기도가 우리의 영혼과 비전을 고양시켜 주기를 바란다.

오 나의 하나님
내 영혼의 친구
내 마음의 소중한 친구
나는 당신에게 돌아갑니다.
나는 소음들로부터 귀를 막기 원합니다.
그러한 소음으로부터 벗어나
방해하는 소음
갈라놓는 소음
고립시키는 소음
나는 당신에게서 다시 듣기 원합니다.
당신과 하나 되어 치유 받기를 원합니다.
당신의 사랑의 약속 안에서 위안을 얻습니다.
당신의 온전함 안에서 온전해 질 수 있습니다.
제발 부르는 저의 음성에 귀를 기울이소서.
제가 제대로 된 말을 찾을 수 있도록 도우소서.
내적 힘을 찾도록 저를 도우소서.
내 입술과 음성과, 가슴을 제대로 모양 갖추어
나의 영의 방향을 잡아 기도 속에 그대를 찾게 하소서.
나의 가슴만이 말할 수 있는 언어로
나의 영혼만이 부를 수 있는 노래로
나의 눈과 사랑을 당신 위에 둡니다.
나의 입술을 여소서, 귀하신 하나님.
그리하여 나로 다시금 당신과 더불어 말하게 하소서. 아멘.

시편은 처음부터 춤으로 표현되어 왔다. 시편 149편에서 "시온의 주민은 그들의 왕으로 말미암아 즐거워할지어다 춤추며 그의 이름을 찬양하며"에서 보여주는 것처럼 춤추기를 초청받을 뿐 아니라, 우리는 춤을 출 것을 명령받는다. 시편 150편은 "춤추고 싶으면 나와 함께 추자"고 말하지 않는다. 대신 이렇게 말한다, "…그를 찬양할지어다 그의 능하신 행동을 찬양하며 그의 지극히 위대하심을 따라 찬양할지어다."

마이클 존카스가 시편 91편을 음악에 맞추어 말한다.

하나님은 너를 독수리의 날개 위에 세워주시고
아침의 첫 기운으로 향하게 하시며
태양과 같이 빛나게 하시며
하나님은 너를 손으로 잡아 주시리라.

어미 독수리가 새끼들에게 나는 것을 가르칠 때, 어미는 그들을 날개 아래 품고 날아서는 적당한 때에 날개를 모로 기울인다. 어떤 새끼들은 날 것이다. 어려움을 겪는 새끼들이 있으면 어미는 다시 그들을 채어서는 다시 그들이 날기를 배울 때까지 시도할 것이다.

지존자의 은밀한 곳에 거주하며
전능자의 그늘 아래에 사는 자여,
나는 여호와를 향하여 말하기를
그는 나의 피난처요 나의 요새요
내가 의뢰하는 하나님이라 하리니…
그가 너를 위하여 그의 천사들을 명령하사
네 모든 길에서 너를 지키게 하심이라
그들이 그들의 손으로 너를 붙들어
발이 돌에 부딪히지 아니하게 하리로다
(시편 91:1-2, 11-12).

(Kenneth A. Kanter)

제자

토의

시편 어디에서 우리 자신들을 찾아볼 수 있고, 왜 시편에서 우리 자신을 볼 수 있다고 생각하는가? 시편은 하나님을 어떻게 묘사하고 있다고 생각하는가? 어떤 시편들이 일반적으로 호소력이 있다고 생각하는가?

성경과 교재 (50분)

"생명나무의 열매"에서 배운 것을 생각하며 시작하라. 서너 명이 한 조가 되어 다음의 질문을 토의하라. 시편이 씌어지고, 하나로 편집된 것에 대해 무엇을 배웠는가? 이러한 정보가 당신이 시편을 읽고 이해하는데 어떠한 도움을 주었는가?

이제 특별한 종류의 시편을 특징짓는 것이 무엇인지 알기 위해 세 조로 나누어 시편의 범주 내에서 시편을 비교해 보라.

　　1조: 지혜시: 1; 112
　　2조: 탄식시: 22; 88; 130
　　3조: 대관식시: 2; 93; 95

할당된 시편을 조용히 읽어라. 그리고 나서 다음의 질문을 사용하여 시편으로 복습하고 토의하라. 언어에 어떤 유사성이 있는가? 감정에 어떤 유사성이 있는가? 필요에 어떤 유사성이 있는가? 이들 시편에서 시편 기자와 하나님 사이의 관계에 대해 어떤 느낌을 받는가?

공동탄식시에서 당신의 개인탄식시로 표현하는 것을 배우라. 개별적으로 연구하라. 시편 74편을 조용히 읽되 하나님께 도움을 소리 높여 구하고, 그리고 하나님께서 기억해 주시기를 간구하는 패턴에 주의를 기울이라. 도와달라고 외치는 소리를 기억해 달라고 간구하는 내용을 넣은 4줄로 된 탄식을 적어 보라. 전체 그룹에서 탄식시를 들어라.

둘씩 짝을 지어 시편에 나타난 능력을 점검해 보라. 각 짝에게 42; 57; 81; 90편 중 하나를 할당하고 시편을 조용히 읽으면서 시편이 주는 힘을 느껴보게 하라. 그리고 다음과 같은 질문을 토의하게 한다.

이 시편이 주는 힘은 무엇인가?

이 시편이 다른 시편보다 독특한 것은 무엇인가?

그리고 나서 각 짝에서 다른 짝과 합해서 서로가 발견한 것을 듣게 하라.

우리가 시편을 선별해서 읽고 있다는 것을 알려 주라. 학생용 교재 109쪽에 있는 "철저한 제자"를 조용히 읽어라. 시편의 모든 것을 받아들이는 데 장애물이 되는 시편에 대해 가지고 있는 인식이 무엇인지 찾아보라. 어떤 새로운 이해를 가지는 것이 그러한 장애물을 극복하는 데 도움이 되겠는가?

휴식 (10분)

말씀과의 만남 (35분)

성경 본문: 시편 103편

시편 103편을 큰 소리로 읽어라. 개별적으로 12분간 공부한다. 시편을 철저히 세 번 더 읽으면서 시편이 우리에게:

　　1) 하나님에 대해서

　　2) 우리에 대해서

　　3) 우리와 하나님의 관계에 대해서 무엇을 가르쳐 주는지 노트하라. 그리고 나서 네 명이 한 조가 되어, 읽고 노트한 것을 사용하여 이 성경 본문이 우리에게 가르쳐주는 것이 무엇인지 토의하도록 하라.

(*어른과 청소년을 위한 효과적인 성경 교수법 29쪽에 있는 "신학적으로 성경을 공부하는 방법"을 참조하라.*)

신실한 공동체의 모습 (20분)

우리는 신실한 믿음의 공동체이기 때문에 하나님께서 우리를 반기신다는 것을 알고 있으며, 우리가 말하고 느끼는 것들을 하나님께서 기꺼이 맞아주신다는 것을 안다.

"인간의 모습"을 조용히 읽고 이 진술이 개인적으로 사실로 경험되던 때를 생각해 보고, 왜 그러한지 생각해 보라. 둘씩 한 조가 되어 그러한 경험에 대해 이야기하라. 그리고 나서 서로가 "신실한 공동체의 모습" 아래에 있는 질문에 대한 각자의 반응을 들어보라. 전체 반원의 절반은 "인간의 모습"을 읽게 하고 나머지 절반은 신실한 공동체의 모습에 대답하게 하라.

폐회 기도 (5분)

15과를 열고 성경 읽기를 점검하라. 금주의 기도 제목을 적어라. 기도로 폐회하라.

15 고통의 노래

개회 기도 (5분)

토의 시작 (비디오 내용) (30분)

발표자: 마이클 진킨스 (Michael Jinkins)

토의 시작을 위한 준비

주님께서 다스리고 계시다는 확신, 그리고 마음을 심란하게 만드는 탄식시의 성격에 대해 주의를 기울이라.

토의 시작 내용 요약

탄식시는 하나님과의 관계 속에서 인생을 재조정할 것을 요구한다.

시편의 세계에서 주님의 통치는 절대적이고 포괄적이다.

자아가 한가운데 있는 것이 아니라, 하나님이 한가운데 계시다.

하나님은 신실한 믿음의 사람이라고 해서 고난으로부터 면제되게 하지 않으신다. 그러나 하나님은 신실한 사람들을 내버려 두지는 않으신다.

토의 시작 (비디오) 내용

서론: 시편

나의 한 친구 이야기를 하고 싶다. 내가 알고 있는 사람들 중에 그는 가장 충실한 예수님의 제자들 중 한 사람이다. 그는 능력 있는 목회를 하고 있다. 그가 설교할 때면, 설교를 듣는 사람들의 삶이 변화한다. 그러나 몇 년째, 그는 마치 발작이라도 하듯이 정기적으로 무서우리만치 영혼의 목을 죄는 듯한 우울증으로 고생하고 있다. 모든 희망과 모든 생명을 파괴할 만한 그런 종류의 우울증 말이다.

그가 불시에 기적적으로 치유되었다고 말할 수 있으면 좋으련만, 나는 그렇게 말할 수가 없다. 그럴 때마다 그는 빛으로부터 등을 돌린 채 어둠 속에서 길고도 고통스러운 여정을 서서히 시작한다. 그렇게 그가 길을 잃고 있는 동안, 그는 어찌하든 그 어둠 속에서 살아남아야 하는 것이다.

그가 어떻게 살아남아 왔는지 알고 싶은가? 시편을 기도하면서이다. 특히 우리가 탄식시라고 부르는 시편들을 기도하면서 말이다. 이러한 시편들 안에서 부서지고 신음하는 사람들의 영혼으로부터 우러나온 절규들은 바로 내 친구의 소리가 된다. 이 시편들은 그의 영혼을 침묵시켜 온 고통을 말로 표현해 준다. 내 친구에게 있어, 시편들은 철저하게 낙망한 그를 지켜 주는 연약한 생명줄이다. 이 시편들은 당신에게도 마찬가지 역할을 할 수 있다.

마이클 진킨스는 내 친구가 절실하게 느끼고 있는 탄식시 속으로 우리를 안내해 줄 것이다. 그리고 마이클도 그가 절실히 시편들을 필요로 할 때, 그것들이 어떤 의미를 주었는지 말할 수 있는 자신의 이야기가 있다.

(Peter Storey)

구약성경 한가운데에는 믿기 어려울 만큼 강한 힘을 지닌 한 자원이 있다. 즉 탄식시가 그것들이다. 우리는 탄식시들 속에서 그들이 하나님께 도움을 청하고, 불평을 하나님께 아뢰는데 익숙해져 있다. "여호와여 어느 때까지니이까 나를 영영히 잊으시니이까" (시편 13:1). "여호와여 내가 주께 부르짖으오니 나의 반석이여 내게 귀를 막지 마소서" (28:1). 하나님의 도우심을 울부짖는 이면에는 우리를 위협할지도 모르는 하나님의 특성과 하나님과 인간의 관계에 대한 이해가 자리 잡고 있다. 그러나 이 시편들이 가진 힘은 바로 그들이 주장하는 것에 놓여 있다. 즉 인간의 삶을 하나님과의 관계 속에서 근본적으로 재조정할 것을 요구하는 것이다.

학자들의 연구에 의하면, 시편의 세계는 이렇게 한 문장으로 요약될 수 있는 신학적인 주장에 근거하고 있다고 한다. "주께서 다스리신다." 시편에 있는, 국가의 운명으로부터 개인의 역경에 이르기까지, 모든 것은 이 간단한 주장과 연결되어 있다. 우리가 시편을 읽거나 기도할 때, 우리는 하나님의 다스림이 절대적이고 포괄적인 세상 한가운데 놓이게 된다. 물론 시편의 세상과 우리가 사는 세상 간의 분열과 갈등은 부인할 수 없다. 시편의 세계 속에서는 자아가 아니라 하나님이 한가운데 계신다.

탄식시편들에 나타나 있는 절대적인 하나님은 모든 것을 창조하신 거룩하신 창조주이시며, 지음 받은 모든 것들을 다스리시는 하나님이시며, 궁극적으로 창조의 경이로움과 두려움을 책임지시는 하나님이시다. 주님은 아첨하는 것이나 뇌물에 약하지 않으시고, 절대적인 공의의 심판자이시다. 주님은 방어력 없는 사람들의 방패가 되어 주시며, 모든 의인들을 후원하시는 분이시다. 주님은 모든 인류를 주관하시고, 인간사의 모든 것들을 주관하신다. 시편에 그려진 주님은 개인적인 신앙뿐만 아니라, 종교의 영역에도 제한되어지기를 거부하신다. 주님은 능력으로 다스리신다. 그리고 주님이 다스리시므로, 시편 기자는 주님께 부르짖을 수 있다. 그러나 또한 주님께서 다스리시므로, 시편 기자는 절규에 따르는 변화와 혼란을 무릅쓰고 있다.

탄식시들이 가지고 있는 힘과, 아름다움, 그리고 신앙을 이해하는 데 핵심을 이루고 있는 것들과, 이 시편들이 오늘날 우리를 향해 어떤 가치를 주는가를 이해하는 데 핵심을 이루는 것은 아마도 인류에게 가장 잘 알려지고 오래된 실제적인 신학적인 문제일 것이다. 만일 주님께서 다스리신다면, 주님을 신실하게 믿고 주님 안에서 살려고 하는 사람들에게도 왜 삶이 그다지 어렵고 고통스러운 것일까? 이러한 성경적인 신앙의 위기가 탄식시편을 관통해서 흐르고 있으며, 주님의 주권은 사람들의 경험에 반대하여 삐거덕거리고 있다. 형태만 본다면 탄식의 시편들은 이러한 위기를 반영하고 있다.

시편들을 얼핏 보기만 해도 탄식시편들은 다른 종류의 시편과 파격적인 대조를 이루는 것이 명백하다. 예를 들어, 시편 22편과 23편을 보라. 우리에게 익숙한 시편 23편은 목가적인 풍경을 그리고 있다.

"여호와는 나의 목자시니 내가 부족함이 없으리로다 그가 나를 푸른 풀밭에 누이시며 쉴 만한 물가로 인도하시는도다" (23:1-2). 이제 시편 22편의 도입부분에 귀를 기울여 보라.

제자

"내 하나님이여 내 하나님이여 어찌 나를 버리셨나이까 어찌 나를 멀리 하여 돕지 아니하시오며" (22:1).

어떤 기독교인들은 말하기를 탄식시편으로 기도하려면 심기가 불편하다고 한다. 기독교인이라면 더 기운차야 하지 않느냐고 말하면서 "긍정적인 것을 부추겨야 한다"고 한다. 아마도 이 때문에 우리는 가장 좋아하는 시편으로 시편 22편보다 시편 23편을 계속해서 선택하는지도 모른다. 그러나 예수 그리스도가 십자가 위에서 입술로 읊조리는 것은 시편 22편이며, 탄식의 흐름은 복음서 내내 흐르고 있다. 아마도 우리가 애가의 시편들에 거부감을 갖는 이유는 우리가 긍정적인 것을 감사하는 마음과 관계가 되어 있다기보다는 탄식시 시편 기자들이 꾸준하게 우리 삶의 모든 영역을 주께서 다스리신다고 하는 견해를 가지고 있기 때문일 것이다.

동일하신 주님이 시편 22편도, 그리고 시편 23편도 다스리신다. 그러나 탄식시편에는 다스리시는 주님의 특성이 믿음에 찬 인간의 존재가 겪는 어려움을 밀접하게 좇는 유형 안에서 드러나 있다. 즉 다소 안정된 삶에서, 삶이 위아래가 뒤집히는 듯한 뼈아픈 경험으로, 그리고 종내 삶과 신앙에 대한 이해가 더욱 새롭고 더욱 깊어져 급격히 변화된 삶의 궤적을 좇는 속에서 주권을 가지신 주님의 특성이 드러나 있다. 이를 더 자세히 살펴보자.

탄식시편들은 하나님을 부르는 것으로 시작한다. 이러한 첫 번 부름은 박해, 아픔, 상실, 애도, 질병, 죄, 배신, 버려짐과 같은 인간의 영혼 깊숙한 데에서부터 울려나오는 소리이다. 시편 기자는 어떻게 주권을 가지신 주님이 믿음을 가진 자들로 하여금 이러한 고통을 당하게끔 허락하셔서 주님 스스로 만드신 법이 조롱을 받게 하는지 이해하고 싶은 것이다. 기원의 부름이기도 하지만 이와 더불어, "여호와여"(O Lord)는 종종 "내가 낮에도 부르짖고 밤에도 잠잠하지 아니하오나 응답하지 아니하시나이다"와 같은 불평의 소리이기도 하다. 그리고 시편 기자의 이러한 불평은 하나님이 과거에는 신실하셨다는 기억과 관계가 있다. "우리 조상들이 주께 의뢰하고 의뢰하였으므로 그들을 건지셨나이다." 시편 기자는 이 질문에 대한 대답을 원하고 있다. 만일 진정으로 당신이 주관하신다면, 그리고 당신의 조상들을 과거에 도우셨다면, 내가 당신을 절실하게 필요로 하는 지금, 당신은 어디에 있습니까? 탄식시편들은 사정을 봐 주지 않는다. 시편 기자는 애원하고, 구걸하고, 당신께서 하신 약속이 아직 지켜지지 않았다는 것을 하나님께 상기시키면서, 하나님이 그의 명분과 다른 이들의 명분 사이에 심판을 해달라고 하나님과 흥정을 하고 있다. 시편 기자는 자신은 하나님이 절대적으로 우주적으로 정의로 다스리신다는 것을 믿으므로 기도한다.

그러나 탄식시편들을 기도하는 것은 하나님에 대한 이해와 하나님과의 관계가 도전을 받게 될지도 모르는 미지의 곳으로의 순례이다. 펼쳐지는 탄식의 경험에서 시편 기자는 하나님은 믿는 이들이라고 해서 고통과 어려움에서 열외로 하지 않는다고 이해하고 있다. 그러나 하나님은 또한 믿는 자들이 하나님께 버림받은 듯 느끼는 때라도 결코 믿는 자들을 저버리지 않으신다고 이해하고 있다.

시편 기자에 의하면, 주님은 우리를 구원하신다. 그러나 우리는 사망의 골짜기로부터 구원받는 것이 아니라, 사망의 골짜기를 통해서 구원받는다. 믿음의 공동체로서, 그리고 개인으로서 이러한 시편들을 기도하는 법을 배우기 위해서 우리들은 우리 중심의 삶에서 벗어날 필요가 있다. 그리고 우리의 길과는 다른 주님의 길을 따르며, 휴식과 위로와는 거리가 먼 방법으로 우리를 치유하시는 주님의 주권을 따라야 할 것이다. 탄식의 시편들은 우리가 자아도취와 같은 묵상의 애벌레 속으로 피하도록 허락하지도 않는다. 또한 이 세상에서 믿음을 갖고 살기가 얼마나 어려운가를 부인하는 것도 허락하지 않는다.

아마도 많은 교회들이 탄식시편들을 사용하는 것을 그렇게 회피해 온 이유는, 이 시편들이 우리의 안정된 삶을 흔들어 놓을 수 있기 때문일 것이다. 얼마 전, 나는 설교를 위한 세미나 컨퍼런스에 참석하고 있었다. 회중석에 앉아 나는 찬송가 뒷장으로 책장을 넘겼다. 나는 종종 찬송가를 훑어보면서 어떤 성경 부분이 공동예배의 응답에 쓰이는지 보곤 한다. 그러던 중 발견한 것에 대해 나는 놀랍고도 혼란스러웠다. 찬송과 감사 시편들만이 포함되어 있었던 것이다. 제자리 지키기에 급급한 시편들이라 불러도 무방하리라. 심지어 시편 22편도 빠져 있었다. 성경구절을 읽으면서 빠져 있는 것을 주목해 보다가, 나는 우리들 교회가 다루기에 힘들고, 삶과 신앙에서 문제거리가 되고 고통스러운 것들은 정기적으로 쏙 빼놓고, 대신에 무모하리만치 쾌적하고 긍정적인 것만 추구하는 것이 과연 무엇을 의미하는지 생각하게 되었다.

감사시편과 찬양시편들은 오직 탄식시편들을 배경에 둘 때 일리가 있다. 하나님께 감사하고 찬양을 드리는 사람들은 하나님께서 그들을 구덩이에서, 불의에 사로잡혔던 것에서, 괴롭힘이나 대적들로부터 구원해 주셨기에 그렇게 한다. 물론 때로는 하나님은 그의 공의로 판단하사 우리로 하여금 순종하게 만들고, 그의 은혜로 우리를 긍휼하게 여기길 원하시기도 한다. 탄식시편들은 우리들에게 질병 없이는 치유가 없고, 사망 없이는 부활이 없다는 것을 상기시켜 준다. 더 나아가, 이들은 우리가 질병을 통해 어떻게 사는가가 쾌유되는 것만큼 중요하다는 것과, 하나님이 약속하신 부활만큼 소중한 것은 우리가 어떻게 죽고 또 죽을 만큼 중요한 목적을 갖는 것이라고 상기시켜 준다. 화, 쓰라림, 자기 인정, 원수를 갚고 싶은 욕망, 이러한 삶의 고통스런 실재를 인정하지 않으려는 사람들과, 이렇게 삶에 유쾌하지 않은 단면들을 하나님께 내어놓기를 거절하는 사람들은 어쩌면 하나님의 가장 귀하신 선물을 놓치게 될지 모른다. 그것은 바로 우리 삶의 모든 부분, 심지어 우리가 우리 자신에게만 보이고 싶은 부분까지도 그의 영역이 뻗치시는 주권을 가진 주님에 의해 심판받고 변화 받을 기회를 놓치게 될지 모르기 때문이다.

몇 년 전 우리 아내 데보라가 암 진단을 받았을 때 주님의 주권이 얼마나 개인적으로 나에게 다가왔는지 나누어 보려고 한다. 우리는 그때 스코틀랜드에 살고 있었으며, 몇 주 동안 가족을 방문하고 있었다. 거기 있는 동안 데비는 정기 검진을 하느라 의사를 보고 있었다. 여러 가지 검사를 하던 의사는 데비의 목에서 혹을 발견했다. "아마 별 심각한 것은 아닐 거예요. 무해한 혹일 겁니다," 의사는 우리를 안심시켰다. "수술을 하고 당신들은 머지않아 애버딘에 있는 집으로 갈 수 있을 거예요." 그러나 혹은 무해한 것이 아니었다. 암이었다. 암은 이미 상태가 많이 나빠져 있었다.

나는 수술이 끝난 밤, 데비 침대 옆 의자에 앉아 있던 그 순간을 결코 잊지 못할 것이다. 그때까지만 해도 모든 게 아주 순조로운 듯했다. 우리는 함께 나눈 삶을 사랑했고, 아이들, 교회, 직업을 사랑했다. 우리는 며칠간에 너무나 정상적이고 안정해 보이던 것에서 상실의 징후가 너무나 끔찍해서 상상하기도 어려운 상태가 되었다. 나는 밤새 시편들과 공동기도서에 있는 기도문을 읽으면서 깨어 있었다. 나는 그날 시편의 어떤 부분은 기도를 할 수가 없었다. 내 마음은 기쁘지가 않았고, 찬양하기를 거부했고, 주님께 기쁘게 노래하는 것을 거부했다. 감사와 찬양의 시편들이 우리 삶에 그토록 많은 부분을 차지하고 있었건만, 하룻밤 사이에 우리에게 그것들은 너무 낯설어 보였다. 그러나 그날 밤 나는 탄식시편들이 가진 지혜와 능력을 발견하였다. 그 시편들에는 지금 내가 걷는 길을 이미 걸었던 믿음의 사람들이 숨어 있었다. 그가 던진 질문, 그가 가졌고 표현한 감정들은 그 순간 나의 신앙에 이질적인 것이 아니었다. 얼마나 하나님께 울고 불평했던지 간에 그는 통치하시는 주님에 대한 믿음에 뿌리를 두고 있었다.

차차 데비는 몸이 좋아졌다. 그러나 나는 결코 우리가 배운 교훈을 잊을 수 없다. 시편 기자가 그러했듯이, 통치하시는 주님을 믿는다는 것은 받아들이기 어려운 믿음을 얼싸안는 것이다. 그리고 그 믿음의 신실함이 삶이 와르르 무너지는 듯 할 때 우리를 지탱하고 변화시켜 줄 것이다. 물론 더 안일한 믿음에 매달리는 길도 있다. 그러나 탄식만이 오로지 우리가 삶을 이해하는 유일한 믿음의 행위가 될 때는 그것만으로는 우리를 지탱해주지 못할 것이다.

(Michael Jinkins)

토의

주님께서 우리 삶의 모든 부분을 다스리신다는 성경의 주장에서 어떤 점이 우리를 불편하게 하는가? 왜 탄식시편은 마음을 불편하게 해주는가? 어떻게 탄식시가 하나님에 대한 이해와 우리와 하나님과의 관계에 도전을 주는가?

성경과 교재 (45분)

탄식시편의 다양한 요소를 살펴보라. 서너 명이 한 조가 되어 탄식시편을 하나씩 읽고 첫째 날 노트할 것을 복습하라. 각 시편에 하나님에 대한 신뢰를 표현한 부분과 하나님께서 과거에 역사하신 부분을 찾아보라. 시편에 있는 탄식시의 패턴을 찾아보라. 같은 그룹으로 공동탄식시편과 둘째 날 노트를 복습하고 다음의 질문을 토의하라. 이러한 시편들에 표현된 정의로운 하나님에 대한 이스라엘의 강한 믿음을 어디서 발견하는가? 개인탄식시와 공동탄식시 사이에 분위기나 내용에 있어 어떠한 차이가 있는가?

"철저한 제자"는 개인탄식시를 써 보도록 요구했다. 사람들에게 두세 명씩 짝을 지어 개인탄식시를 나누게 하고, 자신에 대해 어떤 것을 알게 되었는지 이야기하게 하라.

시편 143편을 한 사람에게 큰 소리로 읽게 하거나, 같이 한 목소리로 읽어라. 사람들에게 매일 기도하면서 시편을 개인적으로 만들었던 경험에 대해 간략하게 이야기하도록 초청하라. 이제 둘씩 짝이 되어 학생용 교재 123쪽을 열어 정해진 시편에 대해 왜 골랐는지 가리키게 하라.

시편에 있는 어려운 구절들을 회피하는 경향이 있음을 살펴보기 위해 두 그룹으로 나누어 학생용 교재 122-23쪽에 있는 "저주"에 대해 이야기해 보라. 우리가 어려운 시편을 피하려는 것은 어떻게 하나님의 정의를 얕잡아 보고픈 욕구에 의해 영향을 받는가?

셋째 날—다섯째 날 시편을 보고 그 시편이 하나님의 본성에 대해 우리에게 무엇을 말해 주는지 살펴보라. 세 개의 조로 나누어 시편과 매일 기록한 노트를 복습하고 연관된 질문을 토의하라. 1조—셋째 날. 이들 시편은 하나님이 용서하시는 하나님이시라는 어떠한 확신을 제공하는가? 2조—넷째 날. 이 시편들은 하나님이 신뢰할 만한 하나님이시라는 어떠한 확신을 제공하는가? 3조—다섯째 날. 이러한 시편들은 하나님에 대해 우리에게 무엇을 말해주는가?

휴식 (10분)

말씀과의 만남 (35분)

성경 본문: 시편 139편

시편 139편을 다음의 질문을 염두에 두고 조용히 읽어라. 이 시편은 하나님에 대해 우리에게 무엇을 말해주는가? 여자와 남자에 대해서는? 하나님과 인간의 관계에 대해서는? 이러한 질문들에 대해 개별적으로 대답하고 나서 두 명 혹은 세 명이 한 조가 되어 질문에 하나씩 토의하라

(어른과 청소년을 위한 효과적인 성경 교수법 29쪽에 있는 "신학적으로 성경을 공부하는 방법"을 참조하라.)

신실한 공동체의 모습 (20분)

우리는 신실한 믿음의 공동체이기 때문에 고통이나 어려움을 당하더라도 하나님의 말씀을 위로삼아 탄식의 시편이 우리의 음성이 되게 한다.

"인간의 모습"을 읽어라. 둘씩 짝을 지어 언제 왜 이러한 진술이 참되게 경험되었는지 이야기하라. 신실한 공동체의 모습이 "인간의 모습"에 대응하는 것은 무엇인가? 서너 명이 한 조가 되어, 학생용 교재에 있는 질문에 응답하라.

폐회 기도 (5분)

16과를 열고 성경 읽기를 점검하라. 금주의 기도 제목을 적어라. "철저한 제자"를 주목하라. 기도로 폐회하라.

16 기쁨의 노래

개회 기도 (5분)

토의 시작 (비디오 내용) (20분)

발표자: 쟌 씨 홀버트, 다이아나 브라운 홀버트
(John C. Holbert, Diana Brown Holbert)

토의 시작을 위한 준비

하나님은 정의로우시고 공평하시므로 찬양할 이유가 있다는 대목에 주의를 기울이라.

토의 시작 내용 요약

모든 찬양시편은 찬양에 대한 부름으로 시작한다.

죽지 않으시는 하나님, 존재하는 모든 것을 창조하시는 분이신 하나님은 그가 창조하신 피조물에 충실하시다.

이 하나님이 하시는 일은 특별히 공의로 행하시는 일에서 보여진다.

"의로운 사람"은 "정의"에 헌신한 사람들이다.

토의 시작 (비디오) 내용

서론: 시편

나는 아프리카와 유럽과 중동문화가 나란히 존재하고 있는 남아프리카에서 왔다. 서양 사회가 온 힘을 다하여 목적을 성취하는데 몰두하고 있는 것처럼 보이는 반면에, 아프리카에서는 이 서양이 지향하는 목적달성을 위한 것보다는 삶의 성격, 즉 삶에서 일어나는 느낌이나 삶 자체에 더 관심을 쏟고 있다. 그리고 예배를 드릴 때면 형식적이고, 종종 딱딱하고, 전통적인 예배를 드리는 서양 사람들은 몸과 마음과 영혼을 다 바쳐 기쁜 마음으로 드리는 아프리카 사람들의 예배에 초대되어 새롭게 해방되는 기분을 깨닫기 바란다. 아프리카 사람들은 하나님께 가는 방법으로 노래하고 춤을 춘다.

그리고 그것이 성경에 있는 찬양시편들이었으리라고 나는 상상해 본다. 찬양시편들은 우리의 메마른 영을 고양시켜 주고, 우리에게 이루 말로 표현할 수 없는 하나님의 위대함을 찬양할 수 있는 용어를 제공하여 준다. 이 근사한 찬양들은 우리를 끌어내어 하나님의 영광 속으로 데려다 준다.

이제 다이아나 홀버트와 쟌 홀버트가 시편 기자와 함께 찬양을 드릴 수 있도록 우리를 도와줄 때, 찬양하는 분위기로 들어가 보기로 하자.

(Peter Storey)

성경을 읽을 때 예술을 포함시키면, 종종 성경을 좀 더 깊게 이해하게 된다. 나는 여러분이 나와 더불어 시편 146편의 후렴을 노래에 맞춰 몸동작을 해보도록 초청한다.

"가난하고 궁핍한 자를 보살피는 자는 복이 있나니 하나님 나라가 그들의 것이니라." 하나님은 우리에게 가난하고 궁핍한 자들을 돌보고 그들의 세상으로 들어가라고 요청하신다 [팔을 밖으로 뻗친다]. 그러나 우리가 그것을 목표로 삼지 않도록 하기 위해서 [손을 가슴으로 가져간다] 우리는 또한 자신의 필요를 인정한다. "하나님 나라가 그들의 것이다." 하나님의 나라는 지상의 왕국과 같지 않다. 하나님은 자기가 가난하고 곤고하다고 느끼는 사람들에게 [손을 위로 움직인다] 반응하신다. 우리의 응답은 [손을 축복하듯 아래로 움직인다] 낯선 사람을 축복하는 것이다. 그리고 그들의 세상 속으로 들어감으로써 우리 또한 복을 받는다.

"가난하고 궁핍한 자는 복이 있나니 하나님 나라가 그들의 것이다."

내 영혼아 여호와를 찬양하라
나의 생전에 여호와를 찬양하며
　나의 평생에 내 하나님을 찬송하리로다
귀인들을 의지하지 말며
　도울 힘이 없는 인생도 의지하지 말지니
그의 호흡이 끊어지면 흙으로 돌아가서
　그 날에 그의 생각이 소멸하리로다
야곱의 하나님을 자기의 도움으로 삼으며
　여호와 자기 하나님에게 자기의 소망을 두는 자는
　복이 있도다
여호와는 천지와 바다와 그 중의 만물을 지으시며
　영원히 진실함을 지키시며
억눌린 사람들을 위해 정의로 심판하시며
　주린 자들에게 먹을 것을 주시는 이시로다
"가난하고 궁핍한 자는 복이 있나니
　하나님 나라가 그들의 것이다."
여호와께서는 갇힌 자들에게 자유를 주시는도다
여호와께서 맹인들의 눈을 여시며
여호와께서 비굴한 자들을 일으키시며
여호와께서 의인들을 사랑하시며
여호와께서 나그네들을 보호하시며
고아와 과부를 붙드시고 악인들의 길은 굽게 하시는도다
시온아 여호와는 영원히 다스리시고
　네 하나님은 대대로 통치하시리로다 할렐루야
"가난하고 궁핍한 자는 복이 있나니
　하나님 나라가 그들의 것이다."

쟌 홀버트:

내 생애에서 아주 즐거웠던 순간들 가운데 하나는 새 찬송가를 만드느라 시편에 매달려 있었던 3년간이었다. 네 명으로 이루어진 소위원회는 이곳저곳에서 22번 모였는데, 각 모임 때마다 똑같은 방법으로 시작했다. 우리 중 한 사람이 "자 이제 시편 1편으로 시작합시다" 라고 말한다. 그러면 우리는 시편 전체를 훑어 나가면서 번역에 대해서 생각할 뿐만 아니라, 시편을 개체교회 안에서 가장 효과적으로 말할 수 있는 방법은 무엇일까 아울러 생각했다. 그리고 우리는 그 말에 따르는 음악적인 화답을 생각했다. 그 일은 즐거웠고 하나님이 주신 일이며 달란트를 받은 멋진 동료들과 더불어 이루어졌다.

그렇지만 정작 이러한 일을 하는 것에 더 많은 기쁨과 특권을 느낄 수 있도록 해준 것은 시편 그 자체였다. 이 위대한 고대 시들은 수많은 영감, 능력, 그리고 시대를 초월한 진실로 계속 반복하여 우리를 놀라게 했다. 이런 시편을 노래하고 말하는 것은 우리에게 예배와 다름없었다. 우리는 하나님의 음성 그 자체에 영감을 받은 시인들이 읊조린 하나님의 놀라운 음성으로 채워졌다. 찬송, 탄식, 지혜의 시들, 그리고 감사와 찬양의 노래들은 그 시가 기록되어 우리가 그 시를 선포하기까지의 2,500년간의 시간적 간격을 껑충 뛰어 넘어 우리들의 소망과 두려움과 기쁨을 표현하는 노래들이 되었다.

나는 특별히 장엄한 찬양의 노래들을 기대하게 되었다. 그 노래들은 다른 어떤 것들보다도 하나님을 찬양하는 것의 본질과, 우리가 사랑하는 하나님은 우리의 찬양을 받으시기에 합당하심을 나에게 가르쳐 주었다. 우리가 이미 우리의 말과 노래와 춤에서 목격했듯이 시편 146편은 찬양시의 놀라운 모범이다. 더 자세히 살펴보기로 하자.

찬양시편은 모두 찬송에로의 부름으로 시작되는데 여기서는 충만함으로 넘실대고 있다. "여호와를 찬양하라"는 히브리어로 "할렐루야"이다. 시편은 이 시의 선포에 참여하는 모든 사람들은 가슴과 음성과 몸을 하나님을 찬양하는데 쏟아야 한다는 명령으로 시작하고 있다. 그렇게 일반적으로 명령을 내린 후, 시편 기자는 좀 더 개인적인 명령을 내린다. "내 영혼아 여호와를 찬양하라!" 흔히 '영혼'으로 번역되는 단어는 '생명'이라고 읽어도 좋을 것이다. 이는 나를 나로 만드는 그러한 것으로 이것이 바로 히브리어 네훼쉬(nephesh)가 의미하는 것이다. 일반적인 요구로 시작되는 서두는 개인적인 명령과 짝을 이루는데, 이는 곧 모든 시편 기자가 존재하는 이유는 이러하신 하나님을 찬양해야 하기 때문이다.

그리고 찬송에로의 부름은 "나의 평생에" 하나님을 찬양할 것이라는 시편 기자의 맹세로 계속 이어진다. 이 구절은 또한 "내 모든 삶으로" 라고도 번역될 수 있는데, 이는 바로 앞에 있는 "내 영혼아"와 좋은 병행을 이룬다. "나의 평생에" (혹은 '내가 존재하는 동안에'), 나는 나의 하나님을 찬양하는 찬송을 부르리라. 여기서 동사는 찬송하는 것을 찬양에 꼭 필요한 부분으로 약속하고 있다.

그러면 왜 내가 이 하나님을 찬양해야 하는가? 무엇이 나로 하여금 노래하도록 동기를 부여해 주고, 나아가 다른 사람들에게도 마찬가지로 그렇게 할 것을 요청하게 하는가? 첫 번째 대답은 3, 4절에 있는 "귀인"과 "인생"은 찬양할 만하지 못하기 때문이다. 그들에게는 "도울 힘이 없기" 때문이다. 왜? 그들은 "그의 호흡이 끊어지면 흙으로 돌아"가기 때문이다. 간단히 말해, 그들은 죽고, 영원히 도움을 줄 수가 없다. 이 말에는 고대 히브리어의 말장난이 숨겨져 있는데 이는 창세기에도 마찬가지로 숨겨져 있다. "인생"이라는 단어를 직역하면 히브리어로 벤

아담(ben adam)이다, 즉 "인간의 자녀"이다. "흙"이라는 말은 히브리어 아다마(adamah)이다. 모든 "아담"은 "아다마"로 돌아가는데, 그 이유는 그것이 그들의 기원이고 운명이기 때문이다. 인간의 장대한 계획들은 "소멸해 버린다." 인간은 불가피 죽을 수밖에 없기 때문이다.

하나님은 그렇지 않으시다. "야곱의 하나님을 자기의 도움으로 삼는 사람들"은 행복하다. 그들은 죽지 않으며, 그들의 위대한 계획들은 소멸하지 않는다. 그리고 나서 시편 기자는 우리가 이러한 하나님을 찬양해야 할 또 다른 이유를 덧붙인다. 이분은 하늘과 땅과 바다와 그 안에 있는 모든 것들을 만드신 하나님이다. 이분은 모든 것의 창조주시다. 이분이 없었더라면 우리도 존재하지 않았을 것이다. 이 사실은 찬양할 만하다!

그러나 또 있다. 이 창조주는 단지 이 세상이라는 시계의 태엽을 감으시고 혼자서 세상이 돌아가도록 내버려두는 분이 아니시다. 이 창조주는 "영원히 믿음을 지키신다." 죽지 않으시는 하나님은, 존재하는 모든 것을 창조하시는 하나님은, 항상 하나님의 피조물에 충실하시다. 우리가 이것을 어떻게 아는가? 이 하나님이 하시는 일들, 특히 공의로 이루시는 놀라운 일들로 인해 우리는 알 수 있다. 공의는 삶이 처한 상황에 상관없이 공평한 대우를 하는 것이다. 하나님은 어떤 것은 덜 사랑하시는 게 아니라 모든 피조물을 똑같이 사랑하신다. 그리고 하나님이 그러하시기 때문에 하나님은 특히 배고픈 사람들에게 음식을 주고, 갇힌 자들을 자유롭게 하고, 소경의 눈을 뜨게 하고—본다고 생각하지만 실제로는 보지 못하는 사람들도 포함하여—엎드린 자들을 일으키시고, 체류자들을 지켜주시고, 고아와 과부를 보호하시는 데 관심을 갖고 계신다.

하나님의 공의를 열거한 이 기다란 목록은 성경에서 중요하다. 이스라엘의 선지자들, 예를 들어, 이사야 선지자 같은 사람들은 종종 이와 비슷한 목록을 사용하여 사람들에게 하나님은 특별히 이러한 그룹의 사람들에게 관심을 보이신다고 말하고 있다. 하나님의 특별한 보살핌을 받는 사람들은 모든 사회의 변두리에 있는 사람들, 사회가 시민들에게 부여하는 일상적인 선물로부터 제외된 자들이다. 이러한 사람들은 특별히 하나님을 필요로 하고, 하나님은 그들의 요구를 채워주신다. 이 목록을 보고 우리는 이스라엘이 가진 신앙의 고갱이를 알 수 있다. 우리의 하나님은 특별히 찬양 받으시기에 합당하시다. 왜냐하면 우리 하나님은 우리가 종종 잊어버리는 사람들을 결코 잊어버리지 않으시는 그런 부류의 하나님이시기 때문이다. 우리 하나님은 그들을 잊어버리지 않으신다! 우리 하나님은 그들의 부르짖음을 들으시고 그들에게 응답하신다!

당신은 아마도 목록에서 "하나님은 의인들을 사랑하신다" 라는 한 줄이 빠진 것을 눈치 챘을 것이다. 누가 의인들인가? 히브리어로 의인이라는 단어는 일반적으로 정의나 공의라는 단어와 연관지어 사용된다. 실제로 "의인들"은 "정의"에 헌신한 사람들이다. 하나님은 하나님이 헌신하시고 계신 것—즉 사회에서 잊어버리고 무시하는 사회에서 공의를 찾지 못하는 사람들—과 똑같은 것들에 헌신하고 있는 사람들을 사랑하신다. 찬양 받으시기에 합당한 우리 하나님은 그들을 잊으시거나 무시하시지 않으시고, 그 길을 좇는 사람들을 사랑하신다.

시편은 하나님께서 "영원히 다스리실" 것이라는 주장과 더불어 끝난다. 이 주장은 3, 4절의 주장을 되풀이하는 것이다. 인간사회의 왕은 소멸할 것이고, 그래서 찬양하기에 합당하지 않다. 하나님은 "모든 세대를 통해" 항상 다스릴 것이고, 그러므로 항상 찬양하기에 합당한 분이시다. 끝에 있는 "할렐루야"는 서두에 있는 것과 짝을 이룬다. 왜 우리가 찬양하도록 부름을 받았는지 구체적으로 더 배운 후에는, 마지막 할렐루야를 처음보다 더 정열적이고 확신에 차서 부르는 것이 도리이다.

시편 146편은 찬양시편의 고전적인 유형에 맞는 것이다. 이는 찬양을 할 것을 서두에 명령하는 것, 찬양을 요구하는 강력한 이유 몇 가지, 이러한 하나님께 나아갈 때 찬양하는 것이 마땅한 것이라는 확실성, 찬양할 것을 반복해서 명령하는 것을 내포하고 있다. 이미 30년 전, 시편을 내게 처음 가르쳐 주셨던 선생님은 시편은 간단하게 한 구절로 요약될 수 있다고 말씀하셨다. "하나님, 한번 더 도와주세요." 당신은 내 조상들을 위해 도와주셨습니다. 저를 위해서도 다시 한번 도와주세요. 이 하나님은 언제나 공의로운 일을 하실 것이며, 그 일에 우리가 함께 할 것을 요청하실 것이다. 우리가 이러한 하나님께 어떻게 달리 응답할 수 있으리요, "할렐루야" 밖에는 달리 무어라 말할 수 있으리요?

(John Holbert)

토의

왜 하나님은 찬양 받으실 만한가? 당신은 하나님의 정의로우심을 어떻게 묘사하겠는가? 누가 의인들인가?

성경과 교재 (50분)

금주의 "철저한 제자"는 찬양시를 쓰라고 제안했다. 사람들이 쓴 시편을 전체 그룹으로 나누든지 아니면 시편을 써 온 사람들의 수에 따라 서너 명으로 조를 짜서 듣는다.

세 개의 조를 만들어 어떻게 금주의 시편들이 우리가 찬양하는 하나님과 우리 모습 그대로의 인간을 표현하는지 생각해 보라. 각 그룹은 매일 노트한 것을 훑어보고 다음의 질문을 토의하라.

1조: 첫째 날. 하나님을 묘사하는 데 어떤 다른 단어들이 사용되었는가? 이 시편들에서 당신은 사람들에 대해 배운 것은 무엇인가?

2조: 둘째 날. 하나님께서 구원하시리라는 시편 기자의 확신은 무엇에 근거를 두고 있는가? 어떤 의미에서 우리가 하나님께 부르짖으면, 하나님이 우리를 구원하신다는 확신을 얻을 수 있는가?

3조: 셋째 날: 하나님의 웅대하심과 영광의 증거는 무엇인가? 창조물 안에서 하나님의 지혜를 나타내는 일례는 무엇인가? 넷째 날: 어떤 신뢰, 힘, 권능의 이미지가 이 시편에 나타나는가? 당신은 시편 기자 자신의 하나님과의 관계를 어떻게 묘사하겠는가?

시편 113—118편을 이스라엘이 노예생활에서 자유로워진 것을 기억하는 것으로 경험해 보라. 전체 그룹으로 시편 113—118편을 읽으면서 이스라엘 역사상 일어난 사건들을 중간 중간에 넣으라. (미리 몇몇 사람들에게 다음의 구절을 읽어서 익숙하게 하고, 그 사건들을 간략히 언급하라고 부탁해 놓는다. 구절의 순서는 이렇게 하라.

출애굽기 1:8-14; 12:21-27, 40-42;
14:19-31; 16:9-12; 17:1-6; 28:1-3;
신명기 6:10-25; 여호수아 3:14-17; 역대하 6:1-11.)

시편과 일어난 사건을 듣고 나서 다 같이 한 목소리로 시편 122편을 읽어라.

휴식 (10분)

말씀과의 만남 (40분)

성경 본문: 시편 107:1-32

시편 107:1-32의 패턴을 오늘날 삶의 문제거리에서 구원받는 경험으로 적용해 보라. 네 그룹으로 나누어서 각 그룹에게 다음의 구절들을 하나씩 할당하라. 107:1-9, 10-16, 17-22, 23-32. 6-8절에 나타난 패턴과 단어에 주의를 기울이라. 이는 할당된 다른 부분에도 반복해서 나타난다. 그룹에게 할당받은 부분을 공부하면서 문제에서 해결 받은 현대의 경험을 찾아보고, 그러한 경험을 묘사하는 시편을 쓰게 하되, 반복되는 구절의 단어와 패턴을 포함하게 하라. 20분간 시간을 주라. 전체 그룹으로 사람들이 만든 시편을 코멘트를 달지 말고 들어라.

신실한 공동체의 모습 (20분)

우리는 신실한 믿음의 공동체이기 때문에 우리의 삶의 형편이 어떠하든지 간에 하나님은 찬양받으시기에 합당한 분이므로 하나님을 경배한다.

두셋씩 짝을 지어 이 부분에서 요구되는 찬양시편 중 가장 좋아하는 시편 목록을 적게 한 후 처음 두 개의 질문에 대답하게 한다.

다음으로 그룹에게 "인간의 모습"과 신실한 공동체의 모습을 조용히 읽고 묵상하도록 초청하라. 그리고 나서 한 목소리로 두 가지 진술을 읽어라. 3-4명이 한 조가 되어 이 부분에 있는 마지막 질문에 응답하라.

폐회 기도 (5분)

17과를 열고 성경 읽기를 점검하라. 금주의 기도 제목을 적어라. 시편 100편을 읽는 것으로 폐회하라.

제 자

요한복음 · 서신
요한계시록

17 말씀이 육신이 되어

개회 기도 (5분)

토의 시작 (비디오 내용) (20분)

발표자: 벤 위더링톤 3세 (Ben Witherington, III)

토의 시작을 위한 준비

예수님을 하나님의 말씀이라고 부르는 것은 과연 무엇을 의미하는지에 주의를 기울이라. 또 요한이 지혜에 대한 희랍적 사고와 히브리적 사고를 어떻게 사용하는지 주의를 기울이라.

토의 시작 내용 요약

요한복음 1:1-18은 예수님은 누구신가 라는 질문에 대답하기 위해 씌어졌다.

많은 사람들이 예수님이 누구신지 알기를 원하면서 그분을 찾는다. 하지만 독자들이 알고 있는 것—예수님은 하나님 말씀의 성육신이심—을 아무도 모른다는 데 어려움이 있다.

요한이 로고스를 사용한 것은 예수께서 창조 이야기를 상기시킨다는 것을 언급하고 있다.

토의 시작 (비디오) 내용

서론: 요한복음 1:1-18

사복음서는 예수님에 관한 이야기에 대하여 제각기 심오한 통찰력을 제공해 주고 있다. 서로 다른 방식으로 예수님이 가지셨던 사명과 정체성, 예수님의 인성과 신성에 대해 말해 준다. 모든 복음서들은 예수님을 역사 안에 있는 시간과 공간 속에서 굳게 자리를 매기고 있다.

그러나 요한복음은 그 밖에 또 다른 한 가지를 말해 주고 있다. 요한의 프롤로그는 감히 우리를 신비 가운데로 안내한다. 우리를 사로잡는 듯한 이 프롤로그에서 우리는 예수께서—세상에 대한 진리와 생명과 사랑이신 하나님의 말씀—시간이 시작되기 전부터 하나님과 함께 계셨다는 사실을 알게 된다. 그분은 만물이 창조되는데 온전한 역할을 담당하셨을 뿐 아니라, 역사의 종말 너머까지 하나님과 함께 계실 것이다. 요한은 우리들에게 예수님 안에서 우리는 영원—하나님의 마음과 가슴—과 직접 접촉하게 된다는 것을 의심치 않도록 도와준다.

벤 위더링톤은 이 복음서가 육신이 되신 말씀을 받아들이는가 혹은 배척하는가 하는 것은 우리가 사느냐 죽느냐의 기로를 결정하는 선택이라는 것을 가르쳐 주기 위해 기록된 것이라는 것을 우리들에게 보여줄 것이다.

(Peter Storey)

대부분의 학자들은 요한복음 1:1-18을 제4복음서 기자가 기독론적인 찬송가의 일부를 따와서 복음서의 프롤로그와 도입 부분으로 적용하였다고 간주한다. 사실상 이는 요한복음 전체를 해석하는 열쇠가 되기도 한다. 이는 독자나 청중이 복음서의 나머지 부분을 해석하는데 필요한 정보를 제공하고 있으며, 더 상세하게는 예수님이 누구신지 이해하는 데 도움이 되는 필수불가결한 정보를 제공하고 있다.

모든 상황으로 미루어 보아 요한복음은 옛날식으로 전기를 두루마리에 기록한 것이며, 과연 예수는 누구신가 라는 질문에 답하기 위해 기록한 것이었다. 그에 대한 대답은 예수라고 하는 분은 창조 전에 하나님의 말씀이셨으며, 또한 말씀의 진정한 의미에서 바로 하나님이셨다고 하는 것이다.

그러나 예수님을 하나님의 말씀이라고 부르는 것은 무엇을 의미하는가? 그리고 어떠한 의미에서 제4복음서에 대한 이 프롤로그가 복음서 해석의 열쇠라고 할 수 있는가? 두 번째 질문이 첫 번째보다 대답하기가 더 쉬우므로 우리는 두 번째 질문부터 시작하기로 하자. 요한복음은 탐구자(seekers)에 관한 복음서라고도 불릴 수 있다. 예수님은 밖으로 나가서 제자들을 부르기보다는 종종 인성의 힘이나 평판을 통해 사람들을 끌어들이고 있다. 여러 다른 종류의 사람들이 예수님을 찾아가 그가 누구인지 알아내려고 한다. 세례 요한, 니고데모, 여러 사마리아인, 희랍인들, 그리고 그 밖의 다른 사람들 등으로 아주 다양하다. 물론 복음서에 나오는 이러한 인물들 가운데 독자들이 알고 있는 사실, 즉 예수님은 하나님의 말씀이 육신을 입고 오신 신적인 존재라는 사실을 아는 사람이 아무도 없다는데 어려움이 놓여 있다. 그러나 예수님을 이해한다는 것은 단순히 예수님이 누구신지 아는 것보다 더 많은 것을 필요로 한다. 우리는 이분이 어디서 오셨으며 어디로 가는지 이해할 필요가 있다. 그분은 하나님으로부터 오셨으며, 하나님께로 돌아갈 분인데, 심지어 제자들조차 예수님이 사역할 당시에는 이 사실을 깨닫지 못했다. 예를 들어, 어떤 사람들은 그분을 요셉의 아들로, 그리고 혹자는 그가 떠날 것을 이야기하자 서쪽으로 희랍인들에게 가는 것임에 틀림없다고 생각한다. "이 사람이 어디로 가기에 우리가 그를 만나지 못하리요 헬라인 중에 흩어져 사는 자들에게로 가서 헬라인을 가르칠 터인가" (7:35). 그러나 그들의 생각은 틀린 것이었다. 프롤로그인 요한복음 1:1-18은 하나님의 말씀이며, 또한 하나님의 아들이신 그분은 하나님께로부터 왔으며, 요한복음 7:33에 따르면, 그분은 자신을 보내신 분께로 되돌아 갈 것이라고 한다. 오로지 하나님의 아들만이 그러한 길을 걸을 수 있을 것이다.

요한이 예수님을 일컫는데 사용한 희랍어 *로고스*는 "말씀"을 의미하는 것인데 창조 이야기를 연상시켜 준다. 창세기 1:1의 메아리가 자못 분명하다. "태초에…하나님이 천지를 창조하시니라." 그러면 창세기에서 하나님은 어떻게 천지 창조를 성취하셨는가? 단지 말하는 수단을 사용하셔서 당신의 말씀에 의해서 성취하셨다. 창세기 1:1에서와 마찬가지로 요한복음 1:1은 만물의 기원으로 거슬러 올라간다. 그러나 복음서 기자는 창세기에서 말하는 것보다 더 많은 것을 말해 주고 싶어 한다. 그는

"하나님이 말씀하시니 만물이 창조되었다"는 단순한 말보다 더 많은 것을 말하고 싶어 한다. 즉 하나님의 말씀은 실제로 단순한 말 그 이상이었다는 것이다. 하나님의 말씀은 인격으로서 신적인 존재의 일부분, 혹은 우리가 사용하는 말대로 하자면 삼위일체의 성자 되시는 하나님이라는 것이다. 과연 요한은 말씀이 인격이며, 그야말로 신적인 인격이라는 개념을 어디서 알게 되었을까?

요한복음 저자는 초기 유대 사상으로부터 그러한 사상을 빌려왔을 가능성이 높다. 아마도 이러한 사상의 일부는 하나님의 지혜에 대한 희랍 사상의 영향을 받았을 것이다. 지혜를 뜻하는 히브리 용어는 '호크마'(hokmah)이며 여성형 명사이다. 그러므로 히브리 성경 저자가 지혜로 알려진 하나님의 속성을 인격화하고자 했을 때 여성적인 이미지를 사용한 것은 놀랄 일이 아니었다. 우리는 잠언 8장과 9장에서 지혜가 어리석음과 대조되어 사용될 때, 둘 다 여성으로 나타나 있는 것을 본다. 하나님의 지혜가 주체로 인격화되어 사용되기는 솔로몬의 지혜서나 시락(Sirach)과 같은 신구약 중간기 유대문학에서도 계속되어졌다. 우리는 시락 24장에서 거룩한 지혜가 토라, 더 자세히는 모세오경에서 성육화 된다는 진술을 발견할 수 있다. 즉 지혜와 모세의 율법은 동일하다는 것이다. 하지만 요한복음 1:17은 은혜와 진리를 가져오시는 예수님이신 말씀과 모세를 통해 오는 율법을 구별하고 있는 것이 주목된다.

이러한 사상들이 요한의 프롤로그의 바탕에 깔려 있지만, 여기서는 새로운 적용을 시도하고 있다. 요한복음 1:1-18에서 이러한 사상은 추상적인 것이 아니라 구체적인 사람, 나사렛 예수에게 적용되고 있으며, 또한 하나님의 마음과 같은 막연한 사상이 아니라 하나님의 말씀 혹은 지혜에 적용되고 있기 때문이다. 예수께서 인간이었기 때문에 요한복음의 저자가 여성 명사인 소피아(sophia, 희랍어로 지혜를 뜻함)가 아닌 남성적인 용어 로고스(Logos, 말씀을 뜻함)를 사용하기로 선택한 것은 이해할 만하다. 그러나 유대인이 지혜에 대해 가지고 있던 초기 개념들, 즉 지혜가 창조 이전의 때로부터 하나님과 함께 선재했으며, 우주를 만드는데 함께 일했으며, 하나님의 백성들에게 내려오셨으며, 배척당하시고, 하나님께로 돌아가신다는 그러한 개념들은 모두 여기 예수님께로 적용되고 있다.

그러나 요한복음 1장에 나타난 기독론적인 찬송가에는 이보다 더한 것이 내포되어 있다. 저자는 비단 하나님의 마음과 지식이 이 말씀 안에 함축되어 있을 뿐만 아니라, 빛과 생명 또한 그분 속에 마찬가지로 거하고 계시다고 한다. 창세기에서는 창조가 되었던 요소(aspects)였던 생명과 빛이 여기서는 창조가 이루어질 때 아버지와 함께 계셨던 분의 자질(qualities)로 일컬어지고 있는 것이다. 사실상, 생명(life)이라는 용어가 구원의 메타포로 쓰인 것처럼, 빛(light)이라는 용어는 요한에게 지식을 나타내는 메타포라고 할 수 있다. 그러므로 빛과 생명(희랍어로 photos와 zoe)이 그 안에 있었다는 것은 하나님의 지식과 구원의 근원이 바로 하나님의 아들이며, 하나님의 말씀, 예수라는 말이 된다.

요한복음의 저자가 얼마나 신경을 써서 표현하고 있는지 주목해 보라. 그는 간단히 "말씀은 곧 하나님이시니라" (the Word was God) 라고 말한다. 이제 이 주장은 말씀이 하나님을 덜 하나님답게 만드는 것을 의미하지는 않는다. 그러자면 "말씀은 바로 하나님이시니라" (the Word was *the* God) 라고 했어야 할 것이다. 또한 요한은 "말씀이 어떤 한 신"(the Word was a god)이라고도 하지 않는다. 왜냐하면 요한은 한 분만 계신 하나님, 즉 유일신을 믿었기 때문이다. 그는 하나님은 여러 인격(persons)을 가지고 게시다고 말하는데 여기서는 창조주 하나님과 말씀의 두 가지 인격으로 구체화시키고 있다. 우리는 여기서 삼위일체적인 사고의 시작을 보게 되는데 삼위일체적 사고는 많은 부분을 지혜에 대한 유대인의 성찰에 기인하고 있다.

이 찬송에는 위대한 연민의 정서를 자아내는 힘이 있다. 왜냐하면 말씀이 창조의 행위자로 창조의 과정에 개입함에도 불구하고, 그가 사역하는 동안 대부분의 인간들이 그를 배척하고 그의 백성들 또한 그러하며 심지어는 그의 가족까지도 (요한복음 7:5) 배척하게 될 것이기 때문이다. 자신이 창조한 피조물에 의해 배척을 당하는 창조주를 생각해 보라!

그러나 찬송가는 긍정적인 특징을 띄고 있다. 다시 구약성경의 언어를 사용하여, 저자는 말씀이 육신을 입고 우리 가운데 장막을 지으셨다고 말한다. 말씀이 육신을 입었다는 이러한 선언은 말씀이 육신으로 변화되는 과정에서 더 이상 말씀이기를 중단하셨다는 뜻이 아니다. 바로 신성과 신적인 존재에 인성이 추가됨을 말하고 있는 것이다. 또한 이 세상에 있는 동안 말씀이 계속해서 신성을 지니고 있다는 것을 표현하기 위해서 저자는 구약성경의 하나님과 마찬가지로 그분은 하나님의 백성 가운데 장막을 짓고 거하셨으며 그러한 거룩한 존재로 인해 은혜와 진리가 전달되었다고 표현하고 있다. 우리는 여기서 많은 사람들이 신약성서에서 기독론적인 사고의 최고봉이라고 여기는 부분을 살펴보았다. 그러나 놀랄 만한 것은 표징과 기적으로 가득 찬 요한의 놀라운 복음서 중에서 우리가 살펴본 서론은 정작 앞으로 다가올 매력 가운데 단지 맛보는 것에 불과하다는 사실이다.

(Ben Witherington, III)

맺는 말:
이 서론 부분이 맛보는 것에 불과하다면, 예수님의 신비 속으로 더 깊이 여정을 계속해 나갈 때, 우리 앞에는 얼마나 풍성한 보배들이 기다리고 있을까?

토의

예수님을 하나님의 말씀이라고 부르면서 요한이 말하고 싶어 한 바가 무엇이라고 생각하는가? 예수님의 정체성을 드러내기 위해 요한은 지혜에 대한 희랍적인 사고와 히브리적 사고를 어떻게 사용하는가?

제자

성경과 교재 (50분)

성경 읽기와 매일 기록한 노트를 상기하면서 요한복음 1장을 세 부분으로 나누어 공부하라. 각 부분 당 15분씩 할당하라.

(1) 프롤로그: 1:1-18. 창세기 1장에 있는 창조 기사와 출애굽기 20장에서 율법을 주는 부분을 훑어보라. 서론 부분에 사용된 로고스 (*말씀*) 라는 용어가 어떻게 창세기와 출애굽기에서 묘사된 하나님의 말씀의 개념에 기초를 두고 있다고 생각하는가?

(2) *요한의 증거*: 1:19-34. 왜 서론에서는 예수님을 소개하기 전에 세례 요한의 정체성부터 밝히고 있는가?

(3) *첫 번 제자들의 증거*: 1:35-51. 요한복음에서 예수님이 맨 처음 하신 말씀은 "너희가 무엇을 찾느냐"이다. 예수님은 세례 요한의 두 제자들이 그 질문에서 무엇을 깨닫기를 원하셨는가? 요한은 그의 독자들이 그 질문에서 무엇을 듣기를 원했는가?

예수께서 "와 보라"(1:39)고 말씀하실 때, 제자들에게 무엇을 하라고 초청하시는가? 요한은 그의 제자들이 제자도의 본질에 대해 무엇을 이해하기를 초청하는가? 두 명씩 짝을 지어 학생용 교재 139쪽 위에 적은 답을 서로 나누게 하라.

휴식 (10분)

말씀과의 만남 (40분)

성경 본문: 요한복음 1:43-51

요한복음 1:43-51을 대화하는 형식으로 읽어라. 사람들에게 해설자, 예수님, 빌립, 그리고 나다나엘 역할을 맡기라. 본문을 다시 한번 조용히 읽게 하라. 그리고 전체 그룹으로 본문에 예수님의 이름이 몇 가지로 나타나 있는지 찾아보라. 두 그룹으로 나눠서 아래의 질문을 토의하게 하라. 예수님을 일컫는 다양한 이름은 첫 번째 제자들이 예수님에 대해 가졌던 어떤 생각을 드러내 주는가? 예수께서 1:51에서 스스로에게 부여하신 이름은 예수님이 누구인지에 대해서 어떤 것을 드러내는가?

신실한 공동체의 모습 (20분)

우리는 신실한 믿음의 공동체이기 때문에 예수님이야말로 육신으로 오신 하나님이시라고 하는 공동체의 가르침을 받아들이고 또 그 가르침을 강조한다.

"인간의 모습"과 신실한 공동체의 모습을 큰 소리로 읽어라. 학생용 교재 134쪽에 있는 요한복음 1:14를 큰 소리로 읽어라. 예수님은 육신으로 오신 하나님이라는 가르침이 어떤 식으로 당신을 방어적으로 만들었거나 만드는가? "신실한 공동체의 모습" 부분에 있는 질문에 대한 대답을 나누라.

"철저한 제자": 다문화적인 사회에 살면서 연관되는 어떤 논쟁점들이 예수님이야말로 유일한 하나님의 말씀이라는 우리의 믿음에 도전을 주는가?

폐회 기도 (5분)

18과를 펴고 성경 읽기를 점검하라. 기도 제목을 적어라. 시편 33:1-9를 큰 소리로 읽으면서 폐회하라.

18 물과 성령으로 거듭나다

개회 기도 (5분)

토의 시작 (비디오 내용) (20분)

발표자: 메리앤 메이 톰슨 (Marianne Meye Thompson)

토의 시작을 위한 준비

요한복음에서 표적이란 말이 무엇을 뜻하는지 주목하여 보고 왜 요한이 예수님이 행하신 기적과 역사를 묘사하기 위해 그 단어를 사용하는지 주목하라.

토의 시작 내용 요약

예수님이 행하신 기적들이나 역사들은 표적으로서의 역할을 하는데, 그 이유는 사건 그 자체 이상을 가리키기 때문이다.

표적을 보는 두 차원의 개념은 "보는 것"(sight)과 "깨닫는 것"(insight)이다.

예수님의 행적은 하나님께서 그분 안에서, 그리고 그분을 통해 생명을 주는 권능을 명시한 것으로 볼 수 있다.

토의 시작 (비디오) 내용

서론: 요한복음 2—4장

"보는 것이 믿는 것이다" (Seeing is believing.) 라는 말이 있다. 우리는 요한복음에서 예수께서 행하신 기적들을 보는 사람이 믿을 수 있도록 안내한 틀림없는 "표적"이라는 것을 보게 될 것이다. 그러나 그보다 더 깊은 뜻이 있다.

보다시피 요한은 보는 것이 믿는 것이라는 옛 말을 바꾸어 놓았다. 요한에게 있어서는 *믿는 것이 보는 것이다* (Believing is seeing). 요한은 우리로 하여금 믿음의 눈으로 예수님 이야기를 읽도록 초청하고 있으며, 예수님의 행위를 보고 거기서 하나님께서 하시는 일을 보도록 초청한다. 왜냐하면 믿는 사람들에게는 이러한 "표적"들이 하나님께서 인간의 역사에 개입하시는 표적이기 때문이다. 기적은 그것이 일어나는 순간 하나님께서 이 고립된 세상에 개입하고 계시다는 사실을 선포하는 것이고, 하나님의 영광과 하나님의 통치를 선포하는 표시이기 때문이다. 갈릴리 가나에서 첫 번 행하신 표적에서부터 나사렛 예수 안에서 영원하신 하나님이 우리 안에 거하고 계시다는 사실이 분명하게 드러나고 있다. 이제 메리앤 메이 톰슨의 말에 귀를 기울어 보자.

(Peter Storey)

신약성경의 모든 복음서들은 예수께서 행하신 놀라운 행적들을 보도한다. 예수께서 병든 사람을 고쳐주시고, 수천 명을 먹여 주시고, 죽은 사람을 살리시는 행적들을 보도한다. 이러한 행적들의 대부분은 치유 사역이며, 오늘날 우리는 그들을 "기적"이라 부른다. 사실상 희랍어로 "기적"을 나타내는 단일어는 없다. 그래서 마태복음, 마가복음, 누가복음에서는 예수님의 행적을 설명하기 위하여 다양한 단어들을 사용하고 있다. 우리는 이러한 복음서들이 사용하고 있는 희랍어를 "기적 혹은 이적"(marvels), "권능"(powers), "기사"(wonders) 혹은 "능하신 행적들"(mighty deeds)로 번역하고 있다.

그러나 요한복음은 예수님의 치유를 묘사하는데 이러한 단어들을 하나도 사용하지 않는다. 대신에 요한복음은 정기적으로 두 가지 다른 단어를 사용하고 있는데, 이를 우리는 "역사"(works) 그리고 "표적"(signs)으로 번역할 수 있다. 한편, 예수께서 자신의 치유 행위나 수천 명을 먹이시거나 죽은 자를 살리시는 일을 말씀하실 때는 그들을 일컬어 "역사"(works), 혹은 더 자주는 "내 아버지의 일" 혹은 "하나님의 일"이라고 하신다. 예수께서 하시는 일은 생명을 주거나 병든 자를 고치시는 것과 같이 하나님이 하시는 일의 일종이기 때문이다. 더구나 예수께서 하시는 일은 그를 통해서 하나님께서 직접 역사하시는 일이다.

한편 예수께서 다른 사람들에게 자신의 "역사"(works)에 대해 말씀하실 때, 예수께서는 이를 "표적"이라고 일컬으신다. 예수님이 행하신 기적이나 역사는 그것을 보고 이해하는 사람들에게는 "표적"으로 작용한다. 이들이 표적이 되는 이유는 기적 그 자체를 넘어 더 깊이 있는 중대한 것을 가리키기 때문이다. 이러한 사실은 이적/표적(sign)이라는 단어의 배경을 살펴보면 더 자세히 알 수 있다.

요한이 사용한 표적이라는 단어는 구약성경에서 온 것이다. 구약성경에서 그 말은 치유 행적만을 꼭 집어 일컫지 않는다. 실제로 그렇게 사용되는 예는 드물다. 예를 들어, 하나님께서 출애굽 당시 애굽 사람들에게 내리신 재앙을 "이적"(signs)이라고 불렸다. 그러나 구약성경에서 표적은 이적이나 놀라운 행적에 대해 언급하는 것이 아니다. 구약성경은 어떤 예언적인 "이적/기적"도 기록하고 있다. 예를 들어, 예레미야 선지자는 앞으로 이방 나라가 지배하리라는 것을 보여주기 위해 그의 목에 멍에를 메고 예루살렘 근처를 걸었다고 한다. 멍에를 메는 행위는 지배의 표시였다. 그것은 유다가 곧 이방의 통치라는 멍에 아래 놓이게 될 것을 뜻했다. 여기서 "표적"은 그 외에 또 다른 어떤 것을 가리키는데 이러한 기능은 요한복음에 나타난 "표적"의 기본적인 기능의 하나가 된다. 예수님의 행적은 또 다른 무엇을 "가리키는 것"이다 (points to something else). 마치 도로 표시가 근방 도시와 같은 목적지를 가리키는 것처럼, 요한의 표적은 그 자체를 넘어선 어떤 다른 실체를 가리킨다. 요한복음에서 표적은 그 자체를 넘어 예수께서 가져오는 생명의 축복을 가리키며, 또한 표적은 하나님께서 예수를 통해 가져오시는 구원의 실체를 나타내는 지표가 된다. 표적을 이런 식으로 이해하는 것은 그들을 예수 안에 나타난 하나님의 일로 이해하는 것이다.

제자

이렇게 요한복음에서 표적이라는 단어의 기능이 가장 두드러지게 잘 "나타나는" 곳은 예수께서 스스로 특정한 표적을 설명하는 때이다. 더 자세히 설명하자면, 표적은 종종 요한복음에 있는 "나는—이다"라는 말씀에 두드러지게 나타나고 있다. 그래서 예수께서 5,000명을 먹이신 것에 뒤이어 "나는 생명의 떡이다"라고 선언하신다. 예수님은 날 때부터 장님 된 사람의 눈을 뜨게 하시면서 "나는 세상의 빛이다"라고 알리신다. 나사로를 죽은 자 가운데서 살리실 때는 "나는 부활이요 생명이다"라고 마르다에게 선언하신다. 이렇게 "표적"과 "나는—이다"라는 말씀을 합치면 표적은 그 자체가 목적이 아님을 알게 된다. 표적들은 그 자체를 넘어 예수께서 가져오시는 것이 무엇인지, 그리고 그가 자신의 인격 안에서 몸 입는 것이 무엇인지 가리키고 있는 것이다. 진실로 "표적"이 무엇인지 이해하는 것은 단순히 예수께서 5,000명을 먹이신 것을 보는 것이 아니라, 바로 하나님께서 인류에게 필요한 것을 제공하시는 자양분을 예수님 자신이 몸으로 체현하신다는 것을 이해하는 것이다. 그분은 생명의 떡이시다. 태어나면서부터 장님 된 사람을 고치신 것이 얼마나 중요한지 이해하기 위해서는 우리는 예수께서 진정 이 세상의 빛이시라는 것을 볼 수 있어야 한다.

우리는 표적을 이해하는데 내포된 두 차원의 개념이 있음을 보게 된다. 하나는 "보는 것"(sight)이고 다른 하나는 "깨닫는 것"(insight)이다. 우리는 기적이 행해진 것을 보되 기적보다 더 중요한 것을 파악하는 데는 실패할 수 있다. 6장에서 요한은 우리에게 예수께서 5,000명을 먹이셨다고 말한다. 이 사람들은 놀라운 기적이 이루어진 것을 이해했지만 나중에 그들이 예수님을 찾아왔을 때 예수님은 그들을 나무라신다. "너희가 나를 찾는 것은 표적을 본 까닭이 아니요 떡을 먹고 배부른 까닭이로다." 진정한 통찰력을 가진 사람들은 베드로로 대표되고 있는데, 그는 예수님께 이러한 고백을 드린다. "주여 영생의 말씀이 계시되."

요한복음에 나타난 다른 표적의 기사들은 항상 직접적이진 않지만 같은 포인트를 강조한다. 예를 들어, 2장에서 예수께서 가나에서 많은 양의 물을 최고급 포도주로 변화시키시는 장면이 나온다. 그렇게 하실 때 예수님은 특별히 신체적이거나 영적인 필요를 채우신 것이 아니다. 이 표적이 독자들에게 예수님에 대해 말해 주는 것은 무엇인가? 요한은 말하기를 "예수께서 영광을 드러내시며 제자들이 그를 믿으니라"고 한다. 그러나 무엇이 영광인가? 이 이야기를 이해하는 열쇠는 포도주가 넘치도록 만들어진 데에 있다. 넘치는 포도주는 구원의 때에 기쁨을 표현하는 구약성경의 일관된 특징이랄 수 있다. 어떤 1세기 유대 문서에 따르면, 메시야의 시대가 도래하면 모든 포도원이 유달리 결실을 맺을 것이라는 소망이 있었다. 즉 포도원 한 곳에서 10,000 포도나무가 있게 되고, 포도나무 하나가 10,000 가지를, 가지 하나가 10,000 싹을, 한 싹이 10,000 송이를, 한 송이가 10,000 포도를, 그리고 각 포도를 짜면 25부셀 분량의 포도주가 나올 것이라는 것이다. 정말 포도주 풍년이 아닐 수 없다! 예수님은 그러한 풍년을 제공하신다. 이 표적은 일찍이 복음서에서 쓰여진 "우리가 다 그의 충만한 데서 받으니 은혜 위에 은혜러라." 이 표적은 앞으로 다가올 하나님의 풍성한 은혜가 마련되리라는 약속이다. 예수님의 행적은 그러한 풍성함을 미리 맛보게 하여 준다.

요한복음 4장에는 예수께서 왕의 신하의 아들을 고쳐주시는 기사가 실려 있다. 이 기사는 생명을 부여하시는 예수님의 말씀의 능력을 강조하고 있다. 예수님은 왕의 신하에게 말씀하신다. "가라 네 아들이 살았다." 그리고 말씀대로 그렇게 일이 이루어졌다. 이와 비슷하게 5장 첫 부분에서도 예수께서 38년이나 된 병자를 고쳐주신다. 그 병자는 누군가가 와서 그를 도와주기를 기다리면서 예루살렘에 있는 못 옆에 그렇게 오래 누워 있었다. 예수께서 "네 자리를 들고 걸어가라"고 간단하게 명령하시자 이 사람은 치유를 받게 된다. 이 두 이야기는 생명을 주시는 예수님의 권능의 말씀을 가리키고 있다. 이 권능은 하나님에 의해 예수께 주어진 것이다. 예수님은 하나님의 권능을 가지고 계시며, 그 권능을 치유하시고 생명을 가져오는 데 행사하신다. 우리가 예수님의 행위 자체를 생명을 주는 하나님의 권능이 나타나는 것이라고 이해할 때, 우리는 그러한 행적을 "표징," 즉 아버지의 생명을 주는 아들로서 예수님이 하나님과 가지셨던 독특하고 두드러진 관계를 나타나는 지표라는 것을 이해하게 되는 것이다.

마지막으로, 예수님이 행하신 표적의 중요성은 그들이 불러 일으키는 반응의 종류에 따라 강조되고 있다. 마태복음, 마가복음, 누가복음과 같은 다른 복음서들은 예수님의 행적에 대한 반응을 각기 다른 말로 표현하고 있는데 여기에는 놀라움, 경이, 경탄 등이 포함된다. 분노와 소동, 하나님에 대한 경배와 찬양도 포함된다. 그러나 요한복음에서 예수님이 행하신 기적에 대한 반응은 언제나 믿음과 불신이라는 용어로 요약되어 있다. 우리가 예수님의 표적 가운데 하나를 보게 될 때, 우리는 믿든지 혹은 믿지 않는다. 우리는 무엇을 믿을 것인가? 우리는 예수님의 일은 하나님의 일이라는 것을 믿어야 한다. 왜냐하면 표적은 "가리키는 것"(pointer)으로 그 표적들이 가리키는 것의 실체에 대한 믿음을 요청하기 때문이다. 이런 의미에서 표적들은 증거가 된다. 즉 예수님의 인성에 대한 증거이며, 그분을 통해 주어진 하나님의 구원과 축복에 대해 증거한다. 표적들은 예수님만의 독특한 정체성을 증거하고 가리키고 있는데 이는 바로 예수님은 하나님이 누구신지를 알려주는 분이라는 것이다.

(Marianne Meye Thompson)

맺는 말:
예수님의 표적을 보라. 그리고 믿으라! 예수님을 믿으라. 그리고 하나님을 보라!

토의

어떻게 요한복음에서 예수님이 행하신 역사가 표적으로 작용하는가? 표적은 어떠한 신앙을 갖도록 요청하는가? 예수께서 물로 포도주로 만드신 표적에서 받게 되는 "보는 것과 깨닫는 것"은 무엇인가?

성경과 교재 (50분)

금주의 성경 읽기는 예수님이 처음으로 행하신 두 가지 표적으로 짜져 있다. 두세 그룹으로 나누어 다음의 질문을 사용하여 요한복음 2:1-11과 4:46-54를 비교해 보라. 이 두 본문이 공통으로 가지고 있는 요소는 무엇인가? 둘은 어떻게 다른가? 세부사항이 표적의 의미를 이해하는 데 어떻게 도움을 주는가? 각 본문에서 예수님은 기적적인 표적을 증거하는 자들에게 무엇을 주시는가? 예수님이 처음으로 행하신 두 표적으로 인해 예수님에 대해 어떤 믿음을 갖게 되었다는 입증을 요한은 어떻게 전개하는가?

요한복음에서 예수님이 처음으로 장시간 대화를 나눈 사람은 니고데모(3:1-21)와 사마리아 여인(4:7-42)이다. 두 명씩 짝을 지어 각 대화를 한 번에 하나씩 연구하되 다음 순서를 따라 하라.

(1) 성경 본문과 매일 적은 노트를 훑어보라.

(2) 대화의 배경을 묘사하라.

(3) 예수님과 각 개인들 간의 대화가 어떤 경우에 일어났는지 배경은 어떠한지 묘사하라. 예수님과 대화를 나누는 동안 각 인물들이 예수님을 이해하는데 어떠한 변화가 일어나는가? 예수께서 사용하시는 이미지는 무엇이며, 어떤 면에서 그 이미지들이 그 사람에게 적절한가?

(4) 요한의 목적이 무엇인지 토론하라. 각 대화를 통해 예수님의 어떤 정체성이 밝혀지고 있는가?

전체 그룹으로 질문을 토의하라. 예수님과 나눈 니고데모와 사마리아 여인의 대화를 통해 엿볼 수 있는 그들의 신앙을 묘사해 보라.

요한복음 3:5에 대해 다양하게 해석한 것을 연구한 사람이 있으면 보고하게 하라.

휴식 (10분)

말씀과의 만남 (40분)

성경 본문: 요한복음 2:13-22
요한복음 2:13-22를 큰 소리로 읽어라. 그런 다음
마태복음 21:12-13;
마가복음 11:15-17;
누가복음 19:45-46에서 성전을 숙청하는 병행 기사를 찾아 주의를 기울이라. 이 네 구절을 비교해서 공관복음의 기사와 요한복음의 기사들 간에 비슷한 점은 무엇이며 차이점은 무엇인지 찾아보라. 사건의 연대순서, 세부사항, 예수께서 하시는 말씀에 귀를 기울이라. 그리고 서너 명으로 나뉘어서 발견한 것을 나누라. 다음의 질문을 토의하라. 예수께서 성전을 숙청하시는 이야기를 전개하는 방식을 통해 볼 때 요한은 어떤 메시지를 전해주려고 의도했다는 생각이 드는가?

신실한 공동체의 모습 (20분)

우리는 신실한 믿음의 공동체이기 때문에 육적인 면과 영적인 양면을 본다. 우리가 육체로 존재하는 동안, 우리는 예수 그리스도 안에서 하나님께서 주신 새로운 삶을 은혜롭게 산다.

"인간의 모습"과 신실한 공동체의 모습을 큰 소리로 읽어라. 어떻게 하나님이 예수 그리스도 안에서 우리에게 주신 새로운 삶이 우리의 삶과 죽음 둘 다에 목적을 부여하는가? 짝을 지어 "신실한 공동체의 모습"에 나오는 질문에 대한 답을 나누라.

"철저한 제자" 구절에 나오는 첫 번째 진술을 읽고 따라오는 질문에 답하라.

폐회 기도 (5분)

19과를 열고 성경 읽기를 살펴보라. 기도 제목을 적어라. 기도로 폐회하라.

19 생명의 떡

개회 기도 (5분)

토의 시작 (비디오 내용) (20분)

발표자: 리차드 비 헤이스 ((Richard B. Hays)

토의 시작을 위한 준비

요한복음에서 예수님은 "나는—이다" 라고 말씀하신 내용에 주의를 기울이라. 만나 이야기와 예수께서 요한복음 6장에서 무리를 기적적으로 먹이신 이야기와의 연관성에 주목하라.

토의 시작 내용 요약

요한복음에서 예수님은 자신과 사역에 대해 길게 말씀하신다. 그러한 이야기 중 몇 가지는 "나는—이다" 라는 말로 표현된다.

요한복음 6장은 "나는—이다" 라는 표현이 첫 번째로 나타나는 부분이다.

사람들은 예수께서 무리를 기적적으로 먹이신 것을 광야에서 하나님께서 만나를 제공하신 것과 같은 표적으로 이해한다.

예수님은 하늘에서 내려온 떡이시다.

토의 시작 (비디오) 내용

서론: 요한복음 5—6장

우리는 실용성을 최상의 가치로 여기는 세상에 살고 있기에, 많은 사람들이 종교 또한 최대한 무엇인가 실용적인 가치를 줄 수 있는 것에 솔깃하게 된다는 것을 이해할 수 있다는 생각이 든다. 우리는 우리가 원하는 것을 주지 않는다면 그 어떤 것도 아무런 가치가 없다고 생각한다. 그렇다면 믿음생활이라고 왜 달라야 한단 말인가?

광야에서 만나 선물이 주어진 이후로 하나님의 백성은 그들의 우선순위를 바로 두는 데 어려움을 겪어 왔다. 선물을 주시는 분에 초점을 맞추는 대신에 우리는 선물 그 자체에 정신을 빼앗기기 일쑤다.

리차드 헤이스는 우리로 하여금 요한복음에 나타난 첫 번째 "나는—이다" 라는 위대한 말씀을 이해하도록 도와줄 것이다. 우리는 예수께서 청중들을 이해시키느라 얼마나 힘이 드셨는지를 보게 될 것이다. 즉 참된 믿음이란 그들이 원하는 어떤 혜택을 가져다주는 것보다는 예수님과 더 깊은 관계 속으로 인도해주는 것이다. 참된 믿음이란 예수님과 맺는 관계였다. 헤이스 박사는 이 본문이 어떻게 그러한 관계성 속으로 우리를 더 깊이 이끌 수 있는지를 보여 줄 것이다. 그리하여 마침내 우리는 예수님 없이는 삶을 이해할 수도 없고, 예수님 없이는 우리가 삶을 살 수도 없다는 것을 깨닫게 될 것이다. 예수님이야말로 말씀이 육신이 되어 우리의 일부분이 되셨고, 그리하여 우리도 그분의 일부분이 되었다.

(Peter Storey)

요한복음에서 우리는 공관복음에서 볼 수 없는 방법으로 예수님이 자신에 대해 말씀하시는 것을 들을 수 있다. 바로 예수님 자신과 자신의 사역에 대해 말씀하시는 대목이다. 이러한 연설은 요한복음의 희랍어를 보면 "에고 에이미"(ego eimi), "나는—이다" 라는 말로 시작한다. 예수님은 말씀하신다.

- 나는 생명의 떡이니 (6:35)
- 나는 세상의 빛이니 (8:12)
- 내가 문이니 (10:9)
- 나는 선한 목자라 (10:11, 14)
- 나는 부활이요 생명이니 (11:25)
- 내가 곧 길이요 진리요 생명이니 (14:6)
- 나는 참 포도나무요 (15:1)

"나는—이다" 라는 예수님의 말씀 하나하나에서 예수님은 그를 믿는 사람들에게 은혜로 주시는 생명의 힘을 나타내 주기 위하여 생생한 이미지를 그려주신다. 예수님은 자신의 영광스런 지위를 주장하기 위한 것이 아니시다. 오히려, 그를 따르는 사람들이 그를 생명, 깨달음, 지지, 그리고 자상한 배려의 근원으로 볼 수 있게끔 가르치고 계시다. 다시 말해서, "나는—이다" 라는 말씀은 예수님을 따르는 사람들이라면 예수께서 자기들에게 직접 하시는 말씀이라고 알 수 있도록 상상의 세계를 색칠하듯 선명하게 보여준다. 그를 따르는 사람들은 예수님과 관계를 갖도록 부름받는데, 그 관계는 포도나무와 가지의 관계처럼 친밀하고 근본적인 관계이다. 그분이 없다면 그들은 죽게 될 것이다. 예수님은 생명을 구체화하시며 생명을 주신다.

이제 이러한 "나는—이다" 라는 말씀이 처음으로 나타나는 요한복음 6장을 자세히 들여다보자. 6장의 첫 번째 부분은 공관복음에도 기록되어 있는 사건을 이야기하고 있는데, 바로 5천 명을 먹이는 기적이다. 그러나 우리가 이내 보게 되듯이 제4복음서는 그 장면을 특색 있게 전개해 나간다.

첫째, 요한은 복음서 저자들 가운데 유일하게 유월절이 가까워졌다고 하면서 (6:3) 이야기를 도입한다. 물론 유월절은 이스라엘이 애굽에서 탈출한 것을 지키는 절기로서 이 이야기는 오천 명을 먹이신 요한복음의 기사의 배경을 제공하여 주고 있다. 사람들은 그 기적을 출애굽 당시 광야에서 하나님이 만나를 공급하셨던 것과 같은 종류의 표적으로 보고, 예수님은 "참으로 세상에 오실 그 선지자라" (6:14) 주장하였다. 이는 아마도 하나님께서 모세와 같은 새로운 예언자를 세우실 것이라는 (신명기 18:15-20) 기대에 대한 언급일 것이다. 앞으로 살펴보게 되듯이 비록 만나 이야기가 실마리를 제공한 것은 사실이라고 하더라도 사람들은 그 실마리를 잘못 해석하였다.

복음서 저자들 가운데서 유독 요한만이 우리에게 백성들이 "저희가 와서 자기를 억지로 잡아 임금 삼으려" (요한복음 6:15) 했다고 기록하고 있다. 그러나 예수께서는 모세가 그랬던 것처럼 혼자 산으로 물러나심으로 상황을 피하셨다.

그 다음으로 요한은 예수께서 물위를 걸으신 이야기를 전해준다. 놀란 제자들에게 예수님이 나타나셨을 때, 이는 틀림없이 신의 나타나심, 즉 신적인 존재와 권능을 신비스럽게 계시하신 것이었다. 예수께서 배 위에서 두려워 떨고 있는 제자들에게 하신 말씀은 하나님께서 불붙은 떨기나무로 모세에게 나타나셔서 하신 말씀과 같다. "내니 두려워하지 말라" (희랍어로 에고 에이미, 6:20). 이스라엘의 이야기를 아는 독자들은 또 다른 결정적인 실마리를 얻는다. 예수님의 음성은 하나님의 음성이며, 나중에 요한복음에서 "아브라함이 나기 전부터 내가 있느니라" (8:58) 라고 하신 음성과 동일하다는 것이다.

그러나 군중은 폭풍이 이는 어두운 바다에서 이러한 음성을 듣지 못했다. 그래서 그들은 갈릴리 바다 건너편으로 예수를 좇아가 그분이 누구인지 증거를 더 보여 달라고 조르게 된다. 그들이 예수를 믿으려면 추가로 증거가 더 필요하다는 것이었다. 한편으로 그들은 출애굽기에 나타난 이야기를 언급한다. "우리 조상들은 광야에서 만나를 먹었나이다" (6:31). 그들은 예수께 말한다. "모세가 그랬던 것처럼 우리에게 만나 요술을 한 번 더 부려 주셔서 당신이 누구인지 증명해 주소서."

그러나 요한의 이야기를 듣는 독자가 알고 있듯이, 예수님은 모세와 같은 단순한 선지자가 아니다. 예수님의 행적은 출애굽기의 메아리를 많이 불러일으키는 것이지만, 그보다 훨씬 위대한 것이 여기에 들어 있다. 그리고 그렇게 예수님은 진리를 설명하기 시작한다. 얼핏 보면, 예수님은 학생들의 해석을 바로잡아주는 선생과 같이 들린다. 사람들은 출애굽기 16:4(혹은 시편 78:24)를 그분께 인용하였다. 그러나 예수님은 그 본문에는 모세가 사람들에게 떡을 준 것이 아니라고 설명한다. 오히려 떡을 주신 분은 하나님이셨다. 또한 예수께서는 주장하시기를 이 떡은 단지 육신의 배고픔을 덜기 위한 것이 아니다. 이 떡은 하늘로부터 이 세상에 생명을 주기 위해 내려온 것이라고 하신다 (요한복음 6:32-33). 이 이야기는 사람들이 마침내 예수께 "주여 이 떡을 항상 우리에게 주소서" (6:34) 라고 요청할 때 절정에 달한다.

그리고 여기서, 마치 바다 위에서 놀랐던 제자들처럼, 그리고 예수께서 말씀하실 때 두려워서 땅 위에 엎어지던 로마 병정들처럼 (18:5-6) 우리 역시 다시 한번 예수께서 "나는 생명의 떡이니" (6:35) 라고 하시는 말씀을 듣고 경이로움에 숨을 멈출 수밖에 없다.

군중들은 예수께서 그들에게 주실 수 있는 어떤 것을 좇고 있었다. 그러나 이제 예수님은 당신이 주셔야 할 것은 다른 무엇이 아닌, 바로 그 자신임을 계시하신 것이다. 생명을 주시는 그분의 권능이 구체화된 것이다. 그분은 선물을 주는 사람인 동시에 선물이다. 그분은 하늘로부터 내려 온 떡이다. 광야에서 만나는―신비롭게 생존을 유지시켜 주던―그분을 가리키는 표적이었던 것이다. 만나는 순간에 지나지 않는 상징이다. 그것은 생명을 주는 힘을 가지지 못한 것이었기 때문에 만나를 먹은 사람들은 여전히 죽었다 (6:49). 그러나 예수님은 진짜 진국으로 하나님의 은혜가 육신으로 몸을 입으셨다. 우리는 이제 믿음 안에서 그분을 영접하기만 하면 된다. 이는 예수께 속하는 모든 사람들에게 영생을 주시는 하나님의 방법이다.

6:35-40에 나타난 예수님의 자기계시는 이 이야기의 절정으로 보이지만, 요한은 특징적인 방법으로 흥미를 고조시키고 있다. 우리가 짐작할 수 있듯이, 예수님의 이야기를 듣던 사람들은 예수님의 자기 스스로에 대한 주장에 어리둥절하고 맘이 편치 않았다. 그래서 그들은 저항하기 시작한다. 그러자 예수님

은 자신이 누구인지 더 자세히 설명해 주신다. 예수님 자신이 주는 "생명의 떡"은 단지 자신의 가르침이 아니다. 단지 교리나 종교적인 지식이 아니다. 오히려 "내가 줄 떡은 곧 세상의 생명을 위한 내 살이니라" (6:51). 물론 이는 자기 자신을 내어주는 십자가상의 죽음을 일컫는다. 그러나 이렇게 이러한 육신의 "떡"이 세상에 의해 받아들여질까? 6:52-58에서 예수님은 자기를 주시는 것을 성만찬을 가리키는 메타포를 사용해서 말씀하신다. "내 살을 먹고 내 피를 마시는 자는 내 안에 거하고 나도 그의 안에 거하나니" (6:56).

어떤 신약성경 학자들은 이 메타포 안에 성만찬을 상징하는 것이 나타나 있는 것으로 말한다. 이 이야기를 듣던 청중들이 그러했던 것처럼 "이 말씀은 어렵도다 누가 들을 수 있느냐" (6:60)고 어렵게 생각한다. 그래서 학자들은 이 구절들은 앞서 나타난 덜 무시무시한 "나는―이다" 연설 부분에다가 교회가 후대에 편집을 하면서 덧붙인 것이라는 이론을 제기한다. 그러나 예수님의 육신을 먹는 이러한 언어를 후대에 추가한 것이라고 여길 만한 그럴 듯한 이유가 없다. 이 이론은 뼈에 사무치는 요한의 구체적인 메시지를 제대로 인정하지 못하는 것이다. 요한복음의 서두는 우리에게 이는 말씀이 육신이 된 것에 관한 메시지라고 말해 준다. 그러므로 성만찬은 정확하게 요한이 예수님에 관해 우리에게 말하고자 하는 것을 표현해 주고 있다. 그분은 우리들을 위해 하나님께서 손에 잡힐 듯 우리에게 구체화되신 분이시다. 시인 W. H. 오든은 제사복음서의 놀랄 만한 역설을 잘 포착하고 있다.

"어떻게 영원하신 분이 일시적인 세상일을 하실 수 있었을까
어떻게 무한하신 분이 유한한 분이 되셨을까
가능한 것으로는 절대 우리를 구원하지 못하리"
(W. H. 오든, 잠시 동안, For the Time Being).

그러나 요한의 메시지는 하나님께서 우리들을 구원하시기 위해 불가능한 일을 하셨다는 것이다. 그래서 우리가 주의 성만찬을 통해 빵과 포도주를 받을 때 우리는 바로 하나님의 몸이신 예수님의 생명을 주는 살과 피를 먹는 것이 된다.

바로 이러한 이유 때문에 예수님은 요한복음을 통해 일인칭으로 말씀하신다. 그분의 음성을 들을 때, 우리는 어렴풋이 이사야의 예언자적인 음성을 상기하게 된다. "너희를 위로하는 자는 나 곧 나이니라" (이사야 51:12). 이 "나는―이다" 라는 말씀은 하나님께서 우리에게 직접 하시는 말씀이다. 아마도 요한의 "나는―이다" 라는 말씀은 1세기 교회에 계속되던 예언자 전통에 의해 모양새가 잡히고 영향을 받았을 것이다. 이사야와 마찬가지로, 요한은 하나님의 말씀을 우리에게 또렷하게 표현하는 예언자의 입장에 서서 기록하고 있다. 그리고 우리는 그 말씀이 결정적으로 예수님 안에서 말해지고, 육신을 입는 것을 보게 된다. 그 말씀이 우리를 향한 것이라는 것을 우리가 듣게 될 때, 우리는 과연 진정으로 하나님이 누구신지 알게 된다. 하나님은 은혜로우시고, 자비로우시고, 생명을 주신다. 그리고 우리는 베드로처럼 이렇게 고백할 수밖에 없다. "주여 영생의 말씀이 주께 있사오니 우리가 누구에게로 가오리이까" (요한복음 6:68).

(Richard B. Hays)

제자

토의

어떻게 만나 이야기가 예수께서 무리를 기적적으로 먹이신 사건을 밝히 조명해 주는가? 왜 "나는 생명의 떡"이라는 예수님의 주장이 예수를 반대하던 사람들의 심기를 불편하게 했을까?

성경과 교재 (50분)

19과에서 예수께서 행하신 기적들과, 예수께서 그러한 행적들을 설명하기 위해 하신 말씀에 주의를 기울이라. 예수께서 38년 된 병자를 치유하신 이야기부터 시작하라. 서너 명이 짝을 지어 먼저 치유에 대해 토론하라 (5:1-18).

이 치유와 4:46-53에 나타난 왕의 신하의 아들을 치유하시는 이야기는 어떻게 비교할 수 있는가? 38년 된 병자는 나음을 받고 어떤 반응을 보이는가? 예수께서 병자에게 5:14에서 하시는 선언의 의미는 무엇인가?

다음 연설을 토의하라 (5:19-24). 예수께서 38년 된 병자를 고치신 행적은 어떤 의미에서 유대 관원에게 무례한 행위가 되는가? 예수께서 본인을 하나님의 아들이라고 권위를 부여하신 것이 어떻게 5:18에 묘사된 비판에 대한 대답이 되는가?

요한복음 6장을 먼저 6:1-15에 있는 기적적으로 먹이신 사건에 초점을 맞추어 살펴보라. 이 구절과 병행되는 공관복음의 구절들과 비교하라 (마태복음 14:13-21; 마가복음 6:34-44; 누가복음 9:12-17). 둘씩 짝을 지어 요한의 기사가 독특한 점을 찾아보라. 세부사항에 주목하라. 예수께서 무엇을 어떻게 행하시는가? 제자들은 무엇을 하는가? 무리는 기적에 어떻게 반응하는가? 다음 질문을 토의하라. 기적적으로 무리를 먹이신 표적은 예수님에 대해 무엇을 드러내는가?

이제 다섯 명씩 나누어 요한복음 6장에 나타난 예수님의 말씀들을 살펴보라.

> 1조: 6:22-34
> 2조: 6:35-40
> 3조: 6:41-51
> 4조: 6:52-59
> 5조: 6:60-71

할당된 구절을 읽고 다음의 질문을 이용해서 토의하라. 예수께서 말씀하시는 무리들은 어떤 사람인가? 요한은 이 그룹을 어떻게 특징짓고 있는가? "생명의 떡"이라는 예수님의 주장 때문에 그의 청중들은 어떠한 오해나 항의를 불러일으키게 되는가?

휴식 (10분)

말씀과의 만남 (40분)

성경 본문: 요한복음 5:30-47
요한복음 5:30-47을 큰 소리로 읽어라. 그리고 개인적으로 다음의 질문을 염두에 두고 그 구절을 다시 읽어라.
예수님은 자신을 누구라고 하시는가?
예수님은 하나님을 자신과의 관계에서 누구라고 하시는가?
예수님은 인류가 자신과의 관계에서 누구라고 하시는가?
이 대답에 대해 둘씩 짝을 지어 토론하라. 전체 그룹으로 다음의 질문을 나누라: 이 구절은 오늘을 사는 신자들에게 어떤 메시지를 전해 주는가?

신실한 공동체의 모습 (20분)

우리는 신실한 믿음의 공동체이기 때문에 오로지 "영생을 위한 양식"인 생명의 떡이신 예수님 외에는 아무 것도 추구하지 않는다.

"인간의 모습"과 신실한 공동체의 모습을 큰 소리로 읽어라. 우리 속에 깊게 자리 잡고 있는 갈망을 충족시키기 위하여 우리는 무엇 때문에 생명의 떡이신 예수보다 덜한 어떤 다른 것을 추구하게 되는가? 이 부분의 마지막 두 가지 질문에 먼저 답하고 다음으로 처음의 세 가지 질문에 대해 답하라.
"철저한 제자"에 대한 대답을 듣는 것으로 끝맺는다.

폐회 기도 (5분)

20과를 열고 성경 읽기를 살펴보라. 기도 제목을 적어라. 갓 구운 빵을 서로 나누고, 시편 65편으로 기도하고 마친다.

20 세상의 빛

개회 기도 (5분)

토의 시작 (비디오 내용) (20분)

발표자: 디 무디 스미스 주니어 (D. Moody Smith, Jr.)

토의 시작을 위한 준비

요한이 "유대인들"이라고 부른 사람들이 누구인지, 그리고 그들이 예수님을 반대한 특징들이 무엇인지에 주의를 기울이라.

토의 시작 내용 요약

요한복음에서 예수님은 계속해서 반대자들과 함께 논쟁에 휘말리시는데, 이들은 종종 "유대인들"로 불리고 있다.

이 반대자들은 예수님의 역할, 권위, 사역에 대한 주장을 도전하기도 하지만, 특별히 예수님과 하나님과의 관계에 도전을 던진다.

요한복음에서 "유대인들"은 유대민족과는 다르다.

토의 시작 (비디오) 내용

서론: 요한복음 7:1—10:21

랍비인 나의 친구가 어느 날 내게 바 미츠바 (bar mitzvah) 클래스에 와서 기독교에 대해 이야기해 줄 수 있느냐고 물었다. 나는 똑똑한 13살 난 청소년들에게 질문내용을 정하면 좋겠다는 생각이 들어 질문사항을 종이에 써 오라고 요청했다. 읽어보니 대부분이 비슷한 물음을 던지고 있었다. "왜 당신네 기독교인들은 우리 유대인들이 당신들의 하나님을 죽였다고 가르치고 있습니까?"

사실, 나는 이 질문이 그들이 기독교인들에 대해 가지고 있는 강한 인상이라는 사실에 대해 수치심을 느꼈다. 기독교인들이 성경을 잘못 이해함으로써 유대인, 그리고 다른 인종에 대해 해로운 편견을 품게 하였기에, 우리는 그들의 용서를 구하고 또한 하나님의 용서를 구하기 위해 기도해야 한다. 그리고 우리는 많이 회개해야 한다.

감사한 것은 하나님께서 우리가 잘못 이해하고 있는 것들을 밝혀줄 수 있도록 학자들을 허락하여 주셨고, 또한 그들이 우리가 가지고 있는 편견들을 제거할 수 있도록 도와준다는 사실이다. 이 과에서 디. 무디 스미스는 요한복음에서 바로 그러한 역할을 할 것이다.

그리고 앞으로 살펴보게 되듯이 예수님의 이야기에는 특별한 악한이 없다는 사실이다. 단지 우리 모두와 마찬가지로 타락한 인간들이 있을 뿐이다.

(Peter Storey)

요한복음에서 예수님은 "유대인"이라고 불리는 반대자들과 계속 논쟁에 휘말리고 계신다. 이 반대자들은 예수님의 역할, 권위, 사명, 그리고 특별히 예수님과 하나님과의 관계에 대한 주장에 도전장을 던지고 있다. 요한복음에서 예수님은 스스로에 대하여 몹시 놀랄 만한 주장을 하신다. 그는 하나님의 아들이시다. 그는 아버지와 하나이시다 (10:30). 오로지 요한복음에서만 예수님은 중요한 "나는—이다" 라는 말씀을 하신다: "나는 하늘에서 내려온 살아 있는 떡이다;" "나는 선한 목자라;" "나는 참 포도나무요;" "나는 부활이요 생명이니." 유대인들은 그를 믿지 못한다. 예수님이 자기가 누구인지 이러한 주장을 통해 정의를 내리시는 것처럼, 그의 반대자들("유대인들")은 이러한 주장을 반대하는 것으로 자신을 정의하고 있다. 내가 "유대인들"이라고 할 때에는 요한복음에 나타난 유대인들을 의미한다. 즉 따옴표 안에 인용된 "유대인" 말이다.

요한복음에서 예수님과 그를 반대하는 사람들을 묘사하는 것은 다른 복음서들과 다르다. 다른 복음서에도 예수님을 반대하는 사람들이 있긴 하지만 그들은 "유대인들"("the Jews")로 불리지 않는다. 그들이 유대인들인 것만은 사실이지만, 그들은 바리새인, 사두개인, 서기관, 헤롯당원으로 불린다. 공관복음서에서는 이들을 쉽사리 "유대인"으로 부르지 않는다. 요한복음에서 예수님과 그를 따르는 사람들은 유대교 바깥에 서서 안을 들여다보는 것처럼 보인다. 명백한 사실은 그들이 "유대인들"이 아니라는 것이다. 공관복음에서는 예수님이 확실히 유대인의 한 사람이다. 실제로 요한복음에서조차 사마리아 여인은 예수님이 유대인이라는 사실을 알고 있다 (요한복음 4:9). 공관복음에서 이 사실은 단순히 추정되고 있을 따름이다. 이는 말할 필요가 없다. 예수님과 함께 이야기를 나누는 사람들, 그리고 때로는 예수님과 논쟁을 하는 사람들 역시 유대인들이다. 그들이 다루고 있는 논쟁점들은 유대교 내부에서 일어나고 있는 논점들이다. 그들은 성경에 나타난 하나님의 율법과 상관이 있으며, 어떻게 이 율법을 준수할 것인가 하는 것과 상관이 있다. 공관복음에서 예수님은 자기 스스로에 대한 주장을 하지 않으신다. 사실상 예수님은 자기에 대한 의견에 반대하는 것 같이 보인다. 예를 들어, 마가복음에서 베드로가 마침내 예수께서 메시야(그리스도)라고 고백하자 예수님은 곧바로 그를 잠잠케 하시고 제자들에게 아무에게도 그 사실을 말하지 말라고 명령하신다. 공관복음에서 예수님은 다가올 하나님의 왕국을 선언하신다. 요한복음에서 예수님은 자기 스스로를 왕으로, 혹은 하나님이 누구신지 드러내는 분으로 선언하신다. 공관복음에서 예수님을 반대하는 사람들은 하나님 나라의 선포에 대해 아주 회의적이다. 요한복음에서 "유대인들"은 예수님의 자기주장을 거부한다. 요한복음을 다른 복음서와 비교하면, 반대도 옹골찰 뿐 아니라 논쟁점도 더 좁혀져 있다. 논쟁이 되는 한 가지 문제는 예수님이 과연 자기 스스로 주장하는 바로 그인가 하는 것이다. 과연 그가 하나님의 아들 그리스도이신가?

이러한 중요한 차이점이야말로 요한복음에 나타난 예수님의 모습과 공관복음에 나타난 예수님의 모습의 핵심이라고 할 수 있다. 요한복음은 그러면 다른 복음서에서 기록하지 않은, 아마도 예수님의 은밀한 가르침을 끄집어내고 있는가? 그러나 어떻게 그런 중대사들이 공관복음의 저자들에게는 감추어지고 알려지지 않을 수 있었는가? 그렇게 상상하기란 어렵다.

그렇다면 우리는 요한복음과 공관복음 둘 가운데에서 하나를 선택해야 하는가? 사실상 예수님에 대한 대부분의 연구는 (역사적인 예수 세미나 그룹을 포함해서) 요한복음은 역사적 예수나 혹은 그가 살았던 삶의 배경을 대표하고 있지 않다고 결론을 내렸다. 예수님에 대한 현대인의 연구는 공관복음이 제시한 내용과 맥을 같이 한다. 그렇게 선택하는 것은 이해할 만하다. 왜냐하면 공관복음이 예수님과 그를 반대하던 사람들이 살았던 시대와 삶의 배경을 대표하는 것처럼 보이는 반면에, 요한복음은 다소 다른 배경을 반영하는 것 같기 때문이다.

그러나 그 둘 사이에 연관성이 전혀 없는가? 과연 요한복음 버전은 단순히 꾸며낸 것일까? 그렇지 않다. 요한복음은 이와는 다른 후대의 배경에서 나온 것으로, 여전히 예수님과 그 반대자들과 연관되어 있다는 힌트가 주어져 있다. 예를 들어, 요한복음에서는 세 번이나 중요한 대목에서 회당에서의 출교에 대해 두려워하는 내용이 들어 있다. 이는 당시 유대인이라면 아주 가중한 처벌에 속했다 (9:22; 12:42; 16:2). 날 때부터 맹인 된 사람의 부모는 그러한 출교를 당할까 무서워하였다 (9:22). "그러나 관리 중에도 그를 믿는 자가 많되 바리새인들 때문에 드러나게 말하지 못하니 이는 출교를 당할까 두려워함이라" (12:42). 예수님의 공생애가 끝나갈 무렵 (12:42) 많은 사람들, 심지어는 유대 관원들도 예수님을 믿게 되었으니 출교를 당할까 두려워 쉬쉬 하였다.

마지막으로 예수님은 제자들에게 그들이 출교를 당하게 되고 심지어 하나님을 섬기기 위하여 죽음을 각오하는 사람들도 있을 것이라고 경고하셨다. 확실한 것은 예수님을 믿고 그를 따르기를 원하지만 출교를 두려워했던 사람들은 여전히 유대식으로 남아있기를 원하는 유대인이었다는 것이다. 그렇지 않다면 왜 유대 공동체를 떠나 자기 나름대로의 공동체를 형성하지 않았겠는가? 결국 그들 중 어떤 이들은 마침내는 자기 나름대로의 공동체를 형성했다. 그러나 그렇게 하기까지는 과감한 결단이었고 분열을 경험하는 것이었음에 틀림없다. 이런 일이 예수님의 사역 도중에 일어났을까? 다른 복음서에는 그러했다는 것을 나타내는 표시가 아예 없거나 조금밖에 없다. 나중에 사도 바울은 그의 동료 유대인들에 의해 심한 처벌을 받게 된다 (고린도후서 11:24-25). 그리고 바울은 그 자신이 유대인으로서 회심 전에는 예수님을 따르던 유대인 추종자들을 박해하던 사람이었다 (고린도전서 15:9; 갈라디아서 1:23; 사도행전 7:58; 9:1-2). 그러나 그러한 박해는 예수님이 죽으신 후에 일어났다. 그럼에도 불구하고 바울은 여전히 영영 회당에서 쫓겨나지 않았다. 즉 그는 요한복음에서 예상되는 파문과 같은 고통을 겪지는 않았다.

그러나 바울 시대 이후에는 그러한 박해가 일어났다는 증거가 있다. 고대 유대 회당 예배문에서 18개로 된 축도 중에서 12번째 축도는 *놋즈림(Notzrim)*과 *미님(minim)*을 탄핵하고 있는데, 아마도 나사렛 사람, 기독교인, 그리고 이교도들을 일컫는 말일 것이다. 이 축도는 후기 80년경과 같이 초기의 축도

문으로 예수님을 따르는 자들을 일컬을 수도 있다. 순교자 저스틴은 2세기 중엽에 살았던 기독교 작가인데, 회당에서 기독교인들을 저주하는 유대인들에 대해 기록하고 있다. 우리는 여기서 요한이 그렇게 공공연하게 말하는 것이 무엇인지 그 자취를 바라볼 수 있다.

또 다른 역사적 사실이 요한의 연대를 이해하고 그 시대의 문제를 다루는 데 도움을 준다. 우리가 살펴본 바대로, 다른 복음서들은 유대교 안에 있었던 파벌과 당파들, 즉 바리새파, 서기관, 사두개인, 헤롯당, 열심당 등에 대해 이야기해 준다. 바리새파를 제외한 이 모든 당파들은 요한에게는 "유대인들"과 동의어로 보이는데, 이들은 요한복음에서는 자취가 사라지고 없었다. 이들이 부재한 것은 로마 제국이 예루살렘을 점령하고 파괴한 후, 유대인들의 자국 통치가 끝난 주후 70년경 이후의 유대 상황을 반영하여 주고 있기 때문이다. 예루살렘이 파괴된 후, 훼손되지 않고 전쟁 동안 기초가 파괴되지 않은 바리새파적인 유대교가 점점 우세하게 되었다. 유대교가 재정비되는 과정에 놓이게 되었다. 그렇게 재정비되는 동안 예수님을 따르던 유대인들은 모두는 아니더라도 일부는 제외되게 되었을까? 만일 그렇다면, 이는 우리가 요한복음에서 보는 것과 일치하게 될 것이다. 요한복음에서는 예수님을 따르는 사람들은 더 이상 자신들을 유대인으로 부르지 않는다. 대신 그들은 예수를 배척하는 자들을 유대인들("the Jews")이라고 부르고 있다.

기독교인 독자들 가운데 요한복음은 수세기 동안 예수님과 그의 제자들은 유대 백성 모두에게서 배척을 당하는 한편, 또는 그들을 반대한 인상을 주어왔다. 그런 인상은 이해할 만하다. 요한복음은 그런 식으로 읽혀질 수 있고 또한 종종 그렇게 읽혀져 왔다. 그러나 요한복음을 그런 식으로 읽는 것은 쌍방이 지난 4,000년간 계속된 배척과 악의의 빛에 비추어 읽는 것이 된다. 그 당시에 어떤 일이 일어났는지 염두에 두면서 역사적으로 읽게 되면, 요한복음은 유대민족 전체가 예수님을 배척하는 것에 관한 것이 아니다. 요한복음의 "유대인들"은 유대민족과는 다르다. 예수님은 그의 제자들과 마찬가지로 유대인이다 (요한복음 4:9). 세례 요한도 마찬가지이다 (1:31). 유대인이면서 예수를 믿는 사람들도 있지만 그들은 "유대인들"이 무서워서 공개적으로 내놓고 그렇게 말하지 않는다. 다른 사람들은 예수님에 대해 개방적이다. "유대인들"과는 달리 "이스라엘"은 종종 좋은 이름으로 나타나 있다. 나다나엘은 "보라 이는 참 이스라엘 사람이라 그 속에 간사한 것 없도다" (1:47) 라는 칭찬을 받았다. 요한복음의 "유대인들"은 유대교를 규정짓고, 또 새로 규정짓기도 하면서 예수님을 따르던 사람들 모두나 혹은 일부를 배제시키던 사람들이었다. 그들이 다른 사람들도 역시 배제했을 가능성이 농후하다. 그들은 바리새인들로 예수님이 사역하던 당시 예수님과 논쟁하던 사람들이었다. 예수님에 대한 반대는 계속되어졌으나, 논쟁점이 바뀌었을 따름이다.

우리는 지난 2,000년간 요한복음을 반유대교적인 책으로 읽어 왔다. 이제 우리는 작금의 유대교, 기독교, 요한복음의 삶의 정황 등에 대해 더 나은 이해를 통해 요한복음을 읽기 시작할 때가 되었다.

(D. Moody Smith, Jr.)

맺는 말:

예수님에 대한 이야기는 한 사람의 유대인에 대한 이야기이다. 그리고 자기 백성들 가운데 그를 "영접하지 않은" 사람들도 있었던 것이 사실이다. 그러나 당신이 자신이 누군지를 알고, 예수님이 가져다주는 도전의 아주 작은 변화를 부분적이나마 인정하기 시작했다면, 당신은 예수님이 그분과 그분 백성들에게 오셨든지 아니면 나와 내 백성들에게 오셨든지, 우리는 마찬가지로 행동했을 것이라는 것을 알게 될 것이다. 사실상 우리는 마찬가지로 행동했다.

토의

요한복음에서 "유대인들"은 누구인가? 이 "유대인들"은 요한복음의 다른 유대인들과 어떻게 구별되는가? 예수께서 "유대인들"이 거부한 것을 행하신 것은 무엇인가?

성경과 교재 (50분)

예수님이 자신에 대해 주장하신 것들이 계속해서 논쟁을 일으키는데, 요한복음 7—8장에서 그 정점을 이루고 있다. 네 개의 조로 나누어 예수께서 성전에서 나누신 대화를 연구하라.

     1조: 7:1—36
     2조: 7:37—52
     3조: 8:12—30
     4조: 8:31—59.

다음의 질문을 답하기 위해 본문을 훑어보라. 예수님은 누구를 향하여 말씀하시는가? 예수께서는 자신에 대해 무어라 주장하시는가? 왜 예수님의 말씀을 듣던 사람들은 예수님의 주장에 대해 의문을 갖거나 혹은 반대하는가?

두 개의 조가 합쳐서 8:31—59에서 예수께서 어떻게 아브라함을 들어 반대자들을 비판하는데 사용하시고, 또 자신의 목적을 정당화하는데 사용하시는지 토론하라. "아브라함이 나기 전부터 내가 있느니라" 하신 예수님의 말씀의 뜻은 무엇인가?

전체 그룹으로 학생용 교재에 있는 장막절의 묘사를 상기해보라. 그리고 나서 다음의 질문을 토론하라. 두 가지를 합쳐서 생각할 때, 예수께서 물(7:37—39)과 빛(8:12)이라고 주장하신 것은 예수님과 하나님과의 관계에 대해 무엇을 말해 주는가? 예수님과 세상과의 관계에 대해서는 무엇을 말해 주는가? 신자와의 관계에 대해 무엇을 말해 주는가?

예수, 제자들, 소경, 바리새인들, 맹인 된 자의 부모, 해설자들에게 역할을 분담해 주고 예수님과 맹인 된 자의 이야기를 드라마처럼 읽어라. 아이러니가 어떻게 본문의 메시지를 진행하는데 도움이 되는지 토론하라. 맹인 된 자가 맹인에서 빛을 찾는 반면에, 바리새인들이 보다가 영적으로 눈먼 자로 천천히 내려가는 과정을 비교해 보라. 예수께서 하신 어떤 말씀과 행동 때문에 바리새인들은 눈이 멀게 되는가? 바리새인들이 죄와 안식일에 대해 가진 어떠한 견해가 그들로 하여금 눈먼 자가 되게 하는가?

휴식 (10분)

말씀과의 만남 (40분)

성경 본문: 요한복음 7:53—8:11

요한복음 7:53—8:11을 큰 소리로 읽어라. 그리고 나서 다음 질문을 지침으로 삼고, 그 본문을 다시 한번 읽어라.

예수님이 누구신지에 대해 무엇을 말해 주는가?
"서기관과 바리새인"들에 대해 무엇을 말해 주는가?
음행하다 잡혀 온 여인에 대해 무엇을 말해 주는가?
예수님과 "유대인들" 간의 갈등에 대해 무엇을 말해 주는가?

신실한 공동체의 모습 (20분)

우리는 신실한 믿음의 공동체이기 때문에 부지런히 그리스도의 빛에 대해 증거할 것을 택한다.

"인간의 모습"과 신실한 공동체의 모습을 큰 소리로 읽어라. 다음의 질문을 짝끼리 함께 나누라. 그리스도의 빛을 증거하기로 선택하려면 우리는 우리의 삶 속에서 어떤 것을 버려야 하는가? "신실한 공동체의 모습"에 대한 대답들을 나누라.

"철저한 제자": 어디에 어떻게 누구에게 그리스도의 빛을 가지고 갈 것인지에 대한 결단을 나누라. 그러한 결단을 서로가 책임지도록 어떻게 서로서로를 북돋아줄지 의견을 수렴해 보라.

폐회 기도 (5분)

21과를 열고 성경 읽기를 살펴보라. 기도 제목을 적어라. 촛불을 켜고 시편 27편을 기도하면서 마친다.

21 십자가를 위한 준비

개회 기도 (5분)

토의 시작 (비디오 내용) (20분)

발표자: 샤론 에이치 린지 (Sharon H. Ringe)

토의 시작을 위한 준비

나사로를 살리시는 이야기에서 누가, 그리고 무엇이 우리로 하여금 예수님을 부활로 이해하도록 돕는지 주의를 기울이라.

토의 시작 내용 요약

나사로를 살리신 "표적"은 예수님 스스로가 하나님의 능력을 나타내는 궁극적인 "표적" 이전에 이룬 마지막 표적이다. 두 가지 표적은 모두 삶과 죽음을 다루고 있다.

예수님 당시 사람들은 죽은 사람들이 부활의 때가 오기까지 스올에 머문다고 이해하고 있었다. 그런 의미에서 볼 때 나사로는 부활하지 않았다.

예수님은 자신을 "부활이요 생명"이라고 하셨다. 이는 순간적으로 결정적인 깨달음을 주는 힘을 가지고 계신 동시에 영원히 죽음을 정복하고 생명을 택하신 판결을 내리실 능력을 체현하시는 말씀이다.

토의 시작 (비디오) 내용

서론: 요한복음 10:22—12:50

나사로 이야기는 하나님께서 모든 인류에게 생명을 주시고자 하시는 위대한 계획을 보여주는 축소판이라고 말할 수 있다. 이 이야기 속에서 우리는 하나님이 세상을 사랑하시는 것만큼이나 아파서 죽게 된 친구에 관한 이야기도 듣게 된다. 사람들은 어리둥절해져 있으며 치유의 힘이 도착하기까지 기다리는 동안이 마치 영원한 것처럼 보여서 마음이 상하기도 한다. 그러나 믿음이란, 심지어 죽음 그 자체를 동반하듯 기다리고 인내하는 것을 요구한다. 메시아는 적당한 기회가 오기까지 기다리셔야 하는데, 이를 성경은 "때가 차매" 라고 부른다.

그리고 나서야 예수 안에 계신 하나님이 우리 세상에 개입하시고, 우리가 당하는 고통과 상실 한가운데로 오셔서 당신이 부활이요 생명이라고 선포하신다. 그리고 퇴폐하고 부패한 무덤 문에게 크게 열릴 것을 명령하신다. 그리고 그는 우리의 사망 가운데 서서 이렇게 외치신다. "나사로야 나오라."

이는 세상을 너무나 사랑하사 아들을 주신 하나님을 상기시켜 주는 힘찬 말씀이 아닐 수 없다. 우리는 멸망하지 않고 생명을 가졌다는 말씀은 얼마나 힘 있는 말인가!

샤론 린지는 요한복음에 나타난 이러한 정점에 이른 사건들이 어떻게 우리에게 죄와 죽음을 이기신 하나님의 승리에 대해 말해 주는지 설명해 줄 것이다.

(Peter Storey)

제4복음서는 요한복음 10:22—12:50에서 그 정점에 이르게 된다. 우리는 예수님의 공생애에 대한 기사 마지막 부분을 읽게 된다. 이미 초점은 예수님과 가까운 추종자들 특히 베다니의 세 식구인 마리아, 마르다, 그리고 나사로에게 맞추어져 있다. 다른 등장인물은 예수를 에워싸고 소용돌이치는 적대감을 배경으로 뒤로 물러나 있다. 10:25-30은 수전절을 배경으로 예수님을 협박하는 기사가 나와 있는데, 우리는 여기 나타나 있는 예수님의 사역을 특징짓는 말씀과 이미지 속에서 13—17장에 나타나는 마지막 만찬과 연설에도 반복되어 메아리치게 될 말씀과 이미지를 기억하게 된다. 즉 하나님의 이름으로 행하시는 일, 목자와 양의 친밀한 관계, 보내심을 받은 자와 보내신 하나님은 한 분이시라는 것이다. 요한복음 10:25-30에 나타난 그러한 가르침은 이러한 장을 읽어 만든 삽화로 시작하는데, 그 삽화는 12:44-50에서 또 다른 평행을 이루는 가르침과 더불어 끝맺게 될 것이다. 우리는 일치—전체적으로 보아야 할 단일한 그림—를 다루고 있다.

그러한 그림의 중차대함을 우리에게 알려주는 여러 가지 세부사항이 덧붙여진다. 나사로를 살리신 예수님의 행적은 "표적"으로 인정되고 있다. 여기서 그는 2장에 있는 가나의 혼인잔치 이후로 "표적"을 행해 오셨다. 요한복음 3:1-21에 따르면, 예수님은 민수기 21:6-9에 나타난 청동으로 만든 뱀 이야기를 사용하심으로써, 니고데모로 하여금 표징들은 단순히 놀라운 이적이 아니라, 생명을 주시고 심판을 이루시는 하나님의 역사를 표시하는 것이라는 것을 말씀하고자 하셨다. 이 하나님의 역사를 예수님이 함께 이루시고 계신다. 청동으로 만든 뱀이 "장대" 혹은 "푯대"에 들림으로써 독사에 물린 사람들에게 그들이 죽지 않으리라는 것을 확신시켜 주었듯이, 예수님이 장대나 푯대, 즉 십자가에 들릴 때 예수님은 생명을 중재하실 것이다. 세메이온(semeion)이라는 희랍어는 "표적"과 "푯대" 둘 다를 의미한다. 예수님의 "표적"은 심판과 판결의 메시지가 아닌, 생명을 전달하기 위해서 당신이 들려 올려질 푯대—십자가—를 가리키는 행위들이다. 그 생명은 너무나 실제적이고 확실한 것이어서 "영원한" 것으로 일컬어지고 있다. 나사로를 살리신 "표적"은 예수님이 스스로 궁극적인 하나님의 권능을 나타내는 "표징"이 되기 이전에 최후로 행하신 것인데, 이 두 가지 표적은 생명과 사랑을 다룬다.

이제 우리가 이 표적 자체를 살펴보기 전에 베다니의 식구에 대해 보도록 하자. 요한복음에서 예수님은 이 세 형제자매를 특별히 사랑하셨다고 한다. 사실 그러한 세부사항을 빠뜨릴 수 있었을 것이다. 실제로 예수님은 모든 사람을 사랑하지 않으셨던가? 그러나 요한복음에서 이름이 밝혀지지 않은 "예수가 사랑하시던 제자"는 주연을 맡고 있으며, 예수께서 베다니의 세 형제자매를 사랑하셨다고 특별히 언급된 것 또한 우리의 관심을 끈다. 전승에 따르면, 이 사랑하시던 제자는 요한이라고 하는데, 사실 이 복음서에는 거의 언급되고 있지 않다. 내 생각에는 마리아, 마르다, 나사로가 그 칭호에 알맞은 강력한 후보자 같다. 왜냐하면 예수께서 그들을 얼마나 사랑하셨나 하는 것이 나타나 있으며, 예수께서 사망을 이기시는 권세를 보여주기 위해 나사로의 중요성이 부각되고 있으며, 이 두 자매는 말과 행동으로 솔선수범하여 예수님을 존중하고 고백하는 제자의 모범을 보이고 있기 때문이다.

이 이야기를 해석하는데 흔히 나사로의 역할이 두드러지는데 사실 나사로는 수동적으로 참여하는 사람에 불과하다. 그는 진짜로 죽었었다. 그는 무덤에 나흘째 있었다가 다시 살아나게 된다. 예수님 당시와 복음서가 씌어진 당시에는 죽은 사람은 사흘 후에야 완전히 죽은 사람이 (히브리어로 네페쉬, nephesh) 된다고 생각했다. 죽은 사람은 그 이후로는 죽은 자들이 가는 곳, 혹은 스올(Sheol)에 남아 있으면서 부활의 때까지 기다린다고 생각했다. 부활의 때가 오면 모든 사람이 심판을 받으러 깨어날 것인데, 하나님이 계신 곳에 가든지 (우리가 "영생"이라고 부르는 곳) 혹은 영원히 추방될 것인지 구별되었다.

이 이야기에서 나사로는 그런 의미에서 부활한 것이 아니다. 그리고 그는 아직 영생의 축복을 향유하고 있지도 않았다. 그는 단지 일상생활로 복귀하고 있을 뿐이다. 그렇지만 그것은 어쨌든 지금 예수님이 나사로에게서 사망의 위협을 떨치셨고, 또한 그러한 행적 속에 드러난 권세는 예수를 반대하던 자들을 사시나무 떨듯 공포를 자아내기에 충분했다. 하지만 우리로 하여금 예수님의 부활—이번에는 영생으로의 부활—을 이해하도록 돕는 것은 나사로이기보다는 바로 그의 여자 형제들이 주역을 담당하고 있다.

우리는 마리아와 마르다를 요한복음 11장과 12장, 그리고 누가복음 10:38-42 두 군데서 대하게 된다. 그러나 이들은 정반대로 행동하고 있다. 누가복음에 있는 마리아는 사색적이며, 예수님의 말씀을 듣기 위해 발치에 조용히 앉아 있다. 반면에 마르다는 분주하게 손님을 맞기 위해 의무를 다하고 있다. 요한복음에서는 마르다가 사색하고 마리아가 행동한다. 마르다는 예수님과 동일시되는 부활의 의미로 전개되는 신학적 토론을 예수님과 더불어 벌이고 있다. 한편 마리아는 예수님의 발을 닦고 기름 붓기 위해 손과 무릎으로 사랑의 행동을 보이고 있으며, 세족식을 통해 섬기는 자의 행위를 솔선수범함으로써 이후의 장에서 예수님은 이를 제자들을 향한 모범으로 세우고 있다.

요한복음 11:20에서 우리는 예수님이 집에 도착하기도 전에 예수님을 맞으러 쏜살같이 뛰쳐나가는 마르다를 보게 된다. 그녀는 나무라듯이 예수님을 맞는다. 일찍이 오셨더라면 오라비가 죽은 것을 미연에 방지할 수 있었을 텐데! 심지어 지금도 예수님이 원하시기만 한다면 하나님께서 영향력을 미치셔서 나사로의 운명을 바꿀 수 있으실 터인데 라고 그녀는 말한다. 그녀는 예수께서 나사로가 다시 살 것이라고 확신시켜 주시자, 바리새인이 믿었듯이 마지막 심판 이전에 부활이 있을 것을 믿는다고 신념에 찬 확언으로 대응한다.

다음에 나오는 이야기는 이 복음서에서 신학적인 명제의 열쇠가 되는 부분이다. 예수님은 중요한 진술 중에 하나인 "나는 —이다" 라는 말씀으로 "부활이요 생명"으로 자신의 정체성을 분명하게 하신다. 그는 부활로 인해 새로운 생명의 질서를 시작하실 결정적인 순간을 일깨우실 권능을 구체적으로 나타내시며, 사망을 영원히 이기시리라는 것을 구체적으로 나타내신다. "마지막 심판"이라는 전체 드라마는 우리가 예수님과 어떤 관계를 가지는가 하는 문제에 초점을 맞추고 있다. 개역 성경에서

"믿는다" 라고 번역된 것은 예수님에 대한 주장을 지적으로, 교리적으로, 감정적으로 동의하는 것의 문제가 아니다. 이는 신뢰에 찬 확신에 관한 태도로 그분에게 우리의 생명, 죽음, 그리고 영원한 운명을 의탁하는 것이다. 그러나 그때에 마르다는 부활이요 생명이라고 하시는 예수님의 주장에 대해 "그리스도시요 세상에 오시는 하나님의 아들"이라고 고백하는 것으로 대답한다. 그것은 우리에게 예수님에 대한 믿음을 선택하는 것처럼 들린다. 실제로 그녀는 사용하는 직함을 통해 예수님에 대한 전적인 신뢰와 확신을 표현하고 있으며, 그것이 그녀의 생명에 대한 열쇠가 되고 있다. 그녀는 아무 것도 계산하는 것이 없고, 더 이상 바라는 것도 없다. 이 복음서의 저자에게는 그것이야말로 우리를 거룩하게 하시며 살아계신, 영생이신 하나님께로 연관시키는 신뢰가 된다.

마리아와 마르다와 더불어 애도하던 다른 사람들은 얼른 이야기를 실제로 돌려 사망과 그 이후의 일로 주제를 돌린다. 그러나 어쩐지 예수님의 설명과 마르다의 고백으로 인해 사망의 궁극성이 한결 와해되어 버린 듯하다. 고도로 드라마틱한 순간에 예수님은 나사로더러 무덤 밖으로 나오라고 하신다. 수족을 베로 동인 채로 그는 사람들 가운데 다시 살아났다. 이 사건을 목격한 많은 사람들이 믿음에 이르게 되었다. 그러나 다른 사람들은 이 "표적," 하나님의 힘과 계획의 증거인 이 표적을 로마 제국의 공포와 분노와 연관시킨다. 바로 로마 제국의 분노와 놀람 때문에 예루살렘과 성전이 파괴되었으며, 이는 요한복음이 씌어진 공동체가 지니게 된 쓰라린 기억의 일부분이 되고 만다.

다가오는 위기는 또한 예수님과 나사로를 죽이려 하는 음모에서도 흘깃 엿볼 수 있다. 사망의 힘은 부서졌지만 그것은 완전히 정복되지는 않았다. 그러나 나사로와 예수님을 죽이려하는 음모 가운데에서 우리는 마리아가 예수님을 기름 붓는 이야기를 발견하게 된다. 이 이야기는 죽음이 아니라 오히려 생명이 마지막으로 승리할 것이라고 확인시켜 주는 또 하나의 이야기이다. 마리아의 행위를 통해, 그리고 예수께서 서로 사랑하라고 새 계명을 주시는 것을 통해, 요한복음의 공동체가 날마다 겪던 갈등 속에서도 영생의 기억과 희망이 살아남을 수 있게 될 것이다. "나는 부활이요 생명"이라고 예수님은 말씀하신다. 그 말씀을 신뢰하면서, 그리고 그 말을 하신 말씀되신 이를 신뢰하면서 그들은 감히 자기들의 생명을 서로를 위해 헌신할 수 있었다. "사람이 친구를 위하여 자기 목숨을 버리면 이보다 더 큰 사랑이 없나니." 부활과 영생은 예수님에 대한 끈이 결코 끊어지지 않은 공동체 안에 계속 알려질 것이다. 예수님이 계신 곳에 하나님이 계시고 생명의 말씀은 하나님의 위대한 아멘이라고 하신다.

(Sharon Ringe)

맺는 말:

살펴보았듯이 예수님을 따르는 것만큼 신나는 일은 또 다시 없다. 예수님이 함께 하시면 사람들은 무덤에서 밖으로 불려 나온다. 그러나 여기서 신기한 일이 끝나지 않는다. 다음에 우리는 죽은 자를 살리신 이가 또한 우리 발치에 무릎을 꿇는 것을 살펴보게 될 것이다.

제자

토의

예수님은 자신을 "부활이요 생명"이라고 주장하셨다. 마리아가 예수님이 그리스도라고 고백한 것(11:27)과 예수께서 나사로를 살리신 일(11:44)은 어떻게 그러한 예수님의 주장을 우리가 이해하도록 도와주는가?

성경과 교재 (50분)

수전절과 유월절은 금주의 성경 읽기의 배경을 제공해 준다. 두 절기에 연관된 예식과 상징을 기억해 보고 각기 무엇을 기념했는지 상기해 보라 (학생용 교재 164, 166쪽). 그러고 나서 요한복음 10:22—12:50을 훑어보라.

예수께서 자신에 대해 무어라 하시며
예수께서 무엇을 하시는지 적어 보라.

다음의 질문을 토론하라: 이 구절에서 절기들은 예수님의 말씀과 행동에 어떤 의미를 부여하는가?

3-4개의 조로 나누어 요한복음 11:1-44에서 예수께서 나사로를 살리신 부분을 연구하라. *첫 번째로*, 이야기의 구성을 연구하라. 주인공은 누구이며, 그들은 이야기에서 어떤 역할을 담당하고 있는가? 이야기에서 무엇이 일어나며, 그 다음 과정은 어떻게 이어지는가? 클라이맥스는 무엇인가?

두 번째로, 예수께서 제자들, 마르다, 마리아, 그리고 다른 유대인들에게 차례로 어떤 오해를 받으시는지 예를 찾아보라. 왜 요한은 사람들이 예수님의 행위와 말씀을 오해하는 것을 보여 주었을까?

세 번째로, 표적의 의미를 토론하라. 예수께서 나사로를 살리신 것은 죽음에 대해 무엇을 말해 주는가? 예수님이 누구신지에 대해 무엇을 말해 주는가? 이 세상에서 하나님의 목적에 대해 무엇을 말해 주는가? 신자들의 삶에 대해 무엇을 말해 주는가?

휴식 (10분)

말씀과의 만남 (40분)

성경 본문: 요한복음 12:1-11

반원들에게 눈을 감게 한다. 반원 가운데 한 사람으로 하여금 요한복음 12:1-11을 읽게 한다. 이때 마치 마리아와 마르다의 집에 있는 것처럼 상상하게 하고, 또한 예수님과 나사로와 더불어 저녁을 나누는 것을 상상하게 한다. 무엇이 보이고, 무슨 소리가 들리고, 무슨 냄새가 나고, 무슨 맛이 나고, 무엇이 만져지는지 주의를 기울이게 한다. 그리고 본문을 조용히 읽고 개별적으로 감각들을 통해 깨달은 것을 기록하게 한다. 본문과 기록한 것을 짝과 나누게 한다. 모든 감각을 통해 이야기를 들으면서 새롭게 깨달은 것이 있는가?

(*어른과 청소년을 위한 효과적인 성경교수법* 48쪽에 있는 "모든 감각을 사용하여 성경을 공부하는 방법"을 참조하라.)

신실한 공동체의 모습 (20분)

우리는 신실한 믿음의 공동체이기 때문에 예수님을 하나님의 아들이신 메시야로 믿으며 살다가 죽는다.

"인간의 모습"을 큰 소리로 읽어라. 그리고 "신실한 공동체의 모습" 아래에 있는 첫 번째 단락을 조용히 읽어라. 신실한 공동체의 모습을 큰 소리로 읽어라. "신실한 공동체의 모습"에 있는 질문에 대한 답을 나누라.

"철저한 제자"에 있는 요한복음 12:24를 큰 소리로 읽어라. 전체 그룹으로 해당 질문에 대한 답을 나누라.

폐회 기도 (5분)

22과를 열고 성경 읽기를 살펴보라. 기도 제목을 기록하라. 시편 116:1-4를 기도한 후에 마친다.

22 열매를 맺는 능력

개회 기도 (5분)

토의 시작 (비디오 내용) (20분)

발표자: 나구용 (Koo Yong Na)

토의 시작을 위한 준비

예수님의 세족의 행위가 뜻하는 바를 이해할 수 있는 방법에 주의를 기울이라.

토의 시작 내용 요약

사복음서 모두는 예수께서 마지막 만찬을 나누시는 것을 기록하고 있다. 그러나 요한복음은 예수께서 제자들의 발을 씻어 주시는 것을 강조하는 점이 독특하다.

• 요한복음 13:1-11에서 예수님의 세족 행위는 예수님의 기업을 잇는데 필수적인 것이 되었다.

• 요한복음 13:12-20에서 예수님은 자기를 희생하는 겸손의 모범으로 제자들의 발을 씻어 주셨다.

예수님은 세족 행위를 통해 제자들도 그와 더불어 삶과 죽음에 동참하도록 초대하신다는 것을 명백히 하고 계시다.

토의 시작 (비디오) 내용

서론: 요한복음 22—27장

사도 바울은 빌립보서에서 "그는 근본 하나님의 본체시나"라고 말한다. 예수 그리스도는 "오히려 자기를 비어 종의 형체를 가지사 사람들과 같이 되셨고 사람의 모양으로 나타나사 자기를 낮추시고 죽기까지 복종하셨으니 곧 십자가에 죽으심이라"고 했다. 성경에 있는 이 위대한 본문은 예수님이 어떻게 자기를 비우셨는가 (kenosis) 하는 예수님의 성육신의 핵심을 다루고 있다.

우리는 섬기는 정신으로 전 생애를 사셨던 바로 그 예수께서 돌아가시기 전날 제자들 발밑에서 무릎을 꿇고 계신 것을 보고 놀라지 말아야 할 것이다.

그래서 저 바깥 세상에 있는 많은 사람들은 이러한 그리스도의 측면을 이해하고 수용하기 힘들어한다. 알다시피 하나님이라면 이런 식으로 행동하면 안 되지 않는가?

그러나 그렇게 생각해 본다면 우리가 생각하는 하나님이라면 결코 십자가에 달리셔도 안 되고, 십자가에서 돌아가셔도 안 되는 것이 아닌가. 그것이야말로 가장 철저하게 자기를 비우신 행동이시다. 나구용 목사는 목요일에 세족식을 행하시고, 성금요일에 돌아가신 행위는 과연 예수님이 누구신가 하는 것과 서로 밀접하게 연관된 행위라는 것을 설명해 줄 것이다.

(Peter Storey)

요한복음 13—17장은 예수께서 자기 제자들과 작별을 고하시는 데에 주요 초점을 맞추고 있다. 13장 1절에서 예수님은 "자기가 세상을 떠나 아버지께로 돌아가실 때가 이른 줄" 아시고 계시다. 그때부터 요한은 예수께서 제자들과 마지막 만찬을 나누면서 전개되는 사건과 말씀을 이야기하는데 관심을 모으고 있다.

사복음서 모두가 예수께서 마지막으로 만찬을 나눈 것을 기록하고 있다. 그러나 요한복음은 만찬이 아니고, 예수께서 만찬 중 제자들의 발을 씻겨 주는 세족식을 행하신 것을 강조하고 있다는 것이 독특하다.

최후의 만찬에 대한 요한의 기사에는 식사를 준비하는 이야기가 빠져 있으며 (마가복음 14:12-16), 떡과 포도주를 놓고 예수께서 성만찬에 대하여 말씀하시는 이야기도 빠져있다 (14:23-25). 대신에, 요한은 세족식에 대해 상세하게 기사를 적고 있으며 (요한복음 13:1-20), 예수께서 제자들에게 행하신 긴 고별사를 적고 있다 (13:31—17:26).

왜 요한은 만찬 중에 행한 세족식을 강조했을까? 세족식은 13:1-11과 13:12-20의 두 부분으로 나뉘어져 있다. 12-20절은 예수께서 자기희생의 겸손을 제자들 앞에서 손수 모범을 보이시기 위해 제자들의 발을 씻겼다고 명백하게 말하고 있다. 그러나 1-11절은 예수님의 세족식은 그의 기업을 잇는데 필수불가결한 것임을 말하고 있다. "내가 너를 씻어 주지 아니하면 네가 나와 상관이 없느니라." 그의 기업에 대한 두 번째 주제로써, 죄를 씻기는 모티브 또한 이 절에 드러나고 있다. 예수께서 제자들의 발을 씻어 주신 후에 이렇게 말씀하셨다: "너희가 깨끗하나 다는 아니니라."

이 이야기를 더 자세히 들여다보면, 1-11절과 12-20절을 함께 연관을 지어 볼 때 무엇인가 조화가 부족한 것이 명백히 드러난다. 7절에서 예수께서 제자들의 발을 씻기실 때 이렇게 말씀하신다. "내가 하는 것을 네가 이제는 알지 못하나 이후에는 알리라." 여기서는 초점이 미래에 있다. 그러나 이 후에 나오는 17절에서 예수께서는 이렇게 말씀하시고 있다. "너희가 이것을 알고 행하면 복이 있으리라." 미래와 현재가 세족식이라는 덮개 아래서 결합된 것은 원래 의도했던 의미를 파헤치는 데 효과가 있다.

이 구절을 통해 겸손이라는 주제 너머에 숨겨져 있는 세족식 행위를 깊이 이해하게 되면 세족식이 무엇을 뜻하는지 그 의미가 더욱 분명해진다. 우리는 세족의 행위가 궁극적으로는 예수님의 죽음을 상징하는 것으로 보게 되며 더욱 구체적으로는 예수님의 대속적인 죽음을 상징하는 것으로 이해하게 된다.

"유월절 전에 예수께서 자기가 세상을 떠나 아버지께로 돌아가실 때가 이른 줄 아시고" 여기서 "때"는 예수님이 죽으실 순간이다. 요한은 예수님의 죽음을 이해하기를 그를 믿는 사람들을 행한 사랑의 행위라고 보았다. 그것은 하나님의 사랑이 명백하게 바로 드러나는 순간이다.

저녁 식사 중에 예수님은 "아버지께서 모든 것을 자기 손에 맡기신 것"을 아셨다 (13:3). 그는 자기 자신의 목숨을 내어놓을 때 다른 사람을 구원하는 능력이 있음을 알았다. 아버지께로 가야할 때가 왔으며, 자신을 죽음에 내어놓을 때가 왔음을 이해하

제자

시고, 예수께서는 식탁에서 일어나 제자들의 발을 씻어 주기 시작하셨다. 세족식의 행위와 그 모욕에 가까울 만큼의 겸손은 바로 다음날 그를 기다리고 있는 모욕과 죽음을 나타내는 전조가 된다.

예수님과 베드로가 나눈 대화는 세족식의 의미를 이해하는 열쇠를 제공하여 준다 (13:6-11). 7절에서 예수님은 베드로에게 이렇게 말씀하신다. "내가 하는 것을 네가 이제는 알지 못하나 이후에는 알리라." 가톨릭 학자인 레이몬드 브라운은 이 구절은 베드로가 예수님의 죽음을 목격한 후에야 비로소 세족식 안에 드러난 예수님의 겸손과 사랑의 완전한 깊이를 이해하게 될 것을 의미하는 것이라고 주장했다. 8절에서 우리는 예수님의 기업을 잇기 위해서는 세족식은 꼭 행해야할 일이라는 것을 보게 된다. 예수님의 대속적인 행동은 세족식에 이르러 확실해진다. 그것은 단순히 모방해야 할 겸손의 일례가 아니다.

"나누다, 동업하다"는 뜻을 지닌 기업(heritage)이라는 말은 중요하다. 예를 들어, 14:3에서 우리는 예수님과 더불어 하늘에 "함께 있는" 것의 중요성을 알게 된다. "가서 너희를 위하여 거처를 예비하면 내가 다시 와서 너희를 내게로 영접하여 나 있는 곳에 너희도 있게 하리라." 그래서 우리는 세족식을 예수님의 대속적인 죽음을 나타내는 상징으로 이해하게 된다.

요한복음에 나오는 전형적인 오해는 13:8-9에 있는 베드로를 통해 표현되고 있다. 어느 시점에서 베드로는 이렇게 말한다. "내 발을 절대로 씻지 못하시리이다…내 발뿐 아니라 손과 머리도 씻어 주옵소서." 베드로의 양면적인 오해에 대해 대답하시며 예수님은 세족식 행위를 통해 제자들을 그의 생애와 죽음으로 함께 초청하기 위한 것임을 분명히 말씀하신다. "내가 너를 씻어 주지 아니하면 네가 나와 상관이 없느니라" (13:8). 예수님의 사랑의 행위를 거부하는 것은 그분과의 관계 맺음을 거부하는 것이다. 즉 그분의 삶과 마침내 희생의 죽음에 참여하는 것을 거부하는 것이 된다. 예수님의 구원의 선물은 물리적으로 씻는 그 자체라기보다는 바로 그것이 상징하고 있는 바라고 할 수 있다. 이 요점을 더욱 강조하기 위해 예수님은 이렇게 말씀하신다. "이미 목욕한 자는 발밖에 씻을 필요가 없느니라 온 몸이 깨끗하니라" (13:10).

요한의 세족식 이야기에서 두 가지 중요한 해석을 발견할 수 있다. 첫 번째 해석은 1-11절에서 예수께서 겪을 모욕적인 죽음을 말하는 상징적인 행위에서 발견할 수 있다. 그 죽음은 제자들이 예수님과 더불어 잇게 될 기업과 연관되어질 때 생명이 되며, 또한 죄를 씻는 것을 통해 생명이 된다. 세족식에 대한 두 번째 해석은 12-20절에서 볼 수 있는데 예수께서 제자들 앞에서 몸소 겸손의 모범을 보이신 것이다. 그리고 이 모범은 모방해야 할 성질의 것이다. 아무리 겸손의 일례로 단순하게 받아들인다고 하더라도 세족식은 예수님의 죽음과의 연관성을 지울 수가 없다. 15:12-13에서 자기 목숨을 버려 타인의 생명을 구할 정도로 사랑하라는 명령을 하실 때 예수님은 중요한 것을 표현하고 계시다. "내가 너희에게 행한 것같이 너희도 행하게 하려 하여" (13:15).

(Koo Yong Na)

맺는 말:

혹시 당신은 고난당하며 섬기시는 하나님의 개념을 머리로 이해하기 힘들어 하지는 않는가? 그렇다면 그렇게 힘들어 하는 단계를 극복하도록 하라. 왜냐하면 그것이야말로 기독교적인 하나님이 어떤 분인가 하는 것을 보여주기 때문이다. 우리가 그 끝없이 커다란 하나님의 사랑에서 우러나온 섬김을 마음으로 받아들일 때, 비로소 우리도 또한 예수님의 섬김의 도를 배울 수 있게 된다.

(Peter Storey)

토의

예수님의 세족 행위를 이해하는 여러 가지 방법을 찾아보라. 세족과 예수님의 죽음 간에 연결된 관계는 무엇인가?

성경과 교재 (50분)

요한복음 13장에서 예수님과 베드로가 서로 나눈 대화를 통해 세족의 의미를 좀 더 깊이 살펴보라. 두 개의 조로 나누라.

1조: 13:6-10을 읽고 다음의 질문을 토론하라. 베드로가 말한 세 가지 진술(13:6, 8, 9)은 베드로가 세족을 어떻게 이해하고 있었음을 보여주는가? 예수께서 하신 세 가지 대답에는 (13:7, 8, 10) 예수님이 베드로가 세족에 관하여 어떻게 이해하기를 바라셨는지 드러나 있다. 그것은 무엇인가?

2조: 13:31-38을 읽고 다음의 질문을 놓고 토론하라. 베드로의 질문에서 비추어 볼 때, 그는 예수님으로부터 무엇을 원하는가? 예수님의 대답에서 비추어보면, 그분은 베드로와 다른 제자들로부터 무엇을 원하시는가?

전체 그룹에서 왜 요한이 베드로가 최후의 만찬 중에 예수께서 하신 말씀과 행하신 행동에 대해 이해가 부족했던 것을 강조하고 있는지 이야기하라.

학생용 교재 176쪽, "보혜사" 라는 제목이 붙은 부분을 복습하라. 예수께서 보혜사가 하는 기능을 묘사하신 것에 따르면 (14:15-17, 26; 15:26; 16:5-14) 예수님의 영을 선물로 받는 공동체는 어떤 모습을 띠게 될까?

요한복음 14—17장에 나타난 예수님의 고별설교의 주제와 기도를 연구하라. 3-4개의 조로 나누어 14—17장을 살펴보라. 예수님은:

신자들과 그리스도에 대한 관계를 어떻게 말씀하시는가?

서로서로의 관계를 어떻게 말씀하시는가?

세상과의 관계에 대해서는 어떻게 말씀하시는가?

다음의 질문을 토론하라: 예수님이 하신 말씀 가운데 어떤 말씀이 제자들에게 가장 도전을 주었다고 생각하는가? 어떤 말씀이 가장 위로를 주었다고 생각하는가?

휴식 (10분)

말씀과의 만남 (40분)

성경 본문: 요한복음 14:1-14

요한복음 14:1-14를 큰 소리로 읽어라. 둘씩 짝을 지어 다음의 질문을 토론하라.

당신은 이 구절에서 무슨 메시지를 듣는가?

이 구절은 어떤 감정을 불러일으키는가?

교회가 이 구절에 대해 어떻게 가르치는 것을 들어왔는가?

이 구절에 대한 성경과 교회의 가르침이 하나님과의 관계가 무엇을 의미하는지에 대한 당신의 이해를 어떻게 도와주고 있는가?

이 구절에 대해 당신이 생각하는 것과 교회가 가르치는 것과의 차이점을 당신은 어떻게 해결하는가?

(어른과 청소년을 위한 성경교수법 41쪽에 있는 "대화와 만남을 사용하는 방법"을 참고하라.)

신실한 공동체의 모습 (20분)

우리는 신실한 믿음의 공동체이기 때문에 섬김의 열매를 맺기 위해서 그리스도 안에 거한다.

"인간의 모습"을 큰 소리로 읽고 나서 당신의 경험에 와 닿는 말이나 구절을 조용히 묵상하라. 신실한 공동체의 모습을 큰 소리로 읽어라. 짝을 나누어 어떻게 하여 그리스도에게 열매 맺는 섬김의 관계를 맺는 것이 "인간의 모습"에 묘사된 상황에 대한 해답일 수 있는지 말하라. 서로에게 학생용 교재 170쪽에 있는 "철저한 제자"에 대한 대답에서 섬김의 행위의 일례를 찾을 수 있었는지 이야기하라.

"신실한 공동체의 모습" 부분에 있는 세 가지 질문에 대한 대답을 나누라.

폐회 기도 (5분)

23과를 열고 성경 읽기를 살펴보라. 기도 제목을 적어라. 시편 80:14-19를 기도한 후 마친다.

23 아무도 갈 수 없는 곳

개회 기도 (5분)

토의 시작 (비디오 내용) (20분)

발표자: 아르 앨런 쿨페퍼 (R. Alan Culpepper)

토의 시작을 위한 준비

예수님의 죽음에 대한 요한복음의 핵심 되는 요소를 주목해 보라. 그러한 요소들이 교회를 위한 십자가의 의미를 어떻게 강조하고 있는지 주의를 기울이라.

토의 시작 내용 요약

요한복음 18장과 19장은 복음서의 심장과 같다.

요한복음은 예수께서 빌라도 앞에서 당한 재판을 일곱 장면으로 나누어 가장 상세하게 기록하고 있다.

예수님의 죽음에 대한 요한의 기사는 공관복음의 기사와 다르다.

예수님의 죽음에 대한 기사를 통해 요한은 십자가 위에서 새로운 공동체가 제정되었음을 보여주고 있다.

십자가상에서 일어난 사건은 영원히 교회의 본질과 교회의 목적을 구체화하여 준다.

토의 시작 (비디오) 내용

서론: 요한복음 18—19장

누가 말했는지는 모르지만 "십자가는 말을 요구하는 것이 아니라 경배를 요구하는 것"이라고 했는데 지당한 말이다. 왜냐하면 예루살렘 성 밖에서 이루어졌던 사형은 그야말로 천박하게 죽이는 교수대였기 때문이다. 그 십자가상에서 우리가 상대해야 할 분은 고난을 당하시는 하나님이시라는 것을 우리는 알게 된다. 우리가 오늘날 감당하기 어려운 육체적인 아픔을 나타내는 영어로 익스크루시에이트 (excruciate) 라는 단어를 사용하는데, 이것은 갈보리에서 나온 단어이다. 갈보리는 "십자가로부터"를 의미하는 단어인데, 무엇 무엇으로부터 라는 엑스 (ex)와 십자가라는 크루시스(crucis)에서 나온 단어, 즉 십자가로부터이다.

그리고 갈보리와 관련되어 있는 현대어가 하나 더 있다. 우리가 어떤 것이 "중요하다"고 말할 때 크루시얼(crucial)이라는 단어를 사용하는데 이는 "십자가(cross)와 같음"을 뜻하는 데서 나온 말이다. 이것은 모든 것이 거기에 달려있다는 것을 뜻한다. 이유는 십자가상에서 하나님은 헛되이 고난을 당하지 않으셨기 때문이다. 하나님은 예수님의 죽음을 통해서 모든 것을 바꾸게 된 어떤 일을 행하셨다. "그리스도께서 성경에 나타난 바대로 우리의 죄를 위해 돌아가신 때," 그것은 온 역사에서 "중요한" 일이었다. 앨런 쿨페퍼가 우리를 성스러운 드라마 속으로 이끌어줄 것이다.

(Peter Storey)

요한복음 18—19장은 요한복음의 핵심부에 속한다. 요한복음의 주제가 여기에 초점을 맞추고 있다. 다른 복음서에서처럼 예수님이 동산에서 체포되셨으나, 요한복음에는 고통스러워하시는 예수님의 모습이 없다. 예수님은 놀랍게도 상황을 통제하고 계시다. 요한은 빛과 어둠의 상징을 항상 사용하고 있으므로, "세상의 빛"이신 예수님을 찾으러 오는 자들이 등과 횃불을 가지고 오는 것이 참으로 아이러닉하다. "누구를 찾느냐?" 라는 예수님의 물음은 1장에서 세례 요한의 제자들에게 "무엇을 구하느냐" 라고 물으신 것과 마찬가지 질문이다. 한번 이상, 그는 "나는—이다", "내가 그로다"와 같은 엄숙한 선언을 하신다. 나중에 베드로는 예수님을 한번 이상 부인하면서 "나는—아니다" 라고 말하게 될 것이다. "나는—이다" 라는 말은 출애굽기 3:14에서 모세가 불타는 떨기나무 가운데에서 들었던 하나님의 이름을 메아리쳐 준다. 요한은 이러한 말들의 능력을 극대화시키고 있다. 예수께서 "나는—이다" 라고 할 때 모든 무리들이 땅에 엎드러진다.

예수께서 로마 본디오 빌라도에게 끌려가셨을 때, 유대인은 재판정에 들어가기를 거절한다. 그렇게 하면 의식적으로 정결하지 못해서 다음날 저녁 유월절 만찬을 먹지 못하게 될 것이기 때문이다. 이러한 정보로 보아 요한복음에서 예수님이 사망하신 날은 공관복음과는 24시간 차이가 난다는 것을 시사한다. 공관복음에서는 마지막 만찬이 유월절 만찬과 일치한다. 요한복음에서 예수님은 유월절 양을 잡았던 (예비일) 같은 시간에 사망하심으로써 예수님의 역할을 "세상 죄를 지고 가는 하나님의 어린 양"이라고 강조하고 있다.

요한은 빌라도 앞에서 일어난 예수님의 재판을 가장 상세하고 기묘하게 묘사한다. 이는 일곱 장면으로 나열할 수 있다. 이 장면들은 정교하게 빌라도의 동작에 의해 나뉘어져 있는데 장면이 바뀔 때마다 빌라도가 안으로 들어왔다가 밖으로 나갔다가 한다. 바깥으로 나갈 때는 종교 지도자들을 만나기 위함이요, 안으로 들어올 때는 예수를 심문하기 위해서이다.

장면 1 (바깥쪽): 종교 지도자들이 예수님을 빌라도에게 넘겨준다 (18:33-38).

장면 2 (안쪽): 빌라도가 예수님이 왕이신지에 관하여 심문한다 (18:38-40).

장면 3 (다시 바깥쪽): 빌라도가 예수님이 무고하다고 선언한다 (18:38-40).

장면 4 (안쪽): 군인들이 예수님을 채찍으로 친다 (19:1-3).

장면 5 (바깥쪽): 빌라도가 다시 예수님이 무고하다고 선언한다 (19:4-7).

장면 6 (안쪽): 빌라도가 예수님의 출신에 대해 심문한다 (19:8-11).

마지막 장면 7 (바깥쪽): 빌라도가 예수를 사형에 처하라고 넘겨준다 (19:12-16).

세 번씩이나 빌라도가 예수님이 무고하다고 선언하지만 종교 지도자들은 끈질기게 우겨댄다. 빌라도는 종교 지도자들과 예수님 사이를 오고가는 꼭두각시가 된다. 그가 누구 편을 드는가? 미묘하게도 정작 재판을 받는 이는 예수님이 아니라 빌라도임이 명백하다는 것이다. 과연 빌라도는 옳은 일을 택할 것인가 아니면 로마에 의무를 바치는 압력에 굴하고 지역 권위자들을 통제하고 유지하려는 필요에 굴하게 될 것인가? 과연 그는 예수님에 대해 어떻게 이해하고 어떤 분이라고 믿고 있는가? 종국에는 그가 믿는 것은 더 이상 중요하지 않다. 그는 종교 지도자들로부터 모독적인 발언, "우리에게는 가이사 외에는 왕이 없나이다" 라는 말을 듣고 예수님을 십자가에 못 박도록 내어준다.

예수님의 죽음에 대한 요한복음의 기사는 공관복음과는 판이하게 다르다. 공관복음의 중심 기사가 요한복음에는 전혀 나타나지 않는다.

(1) 십자가 위에서 예수님을 조롱하는 일
(2) 참회하는 범죄자
(3) 우리가 이미 살펴보았듯이 요한이 종종 빛과 어둠의 상징을 사용했음에도 불구하고 암흑이 나타나지 않는다.
(4) 시각을 세는 일
(5) 휘장이 찢어지는 일
(6) 버림받아 우는 울음
(7) 지진
(8) 무덤이 열리는 일
(9) 비록 요한이 복음서 전체를 통해 예수님의 신성을 인정하는 일을 특별히 강조하는 것에도 불구하고 백부장이 예수님이야말로 하나님의 아들이라고 고백하는 것

대신, 요한은 전승 중에서 핵심 열쇠가 되는 어떤 요소들만을 선택하여 그것들을 자기 방식대로 전개시켜서 예수님의 죽음의 의미가 무엇인지 중요한 측면을 강조한다. 요한이 예수님의 죽음을 묘사한 기사는 자연스레 일곱 장면으로 나뉘며 장사지내는 것이 결미를 장식한다.

(1) 십자가 (19:16-18)
(2) 패 (19:19-22)
(3) 호지 아니한 겉옷 (19:23-25)
(4) 예수님의 어머니와 사랑하시는 제자 (19:25-27)
(5) 예수님의 마지막 말씀 (19:28-30)
(6) 예수님의 옆구리를 창으로 찌름 (19:31-37)
(7) 장사 지냄 (19:38-42)

간략하게 중요한 장면들을 살펴보자.

요한은 십자가의 패가 종교 언어인 히브리어와, 공용어인 라틴어와, 그리고 문화 언어인 희랍어로 쓰여졌다고 기록하고 있다. 궁극적으로 예수님의 왕되심은 모든 문화적이고 국가적이며 사회적인 장벽을 초월할 것이다. 오직 요한만이 예수께서 유대 권위자들과 더불어 빌라도와 논쟁을 계속 하셨다고 적고 있다. 이 패가 실제로 비록 빌라도가 드러내놓고 선언하지는 못했지만 빌라도 자신의 고백일까 아니면 더 한층 조롱을 더하는 것일까? 요한은 예수께서 하나님 나라에 대해 가르치신 것을 발전시키고 있지는 않지만, 여기서 그는 예수님의 왕으로서의 역할에 초점을 맞추고 있다. 그러므로 요한은 이 장면을 많이 확장시키고 있다. 다른 복음서에서 기껏해야 17번 언급된 말인데 요한복음에는 75번이나 나와 있다.

제비를 뽑는 장면은 다른 공관복음에도 기록되어 있는 십자가의 전통적인 요소 가운데 속한다. 요한은 이 장면을 확장시키

고 있는데 다른 복음서에서는 6, 7번 나오는 단어가 요한복음에는 67번이나 나온다.

겉옷은 호지 않았고 "위에서부터 통으로" 짜여진 것이다. 아노덴 ("위에서부터") 이라는 단어는 요한복음에서 세 군데 다른 상황에서 나타나고 있는데, 이 모두 이중적인 의미를 띄고 있다. 예를 들어, 니고데모는 아노덴, 즉 "다시" 혹은 "위에서부터" 태어나야만 한다는 말을 듣는다. 이제 십자가 위에서 "위에서부터"는 호지 않은 겉옷을 묘사하면서 다시 등장한다. 예수께서 남기고 가실 겉옷의 호지 않은 디자인은 "위에서부터" 유래한 것이다. 그러므로 십자가상에서 일어나는 모든 일은 하나님께서 구속하시는 목적 안에서 짜여지는 직물의 일부분이라고 해도 무리가 없을 것이다. 하나님께서는 직물을 짜실 때, 위에서부터 온전히 짜신다.

다음 장면에서 예수님은 그의 어머니와 사랑하시는 제자를 보시고 어머니에게 이렇게 말씀하신다. "여자여 보소서 아들이니이다." 그리고 사랑하시는 제자에게는 이렇게 말씀하신다. "보라 네 어머니라." 전 세기를 통하여 해석가들은 이 말 속에서 상징적인 중요성을 보아왔다. 마치 결혼 선언문처럼 예수님의 선언은 실제적으로 새로운 관계를 일으키거나 새로운 관계의 내용을 성취하고 있다. 예수님은 선언을 통해 어머니와 아들이라는 새로운 가족을 성립시키신다. 시작부터 요한복음은 신자가 하나님과 새로운 관계를 맺는 것을 특징짓기 위해 가족의 비유를 사용해 왔다. 예수 안에서 나타난 계시에 응답하는 사람들은 "하나님의 자녀"가 되는 특권을 부여받게 된다 (1:12). 이렇게 십자가상에서 새로운 가족이 형성되는 것은 신자들의 공동체를 위한 핵심을 제공해 준다. 예수께서 십자가상에서 성취하신 것은 이 절정을 이루는 장면 안에서 "그에게 속한" 새로운 공동체를 제정하는 것으로 특징지어지기 때문이다. 그러므로 요한복음에서 십자가의 대속적인 중요성은 단지 개인적인 것이 아니라 공동체적인 것이다. 대속의 이론을 강조할 뿐 아니라 요한은 예수님의 사망을 기록하는 그의 복음서에서 교회에 대한 새로운 이해를 발달시키고 있는 것이다.

"그 자신의" 새로운 가족을 제정한 후 자신이 성취한 것이 무엇인가를 모두 아시고 예수님은 목마르다고 말씀하신다. 요한복음 10:18을 성취하면서 예수님은 아버지께서 자기에게 주신 일을 성취하신 후에야 자기의 목숨을 거두신다. 그러므로 요한복음에서 예수님의 죽음은 예수님의 사명을 이루는 표시가 된다. 이는 아버지의 뜻을 세상에 알리고, 세상의 죄를 없애고, 진리에 대한 증인이 되며, "그에게 속한 사람들"에게 생명을 풍성하게 주시는 것이다.

예수께서 "목마르다"고 하시는 말과 요한복음에서 일찍이 갈증에 대해 언급한 것과의 사이에 있는 연관성을 간과하지 말라. 요한복음에서 예수님과 음식과 음료는 모두 높은 실체를 상징하고 있다. 이와 유사한 것으로 베드로가 예수님이 체포되는 것을 말리려고 할 때, 예수님은 "아버지께서 주신 잔을 내가 마시지 아니 하겠느냐" 라고 대답하신다 (18:11). 이제 모든 일을 끝마치시고 예수님은 목이 마르시다. 예수님은 그에게 주어진 잔으로부터 마지막 한 모금을 마실 준비가 되셨다.

제자

물론 우슬초에 대한 언급을 통해 요한은 출애굽의 모티브를 이루고 있다. 출애굽 때, 이스라엘 백성들을 우슬초를 사용하여 자기 집 문턱에 피를 발랐다. 또한 예수님은 유월절 양이 도살되는 시간에 돌아가신다. 이 또한 출애굽과 연관되는 것이다. 예수께서 "머리를 숙이고 영혼이 돌아가시니라" (19:30) 라는 보고는 요한복음 7:39에서 예수께서 아직 영광을 받지 않으셨으므로 성령이 아직 저희에게 계시지 않았다는 말과 들어맞는다.

그를 왕으로 기록한 패 아래서 죽으면서 예수께는 왕에 걸맞는 매장이 주어졌다. 예수님은 새 무덤에 100파운드의 향품과 더불어 장사되셨다.

예수님의 죽음에 대한 기사를 통해 요한은 계속해서 전승의 요소들을 발전시켜서 예수님의 죽음이 교회에 가지는 중요성을 드러내고 있다. 요한은 우리들에게 한 치의 오차도 없이 새로운 공동체가 십자가 위에서 제정되었음을 보여주고 있다. 그것은 어머니와 사랑하시는 제자로 이루어진 새로운 가족이다. 또한 그 가족은 성령에 의해 기운이 북돋워졌다. 교회는 일치, 사랑, 그리고 성령으로 표시가 나는 공동체여야 할 것이며, 새로운 수장이신 십자가에 돌아가신 왕과 함께 하는 공동체여야 할 것이다. 그러므로 십자가상에서 일어난 일은 언제나 교회의 본질과 교회의 목적을 구체화하여 준다. 우리는 예수께서 어떻게 돌아가셨나 하는 것을 읽기 위해 복음서를 펼치게 된다. 우리가 복음서를 덮을 때 우리는 스스로가 누구인지 더욱 온전히 알게 된다.

(Alan Culpepper)

토의

요한은 예수님의 죽음에 대한 기사를 통해 교회에 대한 어떤 이해를 전개시키고 있는가? 십자가상의 예수님의 죽음은 어떤 의미에서 당신이 속한 교회의 본질과 디자인을 형상 짓고 있는가?

성경과 교재 (50분)

요한복음 18—19장에서 마침내 예수님의 "때"가 이르렀다. 요한복음 2:4; 7:30; 8:20; 13:1과 같은 구절을 큰 소리로 읽는 것을 들으면서 예수님의 죽음에 대한 공부를 시작하라. 그리고 나서 성경 읽기와 첫째 날—셋째 날까지의 노트를 사용하여 다음 질문에 답하라. 요한복음 18—19장에서 예수께서 그의 "때"에 관한 사건을 통제하고 있다는 증거를 어디서 발견하는가? 이 증거는 예수님이 죽으신 목적을 이해하는 데 어떤 영향을 미치는가?

요한복음 19:1-37에 있는 예수님의 십자가형에 대한 드라마를 큰 소리로 읽어라. 사람들에게 해설자, 예수, 그리고 빌라도 역을 할당하라. 다른 부분들은 모든 사람들이 한 목소리로 읽게 하라. 읽고 난 후, 예수님, 빌라도, 그리고 유대 지도자들이 이 이야기 속에서 어떻게 등장하고 있는지 말하라. 이제 각 사람들이 각자 돌아가면서 요한복음에서 십자가가 무슨 뜻이며 무엇을 의미하는지 말하는 것을 들어라. 다음으로 "철저한 제자"에 나타난 지침을 따라 사람들의 이야기를 들어라.

요한은 네 명의 여자와 사랑하는 제자가 "십자가 곁에 서 있었다" 라고 밝히고 있다. 당신이 예수님 생전에 그분과 가까웠던 사람 가운데 한 사람이었는데 이제 막 그분의 죽음을 목격했다고 상상해 보라. 당신이 이 순간 느끼는 감정을 하나님께 표현하는 탄식을 글로 써 보라. 마가는 우리에게 예수께서 죽으면서 시편 22:1을 입으로 외우셨다고 말한다. 매일 시편 22편을 읽어라. 그곳에 나타난 언어를 안내자로 삼는다.

휴식 (10분)

말씀과의 만남 (40분)

성경 본문: 요한복음 18:28-38

예수님과 빌라도 사이의 대화를 큰 소리로 읽어라. 조용히 본문을 다시 한번 읽고 개별적으로 다음의 질문에 대답하라. 요한은 첫 번째 청중들에게 이 글이 어떻게 전달되기를 의도했으리라고 생각하는가? 이 본문은 오늘날 교회에게 무엇을 말하는가? 우리 세상에 무엇을 말하는가? 당신에게 무엇을 말하는가? 대답을 짝과 함께 이야기하라. 그리고 나서 다음의 질문을 토론하라. 진리가 무엇이냐고 하는 빌라도의 질문에 요한복음은 어떻게 대답하고 있는가?
(어른과 청소년을 위한 효과적인 성경교수법 24쪽에 있는 "성경을 깊게 공부하는 방법"을 참조하라.)

신실한 공동체의 모습 (20분)

우리는 신실한 믿음의 공동체이기 때문에 십자가에 달리신 그리스도를 통하여 보여주신 하나님의 희생적인 사랑을 받아들인다. 그리고 그것을 우리의 삶을 통하여 전한다.

"인간의 모습"을 큰 소리로 읽어라. 다음의 질문을 짝을 지어 대답하라. 다른 사람이 당신에게 주는 사심 없는 사랑을 받아들이기 어려운 때는 언제인가? 신실한 공동체의 모습을 큰 소리로 읽어라. 다음의 질문을 토론하라. 하나님이 십자가상에서 보인 사심 없는 사랑을 받아들이기 어려운 때는 언제인가?

"신실한 공동체의 모습"의 두 번째 문단을 읽고 그 질문에 대해 답한 것을 이야기하라.

폐회 기도 (5분)

24과를 열고 성경 읽기를 살펴보라. 기도 제목을 적어라. 그룹 반원들이 한 명씩 이 과의 앞부분에서 적은 애가를 나누는 것으로 끝맺어라.

24 우는 자들이 증인이 되다

개회 기도 (5분)

토의 시작 (비디오 내용) (20분)

발표자: 아르 그레이스 존스 이마티우 (R. Grace Jones Imathiu)

토의 시작을 위한 준비

빈 무덤을 제일 처음 목격한 사람들이 그들이 본 것을 어떻게 이해하고, 또 믿으려고 애쓰는지 주목해 보라.

토의 시작 내용 요약

마리아는 빈 무덤에서 자기가 본 것을 제대로 이해하지 못한다. 예수님의 시신이 없어졌다고 슬퍼하고 있기 때문이다.

예수께서 마리아의 이름을 부르신 후에야 비로소 마리아는 예수님을 잘못 찾고 있었다는 것을 이해하게 된다.

예수님은 부활을 처음 목격한 사람들에게 과거에 알던 예수에 매여 있지 말고 다른 사람들에게 가서 그가 누구인지 말하라고 명령하신다.

요한에게 있어 예수님의 제자들은 빈 무덤의 메시지를 직면해야만 한다.

토의 시작 (비디오) 내용

서론: 요한복음 20—21장

나는 예수님이 부활하신 기사와 부활 후 나타나신 기사를 요한복음에서 읽을 때마다 깊은 감명을 받는다. 물론 이러한 사건들은 교회가 부활하신 주님에 대하여 가지는 신앙에 중요한 역할을 한다. 그리고 우리는 이러한 사건들이 공연히 소란을 피우며 화려하게 과시하기를 기대할 수 있다.

그러나 요한복음은 그런 식으로 부활을 소개하지 않는다.

내가 요한의 기사에서 가장 많이 감동을 받는 부분은 중심인물들이 얼마나 개인적인 면에서 부활의 기적을 체험하고 있으며, 또한 조용한 전원생활의 분위기 속에서 부활의 기적을 체험하고 있는가 하는 데 있다. 빈 무덤이라는 사실을 두고, 특별하게 치유하는 역사가 사람들에게 일어나게 된다. 예수께서는 그가 알고 사랑하시는 사람들에게 오셔서, 그들이 관심 갖고 있는 것들에 가장 중심을 두시고 그들이 가진 개인적인 필요들을 어루만져 주신다. 이는 마리아의 애도일 수도 있고, 도마의 의심일 수도 있으며, 또한 시몬 베드로의 죄의식일 수도 있다.

요한은 우리 모두에게 개인적으로 부활이 중요하다는 것을 가르쳐주기를 원한다. 그들이 빈 무덤의 의미가 무엇인지에 대하여 씨름하고 있을 때, 그들 가운데 와서 그들의 이름을 불러 주시며, 그들이 무엇을 필요로 하는가를 알아주던 사람이 계셨다. 그분은 그들이 가장 들을 필요가 있던 말, "평강이 너희에게 있을지어다" 라고 말씀해 주셨다.

어떻게 이런 분이 죽으셨다고 할 수 있단 말인가…그는 살아나셨음에 틀림없다. 이제 나와 더불어 그레이스 존스 이마티우가 안내하는 빈 무덤으로 함께 가 보자.

(Peter Storey)

사복음서 전체로 보아, 각 사복음서는 나름대로 독특한 개성과 관점에서 씌어졌다. 그리고 마태복음, 마가복음, 누가복음은 공관복음이라고 부를 수 있을 만큼 공통점을 많이 가지고 있다. 공관(synoptic)이란 말은 "공통된 관점"이라는 뜻이다. 공관복음은 예수님의 이야기를 공통된 관점에서 아주 비슷한 방법으로 이해하고 말해 주고 있다.

그러나 요한복음은 예수님의 이야기에 색다른 관점을 보여주고 있는데, 특히 첫 번째 부활에 관해서는 더욱 그러하다. 요한은 공관복음이 보지 못하는 것들을 본다.

요한복음은 20장에서 부활 이야기의 기본적인 세부사항에 대해서는 공관복음과 내용을 같이 한다. 때는 어느 한 주의 첫째 날 이른 아침이다. 여자들이 빈 무덤의 첫 번째 증인들이다. 무덤 입구에서부터 돌이 굴려져 있었다는 언급이 나와 있다. 그러나 공관복음과는 달리, 요한복음의 시선은 빈 무덤에 더욱 오래 머물러 있다. 또 요한은 예수님의 제자들이 예수님의 "머리를 쌌던 수건은 세마포와 함께 놓이지 않고 딴 곳에 쌌던 대로 놓여 있더라" (20:6-7) 라는 장면을 보고 어떻게 반응하는지에 관심을 보이고 있다.

공관복음에서 여인들은 천사들의 안내를 받는다. 마태복음의 "천사" (28:5), 마가복음의 "흰옷을 입은 젊은이" (16:5), 그리고 누가복음의 "눈부신 옷을 입은 두 남자"(24:4)들은 모두 여자들에게 예수님이 부활하셨다는 소식을 전한다. 그리고 이 모든 경우에 여자들은 떠나고 무덤에서는 아무 일도 일어나지 않는다. 그러나 요한복음에서는 왜 예수님의 시신이 없어졌는가를 설명해 주기 위해 기다리는 사자는 등장하지 않는다. 무덤에 당도한 사람들은 당황스럽기 짝이 없는 빈 무덤 그 자체의 실체에 마주하게 된다.

첫 번째로 마리아를 살펴보자. 빈 무덤을 보자 마리아는 가슴이 미어진다. 그녀는 누가 예수님의 시신을 가져갔다고 생각한다. 그녀는 빈 무덤을 보고 잘못 이해한 것이다. 그녀는 무엇을 믿을지 알 수가 없다. 요한복음을 통틀어 요한은 제자들이 예수님의 정체성을 오해하는 것을 부각시키고 있다. 요한이 20:31에서 선언한 것처럼, 그가 이 복음서를 쓴 목적은 독자들로 하여금 예수님이야말로 하나님의 아들 그리스도이심을 믿게 하기 위함이다. 그러나 무덤이 빈 것을 발견한 제자들조차 그들이 눈으로 본 것이 무엇인가를 이해하고 믿기 위해 애를 써야 했다.

마리아가 베드로와 사랑하시는 제자와 함께 무덤에 되돌아왔을 때, 그녀는 여전히 예수님의 시신이 없어진 것을 애통해하며, 입구 바깥에서 울고 있다. 그녀는 이해할 수도 없고 제대로 볼 수도 없다. 이 시점에서 부활하신 예수님이 그녀에게 나타나신다. "누구를 찾느냐" (20:15). 예수께서 물으신다. 마리아는 예수님의 시신이 없어진 것을 슬퍼하여 절망한 그녀에게 정원사가 물어보는 것으로 오해한다. 앞서 1:38에서 세례 요한의 두 제자가 예수님을 따르기 시작했을 때, 예수님은 그들을 돌아보시며 "무엇을 구하느냐"고 물으신 바 있다. 이렇게 예수께서 두 제자와 마리아에게 던지신 질문은 더 깊은 의미를 지니고 있다. 요한에게 있어 제자도의 핵심이 되는 사안은 예수님이 누구신가를 아는 것이다. 그래서 예수께서 20:16에서 마리아의 이름을 말씀하신 후에야 마리아는 자신이 예수님을 잘못

제자

찾고 있었다는 것을 알게 된다. 심지어 예수께서 마리아더러 "나를 만지지 말라"(20:17)고 경고하신 것은 마리아가 한때 알았으며, 심지어 만지기조차 했던 예수님은 이제 더 이상 그녀가 찾아야 할 예수님이 아니라는 것을 강조하고 있다. "만지다"라고 번역된 희랍어는 말 그대로 "매달리다"라는 것을 뜻한다. 그의 부활을 처음 목도한 증인에게 예수님은 명령하시기를 이전의 예수님에게 더 이상 매달릴 것이 아니라 가서 다른 사람들에게 예수님이 누구신지를 말하라는 것이다: "내가 주를 보았다" (20:18).

마리아 다음에 베드로와 "예수께서 사랑하시던 다른 제자" (20:2)가 빈 무덤을 증언하게 된다. 그들을 반기는 천사들은 없다. 그러나 베드로는 "세마포"가 거기 있는 것(20:5)을 보게 된다. 다른 제자들도 마찬가지이다 (20:4-5). 무덤 안에 장사에 쓰였던 세마포에 대한 상세한 묘사가 나와 있는 것은 요한이 자기 방식대로 독자들에게 예수님의 시신이 무덤 도둑꾼들에 의해 도둑맞지 않았다는 것을 알려주기 위해 사용한 것이다. 과연 세마포를 곱게 접어서 무덤에 놓아 둘 도둑꾼들이 어디에 있겠는가? 비록 베드로가 아직은 깨닫지 못하지만 예수께서 사망을 정복하셨다는 증거가 거기에 있다. 요한은 다른 제자가 "보고 믿었다"(20:8)는 말을 주목하고 있다. 과연 제자들이 정확하게 무엇을 믿었는지는 분명하지 않다. 20:9에서 요한은 "그들은 성경에 그가 죽은 자 가운데서 다시 살아나야 하리라 하신 말씀을 아직 알지 못하더라"고 적고 있다.

요한복음 20장의 나머지 부분은 예수님이 모여 있는 제자들 —도마를 제외한—에게 나타나시고, 또 도마와 함께 있는 제자들에게 나타나신 것을 기록하고 있다. 누가복음에서처럼 요한은 부활하신 예수님이 제자들 가운데 나타나 확신을 주시며, "평강이 있을지어다"(20:19, 26)라고 말씀하시며, 십자가에 못 박힐 때 생긴 손의 못 자국을 보여 주시는 장면을 적고 있다 (20:20).

요한이 첫 부활절 아침을 기록한 것이 독특한 이유는 그가 빈 무덤을 중요시하고 있기 때문이다. 바로 빈 무덤 때문에 마리아는 제자들에게 가서 자신이 본 것을 이야기하게 되고, 역시 빈 무덤 때문에 결과적으로 예수님을 만나게 된다. 빈 무덤 때문에 베드로는 예수님의 부활이라는 신비의 증거를 더 자세히 들여다보게 된다. 그리고 빈 무덤 때문에 "다른 제자" 역시 믿게 된다.

요한에게 있어 예수님의 제자들은 부활하신 주님을 믿기 위해 가는 길의 도중에 빈 무덤이라는 소식을 마주해야만 한다. 이는 바로 사망이 패배한 것이기 때문이다.

(Grace Jones Imathiu)

토의

마리아는 어떤 연유로 빈 무덤의 실체를 잘못 이해하던 데서 "내가 주를 보았다"고 주장하리만큼 변하게 되는가? 빈 무덤에 대한 어떤 메시지가 부활하신 주님에 대한 당신의 믿음을 확신시켜 주는가?

성경과 교재 (50분)

성경 읽기와 첫째 날 노트를 훑어보고 빈 무덤에 대한 사복음서의 기사를 비교해 보라. 서너 조로 나누어 요한복음의 기사가 공관복음과 상이한 요소들을 토의하라.

왜 요한은 다른 복음서에 있지 않는 어떤 세부사항을 포함시켰을까? 예수께서 마리아더러 자신이 부활했다고 말씀하시는 대신에 아버지께로 올라가신다고 다른 제자들에게 말하라고 지시하신 것은 무슨 뜻일까?

다음으로 부활 이후에 예수께서 나타나신 요한복음의 기사를 다른 공관복음과 각각 비교해 보라. 세 개의 조로 나누라. 전체로 요한복음 20:26-29를 읽게 하고 다음 본문 중에서 하나를 읽게 하라: 마태복음 28:16-20; 마가복음 16:12-20; 누가복음 24:36-43. 다음의 질문을 사용하여 요한복음의 본문과 주어진 구절을 비교하라.

무슨 일이 일어나고 있는가?
예수님을 보기 위해 등장하는 사람은 누구인가?
예수께서 무엇이라고 말씀하시며 무엇을 하시는가?
예수님의 현존을 믿음을 갖고 응답하는 사람이 있었다는 증거는 무엇인가?

이제 요한복음 21장을 살펴보라. 성경을 살펴보고 넷째 날 노트를 살펴보라. 예수께서 기적적으로 고기를 잡게 하신 일과 빵과 고기를 주신 일을 생각해 보라. 이 이야기는 믿음의 공동체를 이룰 사람들에게 어떤 메시지를 전해 주는가? 예수께서 베드로에게 하신 "내 양을 먹이라…나를 따르라"는 말씀을 생각해 보라. 예수께서 베드로에게 하신 명령은 그의 제자가 될 사람들에게 무엇을 말씀해 주는가? 짝을 지어 학생용 교재 191쪽에 답한 내용을 나누라.

휴식 (10분)

말씀과의 만남 (40분)

성경 본문: 요한복음 20:19-25

요한복음 20:19-25를 큰 소리로 읽으면서 다른 사람들로 하여금 눈으로 성경을 따라 읽게 하라. 개별적으로 다음의 질문에 대답해 보도록 하라.

이 본문은 무엇을 말하는가?
요한은 이 본문을 처음 접한 청중들에게 무엇을 전하려고 의도했을까?
이 본문은 어떤 상황을 염두에 두고 있었을까?
이 성경은 오늘날 신자들에게 무엇을 말하는가?
이 본문은 당신에게 무엇을 말하는가?
당신은 성경에게 무엇이라 말하는가?
부활하신 주님은 이 본문에서 무엇을 주장하시는가?
(*어른과 청소년을 위한 효과적인 성경교수법* 41쪽에 있는 "대화와 만남을 사용하는 방법"을 참조하라.)

신실한 공동체의 모습 (20분)

우리는 신실한 믿음의 공동체이기 때문에 부활하신 그리스도를 믿으며, 그리스도께서 승리하신 것을 기쁜 마음으로 자신 있게 증거한다.

"인간의 모습"과 신실한 공동체의 모습을 큰 소리를 내어 읽어라. 당신은 그러한 두 가지 진술 사이의 긴장을 어떻게 이해하는가? "신실한 공동체의 모습" 부분에 있는 질문에 대답하라.

"철저한 제자": 당신은 빈 무덤이라는 복된 소식을 전하기 위해 어디로 가서 위험을 감수하겠는가?

폐회 기도 (5분)

25과를 열고 성경 읽기를 살펴보라. 기도 제목을 적어라. 시편 98편을 큰 소리로 읽으며 마친다. 시편에 어울리는 손동작을 연습한 사람을 초청해서 그룹이 기도할 때 동작을 하도록 부탁하라.

25 함께 하는 삶

개회 기도 (5분)

토의 시작 (비디오 내용) (20분)

발표자: 찰스 애이치 탈버트 (Charles H. Talbert)

토의 시작을 위한 준비

기독론(믿음)과 윤리(행동)와의 부조화를 해결하기 위한 제안에 주의를 기울이고, 특별히 그리스도인의 과거에 대하여 호소하는 것에 주의를 기울이라.

토의 시작 내용 요약

요한의 서신들은 초대교회에서 기독론과 윤리와의 부조화에 대한 발자국을 더듬고 있다.

장로는 두 가지 해결방안을 제시하였다. 그리스도인의 과거를 권위로 생각하고 여간해서는 그것을 놓치지 말라. 또 다른 입장을 취하는 교사들에게 접근하는 것을 삼가라.

반대자들은 교회의 구원자이신 그리스도의 인성을 부인했다. 이는 가현설(docetism)이라고 불리는 이단으로서 이들은 또한 자신들은 도덕적인 법으로부터 자유하다고 믿었다.

토의 시작 (비디오) 내용
서론: 요한1서, 요한2서, 요한3서

우리는 다음과 같이 생각하지 않을지도 모르지만, 신약성경에 있는 서신들 중에서 가장 영향력 있고 가장 애용되는 본문 몇 개는 교회가 어려움을 당하고 있었을 때 얻게 된 것들이다. 예를 들어, 사도 바울의 사랑에 관한 위대한 시는 고린도에서 하찮은 일로 말다툼하던 것에 대한 바울의 응답이었으며, 요한1서에 있는 놀라운 증언은 이단을 대항하기 위해 씌어진 것이었다. 기독론이 이슈로 되어 있었는데, 찰스 탈버트가 조금 있다가 그것을 설명해 줄 것이다.

사람들 가운데에는 예수님이 일시적으로만 신성을 입으셨을 뿐, 비천한 출생이나 사망의 고통 안에는 신성이 없었다고 주장한 사람들이 있었다. 이때 예수님의 온 생애와 죽음을 통해서 온전한 인성과 온전한 신성이 공존했다고 주장하는 것은 아주 중요한 일이었다.

그리고 하나님의 "생명의 말씀에 관하여는 우리가 들은 바요 눈으로 본 바요 자세히 보고 우리의 손으로 만진 바라…우리가 보았고 증언하여 너희에게 전하노니" 라고 말할 수 있는 증언자들을 내세우는 것보다 더 좋은 방법이 어디 있을 것인가.

이제, 그것보다도 더 진실을 말하는 것이 없다는 사실을 알게 될 것이다.

(Peter Storey)

주후 100년경 10여년을 전후로 하여 세 개의 작은 서신들이 씌어졌는데, 아마도 요한2서, 요한1서, 요한3서의 순서로 씌어진 것 같다. 이 서신들에서 우리는 기독론(예수님은 누구시며, 그분은 무엇을 행하셨는가)과 윤리(무엇이 올바른 행위인가)를 놓고 초대교회의 두 그룹 사이에서 합의를 보지 못했던 것을 살펴볼 수 있다. 애당초 이 두 그룹을 갈라놓게 된 기독론과 윤리의 금이 굳혀지게 된 것을 더듬어 볼 수 있다. 이 논점들이 무엇이었으며, 어떤 해결책이 제안되었는지를 살펴보기로 하자.

이 서신들 가운데에서 최초로 씌어진 요한2서는 문제에 대한 힌트를 제시하며, 어떤 종류의 응답이 주어졌는지를 서술하고 있다. 그 서신에서 스스로를 "장로" 라고 불렀던 저자는 문제를 이렇게 서술하고 있다. 즉 그의 반대자들은 기독교의 과거를 무시하고 기독교의 현재에만 가치를 둔다는 것이다. 9절에서 그는 반대자들이 그리스도의 교훈대로 살기보다는 그 가르침을 뛰어넘으려 한다고 말하고 있다. 6절에 제시된 해결방안에서 "너희가 처음부터 들은 바와 같이 그 가운데서 행하라"고 되어 있는 것으로 보아 우리는 윤리적인 문제에 있어서도 해결방안이 같았으리라고 추측할 수 있다. 반대자들의 윤리방침 역시 그리스도의 교훈을 벗어나는 것으로 전통적인 견지에서 멀어진 것이었다. 결과적으로 장로는 두 가지 해결방안을 제시하였다. 첫째로, 그에게는 기독교의 과거가 권위 있는 사실로 확고하게 되어 있다. 기독론에서 예수 그리스도가 육신을 입고 오셨다는 것을 거부하는 것은 그의 양떼들이 그리스도의 가르침에 거하고 있다는 것에 의해 바로잡혀질 수 있다 (9절). 윤리에 있어서는, 기독교인의 행위는 "처음부터 우리가 가진" (5절) 명령에 의해 지침을 받아야 할 것이었다. 즉 우리가 서로 사랑해야 한다는 명령이다. 예수님을 따르는 무리가 고대 전통대로 살기만 하면 반대자들이 들고 나오는 새로운 사고들로부터 그리스도의 가르침을 안전하게 지킬 수 있을 것이라고 장로는 믿고 있는 것이다. 전통을 고수하는 것이 그의 첫 번째 해결책이다. 둘째로, 그는 다른 입장을 취하는 교사들과 접촉하지 말라고 종용하고 있다. "누구든지 이 교훈을 가지지 않고 너희에게 나아가거든 그를 집에 들이지도 말고 인사도 하지 말라 그에게 인사하는 자는 그 악한 일에 참여하는 자임이라" (10-11절).

요한1서에서 우리는 반대자가 누구이며, 그들에 대항하는 저자의 전략이 무엇인지를 선명하게 그림을 보듯이 알 수 있다. 요한1서 2:19에서 이 반대자들은 공동체를 떠나게 되고, 저자는 남아 있는 무리들이 제자리를 지킬 수 있도록 애쓰고 있다. 그는 이를 위해 요한2서에 나타난 수비책으로 기독교의 과거에 호소하는 것에 초점을 맞추고 있는 것이다.

요한2서에서와 마찬가지로, 요한1서가 관심을 끄는 것은 기독론과 윤리에 대해 의견이 다르기 때문이다. 한편으로, 반대자들은 가현설(docetism)이라는 이단사상을 주장했는데, 이는 교회의 구세주가 되시는 예수님의 진정한 인성을 거부하는 것이었다. 그들은 "예수 그리스도께서 육체로 오신 것"(4:1-3)을 거부했는데, 이는 요한2서 7절에서 "예수 그리스도께서 육체로 오시는 것을 부인하는 자"라고 되어 있다. 가현설이 어떻게 특이한 형태를 띠게 되었는지는 요한1서 5:6-8의 말씀에에서 짐작할 수 있다. "이는 물과 피로 임하신 이시니 곧 예수 그리스도시라 물로만 아니요 물과 피로 임하셨고 증언하는 이는 성령이시니 성령은 진리니라 증언하는 이가 셋이니 성령과 물과 피라 또한 이 셋은 합하여 하나이니라."

반대자들은 거룩한 영이 예수께서 세례를 받으실 때 인간 예수에게 내려오긴 했지만, 예수가 십자가에서 사망하기 전에 떠나갔다고 믿은 것 같다. 이러한 믿음은 일단의 초대 기독교인들에게 널리 퍼져있던 사상이었다. 예를 들어, 초대 기독교의 교부인 이레네우스는 1세기의 유대인 기독교 영지주의자인 세린투스의 기독론에 대해 이렇게 묘사했다. "무엇보다도 세례를 받고 나신 후, 그리스도께서 절대적인 군주로부터 비둘기의 모습으로 그(인간 예수)에게 내려오셨다. 그리고 그는 알려지지 않은 아버지를 선포하셨고, 기적을 행하셨다. 그러나 마지막에는 그리스도께서 예수님에게서 떠나셨고, 그러자 예수님은 고난을 당하시고 다시 부활하셨다. 그러므로 그리스도는 영적인 존재이므로 고난을 당할 수 없는 존재로 남아있었다."

지중해 연안에 있는 나라들은 신들이 고난 받을 수 없다는 사상을 가지고 있었다. 이는 주전 5세기에 행해진 어떤 연극에 나타나고 있는데, 이 연극에서 두 명의 여행자들 중 과연 누가 신이며, 누가 그의 노예인가를 논쟁하는 장면이 나온다. 이 분쟁은 누가 고통을 느낄 수 있는지를 찾아내면서 일단락 지어진다. 이런 문화적인 사상을 염두에 두면, 1세기 후반에 살았던 세린투스와 같은 사람이 영적인 그리스도께서 예수님이 세례 받으실 때 내려오셨지만, 그 예수께서 고난 받으시고 죽기 전에 영적인 그리스도께서 예수님을 떠나 하늘로 올라가셨다고 믿었던 것은 별로 놀랄 만한 일이 아니다. 희랍 문화는 신이라면 고난을 받고 죽을 수는 없다고 믿었으며, 이 문화적인 관습이 교회를 침투하고 교인들의 생각을 오염시켰던 것이다. 결과적으로 그들은 가현설을 주장하는 사람들이 되었다.

또 다른 한편으로, 반대자들은 자유의 윤리에 의거해서 행동하였다. (그들은 스스로 윤리적인 법으로부터 자유롭다고 믿었다.) 우리는 요한1서 3:4에 나타난 저자의 반응으로부터 이러한 것을 느낄 수 있다. "죄를 짓는 자마다 불법을 행하나니 죄는 불법이라." 윤리법으로부터의 자유는 그들이 기독교 안에서 형제자매 된 자들에게 전혀 관심을 갖지 않는 결과를 초래하였다. 그래서 이들 형제자매들로부터 떨어져 나가는 것은 반대자들에게 전혀 아무런 문제가 되지 않았다 (2:9-11).

그래서 요한1서의 저자는 과거에 호소한다. 사실상, 그는 두 가지 과거에 호소하고 있다 (기독교운동의 시작과 독자들이 기독교인으로 시작한 것). 왜 그가 이렇게 했을까? 고대 지중해에서는 고대의 것일수록 가치가 있었다. 오래될수록 좋은 것이었다. 제일 오래된 것이 제일 좋은 것이었다. 실제로 제일 처음에 일어났던 것이 다음에 오게 될 규칙들을 정해 놓았다. 처음이 기준으로 여겨졌다. 그래서 희랍어 아르케(arche)는 시작을 의미할 뿐 아니라, 주권을 의미하기도 한다! 현대 서양에서는 가장 최근의 것이 가장 좋은 것으로 여겨진다. 가장 최근에 나온 모델의 자동차든 컴퓨터든 최근의 것이 좋은 것이다. 단지 골동품을 좋아하는 사람들만이 지중해 때 살았던 사람들과 비슷하다고 할 수 있다. 골동품을 좋아하는 사람들은 우리 시대에도

오래된 것일수록 좋은 것이라고 믿는 사람들이다. 초판이 최고이다. 저자가 살았던 시대의 문화는 이런 식으로 생각했다. 그래서 요한1서의 저자는 과거에 호소하되, 단지 최근에 일어났던 과거가 아니라, 최초에 있었던 것에 호소하면 그 글을 읽는 독자에게 권위를 부여받을 수 있을 것이라고 생각했다.

요한1서의 저자가 호소하는 두 가지 과거 중 첫 번째는 그의 독자들이 어떻게 기독교인으로 경험을 하게 되었는가 하는 것이다 (즉 그들이 기독교 공동체에 어떻게 입문하게 되었는가에 대한 경험). 한편으로, 그는 자신의 기독론을 이러한 최초에 근거를 둔다. 2:20-21에서 그는 독자들에게 그들 모두가 알도록 그들은 성령에 의해 기름부음을 받았음을 말해 주고 있다. 이 기름부음은 그들이 세례를 받을 때에 성령을 받고 예수 그리스도에 대한 어떤 가르침을 받은 것을 포함한다. 2:22에서 그는 이렇게 묻는다. "거짓말하는 자가 누구냐 예수께서 그리스도이심을 부인하는 자가 아니냐." 2:24에서 그는 호소한다. "너희는 처음부터 들은 것을 너희 안에 거하게 하라 처음부터 들은 것이 너희 안에 거하면 너희가 아들과 아버지 안에 거하리라." 그들이 기독교인으로서의 경험을 처음 할 때에는 교회의 구세주가 살과 피를 입은 예수님이라고 가르침을 받았다. 그리고 요한1서의 저자가 명백히 하고 있는 것처럼, 만일 그들이 이렇게 처음 배운 것을 따르기만 하면, 그들은 가현설과 같은 이단에 현혹되지 않을 것이다.

다른 한편으로 요한1서의 저자는 윤리에 대한 그의 견해를 주장함에 있어서 독자들의 기독교적인 삶이 최초에 어떻게 시작되었는가에 두고 있다. 2:7에서 그는 자신이 독자들에게 오래된 계명인, "너희의 들은 바 옛 계명"(즉 그들의 기독교적인 삶)에 대해 말하고 있다. 그것이 무엇인가? "그의 형제를 사랑하는 자는 빛 가운데 거하여 자기 속에 거리낌이 없으나 그의 형제를 미워하는 자는 어둠에 있고 또 어둠에 행하며 갈 곳을 알지 못하나니 이는 그 어둠이 그의 눈을 멀게 하였음이라" (2:10-11). 3:11에서도 같은 말이 적혀 있다. "우리는 서로 사랑할지니 이는 너희가 처음부터 (즉 기독교인의 생활) 들은 소식이라." 다시 말하지만, 저자는 윤리적인 호소를 강화하기 위해서 독자들의 기독교인의 삶의 시작에 호소하고 있다. 만일 당신이 기름 부음을 받을 때에 들었던 것을 따른다면, 당신은 도덕적인 법을 무시하는 윤리에 의해 오도되지 않을 것이다.

요한1서의 저자가 호소하는 두 번째 과거는 기독교 운동의 시작으로서, 바로 그리스도가 지상에서 살았던 때이다. 요한1서 1:1-5에서 목격자들의 구전은 기독교 운동의 초기부터 있어왔던 것들을 성취시키는 역할을 한다. 그것은 증인들이 기독론과 윤리에 관해서 보고 들었던 것을 언급하고 있다. 한편으로 목격자들은 말하기를 "태초부터 있는 생명의 말씀에 관하여는 우리가 들은 바요 눈으로 본 바요 자세히 보고 우리의 손으로 만진 바라" (1:1). 이는 거의가 부활절 이후의 사건이다. 예를 들어, 요한복음 20:25-27에서 도마는 부활하신 예수님을 만져보기 전에는 믿지 않을 것이라고 말한다. 20:17에서 막달라 마리아는 부활하신 예수님으로부터 만지지 말라는 말씀을 듣는다. 누가복음 24:39에서 부활하신 주님은 제자들더러 그를 만져보라고 초청하면서 여전히 육과 뼈를 가지고 계신 것을 보라

제자

고 한다. 예수님이 "부활 이후에도 육신으로 오셨다는" 것을 증명하려고 씌어진 서신에서 2세기 초기의 교부인 이그나티우스는 요한1서에 있는 것과 같은 단어를 사용하고 있는데, 붙들다 혹은 만지다 (to lay hold of or to handle) 라는 뜻이다. 그는 예수님이 부활하신 후, 베드로와 같이 있었던 사람들에게 나타나셔서 만지라고 초청하셨던 것을 기록하고 있다. 그런 전통이 의도하는 바는 교회의 구세주께서 부활 이후에도 "육신 안에" 계셨음을 성취하기 위한 것이었다. 만일 독자들이 최초의 증언을 들었다면 그들은 가현설적인 오류를 피할 수 있을 것이다.

다른 한편, 목격자들은 말하기를 "우리가 그에게서 듣고 너희에게 전하는 소식은 이것이니 곧 하나님은 빛이시라 그에게는 어둠이 조금도 없으시다"라고 한다 (요한1서 1:5). 기독교 운동의 초창기부터 목격자들은 기독교인이 되는 것은 마치 도덕적인 법으로부터 자유로운 것처럼 행동하는 것과는 반대되는 것이라고 말해 왔다. 만일 요한의 독자들이 목격자들이 처음에 그리스도로부터 들었던 말씀을 따른다면, 그들은 윤리적인 실수에 빠지지 않을 것이다.

역사적인 전통과 기독교 운동의 신앙을 넘어 그들의 삶을 현재의 경험에 기반을 두려던 반대자들을 직면하게 되자 요한서신의 저자는 초기에 있었던 두 가지 사실에 호소했다. 하나는 기독교 운동의 시작인 그리스도의 생애이며, 또 다른 하나는 독자들의 기독교인으로서의 경험, 즉 그들이 신앙에 입문한 때이다. 요한은 이렇게 믿었다. 만일 독자들이 가진 기독론과 윤리가 정통성을 정해주는 과거와 일치하는 것이라면, 그들은 그들로부터 떨어져 나간 사람들의 현재의 잘못을 피할 수 있을 것이라는 것이다.

(Charles H. Talbert)

토의

저자는 기독론과 윤리에 대한 문제들에 대해 어떠한 해결책을 제시하고 있는가?

성경과 교재 (50분)

서너 명씩 나누어 로마서 14장과 에베소서 4:1-16을 연구하면서 본문이 그리스도의 몸 안에서 일치를 이루는 것에 대해서 어떻게 기록하고 있는지 살펴보라. 그리스도의 몸 안에서 일치를 도와주는 것은 무엇이며, 그것을 위협하는 것은 무엇인가? 그리스도의 몸 안에서 개인이 차지하는 위치는 무엇인가? 몸의 다른 지체에 대해 개인이 맡은 책임은 무엇인가?

시편 133편을 한 목소리로 읽어라. 사람들에게 당신이 속한 교회에서 축복으로 경험되어지는 하나됨의 표현들이 무엇인지 말해 보도록 하라. 학생용 교재 195쪽에 있는 문제에 대한 답을 나누라.

요한1서의 본문을 공부하기 위한 지침으로 질문과 말들을 사용하라. 두 그룹으로 나누어 다음과 같은 숙제를 주라.
1조: 둘째 날
2조: 셋째 날.

두 그룹 모두 다음과 같은 질문을 사용하라. 이 본문은 하나님에 속하는 사람과 그렇지 않은 사람들을 어떻게 묘사하고 있는가? 다음으로 요한이 다음과 같은 말을 반복해서 사용함으로써 특별히 말하고자 했던 바가 무엇인지 의견을 말하라: 죄, 진리, 거하라, 빛, 어둠, 세상, 불법, 적그리스도, 계명, 증거.

요한2서와 요한3서, 그리고 유다서 저자들(넷째 날과 다섯째 날)은 교회 안에 일치가 부족한 것과 교회 안에서 분쟁을 일으키는 사람에 대해 어떻게 충고하는가? 서너 명으로 나누어 토의하라. 학생용 교재 197쪽에 있는 질문에 대한 답을 나누라.

휴식 (10분)

말씀과의 만남 (40분)

성경 본문: 요한1서 1장

요한1서를 큰 소리로 읽어라. 서너 명으로 나누어 요한1서 1장을 다음의 질문을 사용하여 한 절 한 절 살펴보라. 이 구절은 무엇을 말하고 있는가? 그것이 뜻하는 바는 무엇인가? 단어 뒤에 숨은 뜻은 무엇인가? 구절에 나타난 이미지들을 당신은 어떻게 이해하며, 이 이미지들이 이전에 나타난 적이 있는가? 저자가 의도한 바는 무엇이라고 생각하는가? 그러고 나서 요한1서 1장을 개별적으로 자기 말로 적어보라고 하라. 이렇게 의역하는 데 20분간 시간을 주라. 의역한 것을 나누게 하라.
(어른과 청소년을 위한 효과적인 성경 교수법 63쪽에 나오는 "의역과 정반대로 해석하는 방법"을 참고하라.)

신실한 공동체의 모습 (20분)

우리는 신실한 믿음의 공동체이기 때문에 서로 사랑하라는 맨 처음에 받은 메시지로 서로의 관계를 맺어가는 사람들이다.

"인간의 모습"을 큰 소리로 읽어라. "인간의 모습" 질문 아래로 흐르는 논점이나 문제는 무엇인가? 신실한 공동체의 모습을 읽어라. 서로 사랑하라는 명령에서 신실할 믿음의 공동체와 인간의 모습과의 관계를 어떻게 조언하여 주고 있는가?

서너 명으로 나누어 이 부분에 있는 처음 세 개의 질문에 대해 토론하라. 그러고 나서 전체 그룹으로 나머지 두 개의 질문을 토의하라.

자신과 공동체가 그리스도에 대한 중심적인 가르침에 충실하기 위해 철저한 제자는 무엇에 호소해야 할 것인가? 철저한 제자는 교회 안에서 어떠한 의문과 반대를 직면하게 될 것인가?

폐회 기도 (5분)

26과를 열고 성경 읽기를 살펴보라. "철저한 제자"를 주의하여 보라. 기도 제목을 적어라. 유다서 24-25절을 축도로 생각하면서 읽어라.

26 혀의 위력

개회 기도 (5분)

토의 시작 (비디오 내용) (20분)

발표자: 잰 더블유 홈스, 주니어 (Zan W. Holmes, Jr.)

토의 시작을 위한 준비

야고보서를 지혜문학으로 보고 믿음과 행위 간의 관계에 대해 주의를 기울이라.

토의 시작 내용 요약

야고보서는 기독교인들이 서로 간의 관계 속에서 어떻게 행동해야 할지에 관심을 보이고 있다.

야고보는 두 가지 유형의 지혜 간에 놓여 있는 대조점을 보여주고 있다. 그것은 인간적인 지혜와 위로부터 오는 지혜이다.

야고보서에 나타난 지혜에 한 가지 두드러지는 점은 말과 행동의 일관성이다.

토의 시작 (비디오) 내용

서론: 야고보서

당신이 신앙생활을 하는 데에서 지나치게 영성만을 강조하려는 유혹을 받을 때나 혹은 제자도를 지적으로만 이해하려는 유혹을 받게 될 때, 당신은 얼른 야고보서를 펼쳐보아야 한다. 야고보서는 지체 없이 당신을 제자리로 돌려보내줄 것이다! 이 작은 책자는 예수님의 철저하게 보여주신 행동 양식을 우리가 어떤 메마른 종교의식으로 만들어 버리는 것으로부터 우리를 구해 준다.

어떤 사람들은 야고보서는 "행위에 의한 구원"을 적은 편지라고 간과해 버린다. 그러나 그것은 어불성설이다. 어디에고 야고보는 우리가 행위만으로 구원을 받을 수 있다고 적고 있지 않다. 그러나 그는 연민과 정의의 행위가 없는 믿음으로 과연 제대로 구원을 받을 수 있는지 의문시하고 있다. 연민과 정의는 가난한 자와 병든 자, 그리고 하나님이 만든 세상에서 신음하는 자들에게 복음의 소식이기 때문이다.

무엇을 믿는가 하는 것이 어떻게 살아가는가 하는 것보다 더 중요하다고 생각하는 사람들에게 야고보서는 성경적으로 훌륭하게 교정하여 준다. 야고보는 기탄없이 주장하기를, 믿음과 행위의 일치가 없이는 우리가 아무런 믿음도 가지지 않은 것과 마찬가지이며, 더 이상 그리스도인이 아니라고 주장하고 있다.

이제 잰 홈스와 더불어 야고보서를 함께 살펴보도록 하자.

(Peter Storey)

전승에 따르면, 야고보서는 예수님의 형제인 야고보에 의해 씌어졌다. 야고보는 예루살렘에 있는 초대교회에서 뛰어난 지도자였다 (사도행전 21:17-25). 야고보서는 기독교인들이 서로 간의 관계 속에서 어떻게 행동해야 하며 특히 가난한 사람들에게 어떻게 행해야 하는지에 대해 깊은 관심을 보이고 있다. 이 서신은 1세기 유대계 기독교인들을 위해 씌어졌으며, 진정한 신앙은 언제나 믿음생활로 이끌어 준다는 것을 상기시켜 준다. 대체로 어떤 특정한 문제를 놓고 특별한 공동체에 쓴 바울 서신과는 달리, 야고보서는 전체 지역교회를 향해 씌어졌다. 사실 어떤 학자들은 야고보가 서신인지조차 의문을 던진다. 예를 들어, 학자들은 처음 인사말 다음에 다른 신약성경에서 발견되는 요소, 즉 바울서신에 익숙한 축복 "모든 자에게 은혜" (에베소서 6:24) 라는 말이 빠져 있음을 주목한다. 그러나 명확한 것은 야고보서는 도덕적인 가르침의 형태로 "지혜가 부족한" 자들을 (야고보서 1:5) 설득하여 그들이 "영광의 주 곧 우리 주 예수 그리스도에 대한 믿음"(2:1)을 가지기를 설득하려고 씌어졌다는 것이다.

야고보서는 기독교의 지혜서라고 할 수 있다. 야고보서는 유대교의 지혜문학과 많은 유사점을 가지고 있는데, 특별히 토라를 평가하고 응용하고 있다. 예를 들어, 레위기 19:18은 야고보서 2:8에 인용되고 있다. "너희가 만일 성경에 기록된 대로 네 이웃 사랑하기를 네 몸과 같이 하라 하신 최고의 법을 지키면 잘하는 것이거니와." 마찬가지로 잠언과 같은 형태가 야고보서 전반에 사용되고 있는데, 심지어 4:6에는 잠언을 인용하기까지 한다. "하나님이 교만한 자를 물리치시고 겸손한 자에게 은혜를 주신다 하였느니라." 이는 잠언 3:34에 대한 언급이다. 이 책의 108절 가운데에서 절반 이상이 명령문으로 되어 있는데, 이는 지혜서에 익숙하게 나오는 언어 패턴이다. 예를 들어, 야고보서 4:7은 우리들에게 명령하기를 "마귀를 대적하라 그리하면 너희를 피하리라"고 되어 있다.

또한, 야고보서는 고대의 지혜문학과 조화를 이루어 둘 사이에 나타난 대조점을 보여주기도 한다. 사실상, 야고보서는 두 가지 종류의 지혜를 구별함으로써, 두 가지 다른 종류의 결실을 맺고 있다. 한편으로는 인간적인 지혜로 3:14-16에 나와 있다. 이러한 열매는 "땅 위의 것이요 정욕의 것이요 귀신의 것이니." 또 다른 한편으로 "위로부터 난 지혜"는 3:17에 나와 있는데, 이는 "성결하고 다음에 화평하고 관용하고 양순하며 긍휼과 선한 열매가 가득하고 편견과 거짓이 없"다. 이런 종류의 지혜는 하나님께로부터 오는 선물로 이해하고 경험되어진다. 그래서 자신을 지혜 있다고 생각하는 사람들은 그 열매를 보면 알 수 있다.

얼른 보면 야고보서는 자세히 정의된 구조를 가지고 있는 것처럼 보이진 않는다. 예를 들어, 이 책은 서로 연관이 되지 않는 것처럼 보이는 단위로 나타나 있다. 그러나 서신의 중앙부에 있는 단위인 야고보서 2:1-3:12는 확실히 알아볼 수 있는 패턴을 중심으로 운용되고 있다. 주제 중 많은 것들과 서신에서 중요한 위치를 차지하는 용어들을 1장에서 찾아볼 수 있음도 주목해 볼 수 있다. 1장은 앞으로 일어날 일이 무엇인지에 대해

서론 역할을 한다. 서신의 마지막에는 1장의 주요 주제들이 다시금 반복해서 나타난다. 이러한 주제들은 부자들에 대한 판단, 인내, 기도, 고난, 그리고 언어와 행동 간의 일관성 등이다.

코스타리카 학자 엘사 타메즈(Elsa Tamez)는 야고보서에 대한 연구에서 전혀 다르면서도 서로 보완하여 주는 세 개의 시각을 제공하여 준다. 이 세 개의 다른 시각은 야고보서를 더 명확하게 공부할 수 있는 구조를 마련하여 준다. 첫 번째 시각은 압박과 고난에서 보는 것이다. 이는 부유한 사람들에게 착취와 압박을 당하고 있는 가난한 신자들로 이루어진 공동체를 보여주는 것이다. 두 번째는 희망의 시각에서 보는 것이다. 이는 희망을 주고, 용기를 주고, 불의가 끝날 것이라는 확신을 주는 말들을 들을 필요가 있던 가난한 신자들로 구성된 공동체를 보여주는 것이다. 세 번째 시각은 실제적인 것으로서, 우리로 하여금 어떤 다른 무엇이 더 필요하다는 것을 볼 수 있도록 도와주는 것이다. 야고보는 기독교인들에게 용맹스런 인내를 보이는 행동양식을 실천할 것을 요구한다. 이는 언어, 믿음, 그리고 행동 사이의 일치이다. 이는 또한 힘 있는 기도, 실질적인 지혜, 그리고 공동체 구성원들 간에 무조건적인 사랑을 보여주는 행동양식이다. 야고보에 따르면, 이러한 속성들은 일상생활에 있어서 지혜를 나타내는 것들이다.

실제로 야고보서에서 강조되는 일상생활의 지혜는 특별히 언행일치를 통해 나타난다. 야고보는 말하기를 "너희는 말씀을 행하는 자가 되고 듣기만 하여 자신을 속이는 자가 되지 말라"(1:22)고 말한다. 이 논점은 서신의 중심 부분에서 다루어지고 있다. 여기서 야고보는 우리에게 익숙한 믿음과 행위에 대한 주제를 들고 있다. 그는 2:26에서 "영혼 없는 몸이 죽은 것 같이 행함이 없는 믿음은 죽은 것이니라"고 말하고 있다. 그런데 이 구절은 바울이 갈라디아서 2:16에서 "사람이 의롭게 되는 것은 율법의 행위로 말미암음이 아니요 오직 예수 그리스도를 믿음으로 말미암는 줄 알므로"와 일치되지 않는 것 같다. 그러나 내 생각에는 바울과 야고보는 서로 보완적인 관계에 있다. 바울은 결코 사람은 믿음만으로 의로워진다고 말한 적이 없었다. 믿음을 지적으로 이해하는 것은 바울에게 말도 되지 않았다. 바울의 글에서 믿음은 신자들이 사랑 안에서 성령과 더불어 걷는 것을 뜻한다. 이와 마찬가지로 야고보는 결코 사람이 행위만으로 의로워진다고 말한 적이 없다. 야고보는 우리가 믿음과 행위를 구별할 수 있도록 도와주지만, 기독교인의 생활에서 그들은 다른 하나를 대체할 수 있는 것이 아니다. 믿음을 갖게 되면 행위가 생겨나고, 행위는 믿음을 나타내는 척도가 된다. 이런 이유로 야고보는 "행함이 없는 믿음은 그 자체가 죽은 것이라"(2:17)라고 적고 있다.

여기서 논점이 되는 것은 어떤 방법을 사용하면 기독교인들의 삶이 살아가면서 생활 속에서 온전함과 일치를 이룰 수 있을까 하는 것이다. 어떻게 하면 믿음과 행위가 어떤 류의 일치를 이룰 수 있을 것인가? 무엇이 이 둘을 함께 가게 하는가? 야고보는 이러한 질문에 대해 믿음과 행위가 서로 상호의존적인 관계를 가진다고 확언하고 있다. 왜냐하면 하나님을 믿는 신앙은 연민과 정의라는 행위를 통해 보여지기 때문이다.

여러분에게 복숭아 농장을 가지고 있던 농부 이야기를 해주고 싶다. 그가 키우던 나무들은 예쁘고 탐스런 복숭아들을 다년 간 맺었다. 그러던 어느 날 농장에 있던 나무들이 죽고 말았다. 그는 농사전문가를 찾아가서 무엇이 잘못 되었는지 말해줄 수 있느냐고 물었다. 전문가는 말하기를, "당신은 치명적인 실수를 하나 저질렀소. 당신은 열매를 보살피느라 너무나 분주한 나머지 그만 나무를 보살피는 일을 잊어버렸소."

야고보서는 우리들에게 믿음과 행위를 둘 다 보살피라고 상기시켜준다. 왜냐하면 생명나무에서 행위가 없는 믿음은 열매를 맺을 수 없기 때문이다. 그리고 믿음이 없는 신앙은 뿌리가 없는 것이나 마찬가지이기 때문이다.

(Zan W. Holmes, Jr.)

토의

어떤 점에서 야고보서는 전통적인 지혜문학과 비슷한가? 믿음과 행위와의 관계는 무엇이며, 온전함과 일관성을 지닌 삶과의 관계는 무엇이라고 생각하는가?

성경과 교재 (50분)

지혜는 종종 잠언의 형태를 띤다. 야고보서 역시 기독교인의 지혜문학이므로 교훈을 표현하기 위해 몇 개의 잠언을 사용하고 있는데, 야고보서 1—4장에 나타나 있다. 네 조로 나누어 한 조에 1장씩 할당하라. 다음의 지침을 따라하도록 한다.

한 구절 혹은 부분을 살펴봄으로써 야고보가 말하려고 하는 것을 이해하려고 하라. 매일 적은 노트를 참고하라.

그 장에서 야고보서를 이해하는데 중요한 가르침을 적어도 세 가지 선택하여 잠언 형식으로 적어보라. 잠언 10—15장에 있는 예를 살펴봄으로써 어떻게 잠언 형식을 만드는지에 대한 이해를 새롭게 하라. 그리고 나서 세 가지 교훈을 표현하기 위해 세 개의 잠언을 함께 만들어 보라. 함께 주어진 장을 연구하고 잠언을 준비하려면 적어도 20분 시간이 필요할 것이다. 전체 반원으로 각 그룹이 만든 잠언을 들어 보라. 야고보서 1장부터 시작하라.

서너 명이 한 조가 되어 야고보서 5장이 공동체에게 어떻게 서로를 책임지도록 다양하게 권면하고 있는지 그 방법들을 찾아보라. 학생용 206쪽에 있는 질문에 대한 답을 나누어라.

학생용 교재 200쪽에 있는 "철저한 제자"에 주의를 기울이라. 사람들이 무엇을 들었는지, 사람들이 개인적으로 언어를 사용하고 말하는 법에 대해 무엇을 깨닫게 되었는지, 그들이 가진 신앙과 언어 간의 관계는 어떠한지에 대해 이야기를 나누라.

전체 그룹으로 "추가 연구"에 나와 있는 제안을 고려해 보라.

휴식 (10분)

말씀과의 만남 (40분)

성경 본문: 야고보서 1:12-27

반원들에게 야고보서 1:12-27을 읽게 하라. 마치 처음 읽는 것처럼 읽으면서 떠오르는 새로운 영감이나 혹은 이전에 생각지 못했던 의문점들을 의식해 보라고 하라. 두 명씩 짝을 지어 다음의 질문을 토의하라.

본문은 무엇을 말하고 있는가?

야고보는 하나님에 관해 무엇을 말하려고 했다고 생각이 드는가?

이 본문이 오늘날 우리에게 어떤 의미를 갖는가?

그리고 나서 개별적으로 다음의 질문을 가지고 공부하게 하라. 내가 만일 이 본문을 심각하게 받아들인다면, 나는 내 인생에서 어떤 변화를 일으켜야 할까? 돌아가면서 그 질문에 대해 발표하게 한다.

(*어른과 청소년을 위한 효과적인 성경 교수법* 24쪽에 있는 "성경을 깊게 공부하는 방법"을 참조하라.)

신실한 공동체의 모습 (20분)

우리는 신실한 믿음의 공동체이기 때문에 말이라고 하는 것이 세울 수도 있고 파괴할 수도 있는 힘을 가지고 있음을 안다. 그러므로 우리는 혀 사용하는 것을 가볍게 생각하지 않는다.

전체 그룹으로 "인간의 모습"을 큰 소리로 읽고 다음의 질문을 토의하라. 우리가 무해하다고 생각할 수도 있는 이 진술에 명백하게 드러나 있는 태도는 무엇인가? 신실한 공동체의 모습이 "인간의 모습"에 있는 인간에 대한 묘사와 행동에 어떤 권면을 하고 있는가?

두 명씩 혹은 세 명씩 조를 이루어 학생용 교재에 나타난 질문에 대답하라.

폐회 기도 (5분)

27과를 열고 성경 읽기를 살펴보라. 기도 제목을 적어라. 야고보서 3:5-6을 읽고 학생용 교재 200쪽에 있는 기도를 하고 폐회하라.

27 마지막 때의 비전

개회 기도 (5분)

토의 시작 (비디오 내용) (20분)

발표자: 엠 유진 보링 (M. Eugene Boring)

토의 시작을 위한 준비

요한계시록이 다루는 내용에서 기독교인들은 두 개의 다른 주장에 직면해 있었다. 하나는 하나님께 예배드리라는 것이요, 또 다른 하나는 황제를 숭배하라는 것이다. 두 개의 다른 주장에 처해 있는 긴장관계에 주의를 기울이라.

토의 시작 내용 요약

요한계시록은 유일하신 하나님만을 섬기라고 주장하는 믿음을 강조하고 있다.

로마 황제 도미시안은 "주 우리 하나님 황제" 라고 불리기를 고집했다.

많은 기독교인들은 황제 숭배란 해롭지 않은 예식이기 때문에 자기 신앙과 타협하지 않고서도 황제를 숭배할 수 있다고 보았다.

토의 시작 (비디오) 내용

서론: 요한계시록

나는 국기가 옆에 놓여있는 곳에서 설교해 달라고 초청을 받으면 항상 불편한 느낌이 든다. 나는 황제를 상징하는 이 국기가 하나님의 집 안에 속할 수 없다고 생각한다. 하나님께서 말씀하시기를 "나는 여호와라…내 영광을 다른 자에게 주지 아니하리라."

유진 보링은 이 메시지가 요한계시록의 중심 메시지라고 우리에게 말해 준다. 황제를 숭배할 가치가 있다고 생각하던 로마 제국 사람들에게 요한계시록은 "그렇지 않다. 하나님의 어린 양만이 예배를 받으시기에 합당하신 분이요, 어린 양만이 영원히 통치하실 것이라"고 외친다. 이러한 외침은 위험한 메시지이다. 이 메시지는 로마의 황제에게 반항적인 태도를 보이는 것이다.

물론 우리는 요한계시록에 있는 이와 같은 극단적인 메시지를 세상의 종말을 예언하는 점성술로 변화시켜 부드럽게 만들어 보려고 애써왔다. 사람들로 하여금 추측해 볼 수 있도록 생각을 전환시켜 주는 것이 요한계시록이 참으로 의도하는 진리보다 안전할지도 모른다. 요한계시록의 메시지는 가정, 재산, 생각 혹은 나라까지도 그리스도에게 충성하기 위하여 희생하라고 요구하기 때문이다. 그렇게 하지 못하면 요한계시록이 쓰여졌을 때 공공연히 반항하고 있는 로마 황제가 강요하던 우상숭배를 실천하게 되는 것이 되기 때문이다.

(Peter Storey)

요한계시록 17장에 기록되어 있는 비전에서 "여자가 붉은 빛 짐승을 탔는데 그 짐승의 몸에 하나님을 모독하는 이름들이 가득하고 일곱 머리와 열 뿔이" 있는 한 여인을 본다 (17:3). 그 여인은 "성도들의 피와 예수의 증인들의 피에 취"해 있음을 보게 된다 (17:6). 그 일곱 머리는 "여자가 앉은 일곱 산"으로 동일시되어 있다 (17:9). 그리고 그 여인을 "땅의 왕들을 다스리는 큰 성이라"(17:18)고 마지막으로 지정하는 것으로 보아 그 여인이 로마 제국의 수도 로마임에 틀림없다.

우리가 요한계시록을 읽을 때에, 비록 천구백 년이라는 간격이 있고, 다른 문화 속에서 다른 언어로 쓰여진 차이가 있다고 하더라도, 우리는 지금도 요한계시록이 처음 다루었던 정보를 분명하게 입수할 수 있다. 만약 우리가 1세기 후반 도미시안 황제가 통치하고 있던 소아시아 도시들 중 한 도시에 살고 있었다면, 요한계시록에 나타나 있는 로마 정부를 더 정확하게 알 수 있었을 것이다. 그 당시에 살던 대부분의 사람들은 로마가 지중해 연안에 가져다 준 평화와 번영을 만끽하고 있었다. 그들은 로마 정부와 좋은 관계를 유지하기를 원했다. 일곱 산에 앉아 있던 그 여인은 일반대중에게 위대한 여신으로 알려진 로마였으며, 일반대중은 로마의 힘을 우러러 공경했고, 로마의 힘은 전 세계를 통하여 존경을 받았다. 요한계시록은 로마의 부와 힘의 또 다른 모습을 보여주는데, 그 여인은 여신이 아니라 음녀이다. 이러한 부정적이고 논쟁의 여지가 있는 표현은 예수님을 주님으로 모시기로 결단하는 것과 로마 문화가 요구하는 것을 따르기로 결단해야 하는 심각한 긴장 관계에 놓여 있음을 보여주는 것이다.

이러한 긴장 관계에 놓이게 된 이유는 기독교인들이 하나님 나라에 대하여 이야기했기 때문이었고, 그들의 삶이 이러한 하나님 나라의 실제에 태도를 분명히 했기 때문이다. 예수님의 메시지에 초점이 맞추어져 있는 "왕" 혹은 "왕권"이라는 언어가 요한계시록에서 그것을 반영하여 주고 있다.

처음에 나오는 인사말에서 "땅의 임금들의 머리가 되신" (1:5) 예수 그리스도의 이름으로 예배드리는 회중에게 은혜를 선포한다. 이 호칭은 로마 황제들을 부르던 호칭이다. 그리고 요한계시록 19:6에 있는 마지막 예배 광경에서 요한계시록의 논제를 하늘나라의 찬양대가 우렛소리와도 같은 소리로 울려 퍼지게 한다. "할렐루야 주 우리 하나님 곧 전능하신 이가 통치하시도다."

하나님의 주권에 대한 기독교인의 이해는 모든 것을 섭리하시는 유일하신 창조주 하나님만이 계시다는 확신에 근거하고 있다. 요한계시록은 유대 전통과 보조를 맞추어 배타적이고, 또 스스로 신이라고 말하는 우상을 숭배하는 것을 용인하지 않는 유일하신 하나님만 믿을 것을 강조한다.

하나님만 예배해야 한다. 이러한 확신은 저자 스스로가 그에게 메시지를 전달하여 주는 천사를 숭배하려 했을 때 두 번씩이나 책망을 받은 것에 잘 표현되어 있다. "하나님께 경배하라" (19:10; 22:9)고 반복해서 하는 명령은 요한계시록의 독자들이 듣기를 원하는 것이다. 요한계시록은 땅 위에 있는 사람들이 하늘의 허다한 무리와 함께 유일하신 하나님께 경배하는 여러 모습들이 예배를 통하여 들려지기를 바라는 예배서이다. 요한계시록 4:11에서는 이 땅에서 하나님을 경외하는 사람이 하늘 찬양대가 하나님께 찬송하는 소리를 듣는다.

"우리 주 하나님이여
영광과 존귀와 권능을 받으시는 것이 합당하오니
주께서 만물을 지으신지라
만물이 주의 뜻대로 있었고 또 지으심을 받았나이다."

"우리 주 하나님"이라는 표현은 요한계시록 처음 독자들에게 아주 익숙한 표현이었다. 왜냐하면 그 당시 로마 황제였던 도미시안은 자신을 "우리 주 하나님"이라 부르라고 강요했기 때문이다.

요한계시록이 쓰여진 당시의 문화 속에는 황제를 신으로 숭배하라고 장려하는 운동이 전반적으로 퍼져나가고 있었다. 이러한 운동은 특별히 로마의 아시아 지역에서 강하게 일어났다. 로마 황제 스스로가 자신을 신으로 강조하는 것은 그렇게 문제가 되지 않았다. 그러나 지역사회 지도자들이 로마에 충성을 다하고 선량한 시민으로서 황제를 포함하여 로마 신을 숭배하라고 장려하는 것이 문제였다. 처음에는 몇몇 황제들이 사망한 후에 그 황제들을 신격화시켰다. 점차적으로 어떤 황제들은 그들이 살아 있는 동안에도 신이라고 생각하게 되었다. 어떤 황제들은 이러한 생각이 편리할 뿐만 아니라 효율적이라고 생각했었지만 심각하게 다루지는 않았다. 황제가 주장하는 것이나, 열정적인 지역 지도자들이 황제가 신이라고 주장하는 것이 기독교인들과 유대인들에게 문제가 되었다. 유대인들은 황제를 신으로 경배하는 것을 항상 반대했다. 그들은 요한계시록이 쓰여지기 전에도 벌써 많은 순교자들을 산출하기도 했다. 그리고 황제를 숭배하지 않아도 된다고 허락을 받기도 했다. 마찬가지로 "예수님을 주님으로" 고백하는 기독교인들도 "황제를 주"로 숭배하는 것을 반대하였다. 기독교 운동이 유대교의 한 부분으로 남아 있는 한 로마 정부에 문제가 되지 않았다. 그러나 기독교 공동체가 유대교와 별도의 새로운 공동체로 부각되면서, 그들은 로마 신을 섬기도록 억압을 받게 되었다.

1세기에 있었던 몇몇 황제들은 자신들을 신으로 심각하게 생각했다. 주후 30년도에 카리귤라가 스스로 신이라고 선포했고, 주후 40년에 예루살렘 유대인 성전 안에 자신의 제우스 신상을 세우려고 시도했다. 60년도에 네로는 자신을 아폴로 신으로 여겨 신상을 세웠다. 네로는 또한 기독교인들에게 로마 시에 불을 질러 파괴시켰다는 죄를 전가시켜 박해한 첫 황제였다. 그래서 요한이 요한계시록을 쓸 당시에 황제였던 도미시안 황제는 신으로 자신을 숭배하도록 강요하였고, 요한은 그를 또 다른 네로로 보았던 것이다.

요한계시록 저자는 도미시안 황제가 자신이 신이라고 강조하는 사실을 심각하게 생각했다. 그는 그렇게 강조하는 것이 사탄 스스로가 그리스도 안에 나타난 유일하신 하나님의 주권에 대항하는 것이라고 생각했다. 12장에서 그는 사탄을 기독교 공동체를 말살시키려는 하늘의 용으로 표현한다. 13장에서 이 사탄의 힘은 바다에서 나오는 짐승에게 권위를 부여한다. 요한계시록의 처음 독자들에게는 이 짐승이 매해 배를 타고 에베소에 도착하는 로마 총독이 로마를 대변하는 사람인 것이 분명했다. 문자 그대로 그는 로마 제국의 아시아 지역에서 로마 정부의

권한을 행사하기 위하여 "바다에서 나오"는 사람이었음이 분명했다. 땅에서 나온 또 하나의 짐승은 황제 숭배를 장려하는 지역 제사장들을 의미한다. 이와 같은 상징은 분명한 것이었다. 대중으로 하여금 로마에 영광을 돌리도록 우상을 숭배하도록 억압하는 것은 사탄적인 유혹이었다. 그것은 하나님의 자리에 다른 신을 대치시키는 것이었다. 비록 도미시안 황제나 로마 총독들이 적극적으로 교회를 박해하지 않았다고 하더라도, 기독교인들은 이웃 사람들에게 괴롭힘을 당했고, 또 지역 당국으로부터 규탄을 받았다. 이러한 당국의 규탄은 종종 사람들로 하여금 요한의 경우와 같이, 2:13에 언급되어 있는 버가모 교인 안디바의 경우와 같이 그곳을 떠나거나 죽음을 당하게 되었다. 많은 기독교인들은 황제를 숭배해야 한다는 것이 해롭지 않은 예식 정도로 보거나 혹은 그들의 기독교 신앙을 타협하지 않고도 문화적인 행사에 쉽게 적응하는 것으로 보았다. 요한은 괴롭힘을 당하고 체포당하는 것을 박해가 시작하는 것으로 보았으며, 이 박해는 아시아에 사는 그리스도인들이 이쪽을 택할 것인가 아니면 저쪽을 택할 것인가를 놓고 결단해야 할 것으로 보았다.

요한계시록이 쓰여진 몇 년 후에 로마의 총독이었던 플리니가 로마로부터 아시아 근처 지역인 본도 비두니아에 도착했다. 그는 기독교인들이 그의 법정에 고소되어 있는 것을 보았으며, 그 고소된 안건들을 어떻게 처리해 할지 알지를 몰랐다. 그가 트라얀 황제에게 쓴 편지가 보관되어 있는데, 그 편지는 현대 독자들에게 요한계시록이 다루고 있는 그때의 상황에 대한 상당한 내용을 제공하여 주고 있다. 나는 그 편지의 세 부분을 선정하여 세 가지 요점을 부각시켜 보려고 한다.

(1) 플리니는 편지를 쓴다. "나는 기독교인들을 심문하던 곳에 없었습니다. 그래서 얼마나 더 심문을 해야 할지 모르겠습니다. 그리고 어떤 적절한 형벌을 내려야 할지 모르겠습니다. 그 뿐 아니라 나는 확실하지 않습니다…마음을 돌리고 기독교를 포기하라고 하는 것이 충분한 것인지, 그리고 고소당했던 사람들이 후에 기독교를 포기하면 아직도 그들을 죄수로 생각해야 하는 것인지, 그리고 비록 죄를 짓지 않았다고 하더라도 단순히 기독교인이라는 이름 때문에 형벌을 내려야 하는 것인지, 아니면 기독교인이라는 이름만으로 형벌을 내려야 하는 것인지 확실하지가 않습니다."

이것은 예수님이 돌아가신 지 80년이나 넘은 주후 112년경 그때 사정을 잘 알고 있던 한 로마 수도에서 온 지도자가 기독교인들이 누구였는지를 모르고 있었다는 것을 의미하고 그들과 어떻게 관계를 맺어야 할지 모르고 있었다는 것을 의미한다. 그러므로 소설이나 영화가 처음부터 기독교인을 박해하였다고 보여주는 것은 잘못 인도하고 있는 것이다. 기독교는 3세기 전까지 불법단체가 아니었다. 정부 당국은 요한의 시대 후 1세기 혹은 1세기 중엽까지 교회를 적극적으로 박해하지 않았다.

(2) 플리니의 편지. "많은 사람들의 이름이 적힌 서명하지 않은 포스터가 게시되었습니다. 제가 생각하기에 그들은 제가 마련하여 준 예식에 따라 우리 신들의 이름들을 불렀고, 우리의 신들을 숭배할 목적으로 제가 가지고 온 신상들과 당신의 신상 앞에 잔과 향으로 희생제물을 드렸기에 과거에도 기독교인이

제자

아니었고 지금도 아니라고 말하는 사람들을 석방시켜 주어야 한다고 생각합니다. 나는 또한 그들로 하여금 그리스도를 저주하라고 했습니다. 진정한 그리스도인에게는 그 누구도 강요하지 못한다고 말들을 합니다."

플리니가 교회가 무엇이고, 기독교가 정부로부터 금지당한 단체인 것을 알지 못했다고 하더라도, 그들의 충성심을 시험해 보기 위하여 황제의 신상들을 가져왔고 기독교인들에게 신상들 앞에 희생제물을 드리라고 명령했다. 그것을 반대하는 사람들은 처형을 받았다.

(3) 플리니의 편지. "만약 그들이 계속해서 그들의 신앙을 고백하면, 저는 그들을 처형시키겠습니다. 그것이 무엇이든 그들은 신앙을 실제로 지지했기 때문입니다. 제 생각에 완고함과 고집은 이유를 막론하고 처벌을 받아야 한다고 생각합니다."

비록 플리니가 교회를 이해하지 못했다고 하더라도, 만약 기독교인들이 플리니에게 고소당했고, 경고를 받은 후에도 그들의 신앙을 포기하지 않았다면, 그들의 고집과 그들의 종교에 문제성이 있기 때문에 그들은 처형당했다. 성경을 읽는 대부분의 사람들은 위로부터 내려오는 제국의 권력을 보아왔다. 요한계시록과 같이 플리니의 편지는 세상이 어떻게 안쪽에서 권력의 내면을 보고 있는지를 상기시켜 주고, 그와 같은 환경에 처해 있을 때 반대쪽에서 기독교 신앙을 수호한다는 것이 무엇을 의미하는지를 상기시켜 준다.

요한의 시기에 공적으로 박해가 없었다고 하더라도, 기독교인들이 위태로운 환경 속에서 생활했음이 분명하다. 어떤 사람들은 위험한 것을 보지 못했는데, 요한의 비전은 사실을 있는 그대로 볼 수 있도록 시도했다. 요한은 그가 살고 있는 당시에 괴롭힘을 당하고 있는 것을 보았고, 박해가 일어나고 있는 것을 보았고, 기독교인들이 그리스도 안에 나타난 하나님의 힘을 궁극적으로 증언할 수 있는 기회를 보았다.

(Eugene Boring)

토의

하나님에 대한 주장과 정부와 문화에 대한 주장으로 인해 기독교인들에게 야기된 상황을 묘사해 보라. 우리가 속한 문화의 어떤 주장들 때문에 우리가 하나님에게 가진 순종을 타협할 위협을 받게 되는가?

성경과 교재 (50분)

세 조로 나누어 요한계시록에 있는 큰 그림을 찾아보라.
1조: 첫째 날과 셋째 날; 2조: 둘째 날
3조: 넷째 날과 다섯째 날

매일 성경 읽기와 노트를 참고하여 이미지, 그림, 상징적인 언어를 찾아보고 나열해 보라. 이때 해석이나 설명은 피하도록 한다. 만든 목록을 살펴보고 다음의 질문을 가지고 토의하라. 이러한 세부사항으로부터 어떠한 큰 그림이 생겨나는가? 전체를 관통하는 메시지는 무엇인가?

전체 그룹에서 학생용 교재 212쪽에 있는 예언과 묵시의 차이점을 말해 보라. 그러고 나서 구약성경에 나와 있는 묵

시문학 중에서 요한계시록과 주제가 비슷한 것이 있는지 일례를 들어 보라. 세 조로 나누어 공부하라.
1조: 이사야 24—27장; 2조: 에스겔 38—39장
3조: 다니엘 7—12장

하늘의 표적, 심판, 종말의 때를 가리키는 표적, 하나님의 백성들의 최후의 승리와 같은 주제를 가진 본문들을 훑어보라. 다음의 질문을 토의하라. 이러한 주제와 이미지들은 어떻게 하나님께서 역사를 주관하신다는 메시지를 전달하고 있는가?

요한계시록은 계속해서 교회가 씨름하는 것을 그리고 있으며, 마침내는 세상을 이기고 승리할 것을 그리고 있다. 둘씩 혹은 셋씩 짝을 지어 한 그룹에게 본문을 하나씩 할당하라.

요한계시록 1:9—5:14; 6—11장; 요한계시록 12—16장
요한계시록 17:1—22:5.

할당된 구절을 훑어보되 다음의 질문을 염두에 두라. 교회의 갈등이 어떻게 그려지고 있는가? 요한은 교회에게 무엇이라고 말하고 있는가? 요한은 세상을 이기는 어떠한 승리를 교회를 향하여 약속하고 있는가? 각 그룹으로부터 대답을 들어라.

"추가 연구를 원한다면" 보고를 들어라.

휴식 (10분)

말씀과의 만남 (40분)

성경 본문: 요한계시록 4장

눈을 감고 한 사람이 요한계시록 4장을 큰 소리로 읽는 것을 듣는다. 그런 후에 본문을 조용하게 개인적으로 다시 읽으면서 소리, 냄새, 보이는 것, 만져지는 것, 맛 등을 나열해 보라. 본문과 기록한 목록을 짝과 함께 이야기를 나누고, 또 다른 짝과도 나누어 보라. 다음의 질문을 토의하라. 성경을 이런 식으로 읽음으로써 어떤 새로운 깨달음을 얻었는가? "거룩, 거룩, 거룩" 찬송을 부르라.

(어른과 청소년을 위한 효과적인 성경 교수법 48쪽에 있는 "모든 감각을 사용하여 성경을 공부하는 방법"을 참고하라.)

신실한 공동체의 모습 (20분)

우리는 신실한 믿음의 공동체이기 때문에 마지막 때가 언제 임하든지 간에 그것이 하나님의 손에 달려 있다는 것을 확실히 알고 있다. 우리는 미래에 있을 하나님의 승리를 기대하면서 현재에 살고 일한다.

"인간의 모습"을 읽어라. 네 명으로 나누어 이곳에 표현된 삶에 대한 견해와 첫 번째 질문에 대답을 기록한 것을 비교하도록 하라. 신실한 공동체의 모습을 읽어라. "철저한 제자"에 있는 진술 부분을 고려하면서, 나머지 두 질문을 토의하라.

폐회 기도 (5분)

28과를 열고 성경 읽기를 살펴보라. 기도 제목을 적어라. 시편 2편을 기도하고 폐회하라.

28 교회에 보내는 편지들

개회 기도 (5분)

토의 시작 (비데오 내용) (20분)

발표자: 캐서린 군사루스 곤잘레스
(Catherine Gunsalus Gonzalez)

토의 시작을 위한 준비

교회의 배경, 기독교인의 정체성과 충성심을 타협하고자 하는 유혹에 주의를 기울이라.

토의 시작 내용 요약

도시들은 로마 제국의 부와 인구의 중심지인 아시아 지역에 있다.

충성스런 유대인들과 기독교인들은 그들이 하나님께 충성한다는 이유로 산발적인 박해를 받고 있다.

문제는 어떻게 이러한 기독교 공동체들이 과연 정체성을 유지하고 제국에게 더 높은 충성심을 바치지 않을 수 있을까 하는 것이었다.

토의 시작 (비디오) 내용

서론: 요한계시록

여러분은 내가 지난주에 말씀드린 것을 기억하고 있을 것이다. 만일 우리들이 요한계시록의 메시지를 진지하게 받아들인다면, 이는 우리가 모든 것—가족, 재산, 사상, 혹은 국가—을 그리스도에 대한 순종보다 우선시 할 때, 우리는 로마 황제에 의해 행해졌던 것과 마찬가지의 우상숭배를 행하게 된다는 말이다.

당신이 조언을 해줄 때, 조언을 받는 사람들에게 궁극적으로는 골치 거리를 일으키게 될 줄 알면서도 조언하기란 여간 어려운 일이 아니다. 우리는 밧모 섬에 있던 요한이 아시아 교회들에게 진정한 제자도를 계속 유지하도록 요청할 때 바로 이러한 일을 하고 있다는 것을 깨닫게 된다.

요한이 일곱 교회에 보낸 편지에서 이 주제는 교회 회중들의 삶에 곧바로 해당되는 것이었다. 회중들의 증거—혹은 하지 않은 증거—가 나와 있었는데 이는 단지 지적인 평가에 그치는 것이 아니었다. 박해가 다가올 수 있었기에 요한은 그들의 증거가 강하고 결코 타협하지 말 것에 깊은 관심을 갖고 있다.

캐서린 곤잘레스가 이러한 편지들을 설명하는 것에 주의를 기울여 보라. 우리가 이 서신을 오늘날 교회의 현주소를 시험하는데 사용해 보면 우리는 우리가 속한 교회에 일곱 교회의 각 면들이 있음을 깨닫게 될 것이다.

(Peter Storey)

요한계시록 전체에 대해 별로 알지 못하는 기독교인이라고 할지라도, 아마 마지막 부분에 나오는 천성에 대한 비전과 2장, 3장에서 일곱 교회에 보낸 편지에 대한 내용은 알고 있을 것이다. 이 간단한 서신들을 조금 더 자세히 살펴보자.

이 서신들은 나머지 요한의 비전과 별개의 것이 아니다. 일곱 편지는 모두 한 가지 문서의 일부분으로서 요한이 알고 있었고 사랑했던 아시아의 교회들에게 쓰여진 것이다. 요한은 기대하기를 각 교회가 다른 교회들에게 보낸 편지도 듣고 거기서 도움을 얻기를 희망했다. 일곱이라는 숫자는 종종 꽉 차거나 완성을 뜻하기 위해 사용되는데, 이러한 서신이 실제로 모든 교회들이 서신에서 자기 모습을 보고 또 다른 교회들에게 위로를 주고 경고를 주기 위해 의도된 것임을 알 수 있다.

이 서신이 쓰여진 도시들은 모두 로마 제국에서 아시아 지방으로 불렸던 서부 지역에 있었다. 이 도시들은 번영의 중심 도시들이었으며, 제국의 인구 면에서도 중심에 있었다. 오늘날 우리가 알기로는 터키 서부 지역에 속한다. 요한이 글을 쓰던 당시 제국의 무역은 더할 수 없으리만큼 번영했으며, 그러한 이유로 이 도시들은 왕성했다. 초대교회에서 힘이 되어 주었던 장인과 중소 상인들 중 많은 이들을 여기서 찾을 수 있었다. 사업상 한 도시에서 다른 도시로 옮겨갔기 때문에 그들은 이웃에 있는 교회들을 알고 있었음에 틀림없다.

일곱 교회들은 사실 아주 작은 지리적인 지역에 위치해 있었으므로 그들이 처한 상황 역시 비슷했다. 실제로 그들은 사실상 한 가지 상황을 공유한 셈이나 마찬가지였다. 무슨 상황인고 하니, 그것은 바로 로마 제국이었다. 로마 제국은 군사 제국으로서 도로와 해상을 무역의 통로로 사용하게끔 지키도록 돕는 목적을 지니고 있었다. 그래서 무역과 상업이 강했다. 그러나 표면 배후를 드려다 보면 모두가 잠잠한 것만은 아니었다. 제국은 항시 문제를 일으킬 사람이 누구인지 신경을 곤두세우고 있었으며, 제국 이외에 충성을 바치는 자가 누구인지 주시해야 했다. 충성된 유대인과 기독교인들이 그 범주에 속했는데, 왜냐하면 그들이 하나님께 바친 충성도가 황제나 제국에 바친 것보다 더 높기 때문이었다. 결과적으로 두 그룹이 산발적인 박해를 받게 되었다. 요한이 이 서신을 쓸 때만 해도 박해가 겉으로 드러나지는 않았다. 그러나 과거에 박해를 겪었고 미래에도 박해를 겪게 될 것을 요한은 알고 있다. 요한에게는 이 조그만 기독교 공동체가 어떻게 그리스도를 따르는 자로서의 정체성을 유지하면서 다른 사람들처럼 로마 제국에 고도의 충성을 맹세하는 유혹에 굴하지 않을까 하는 것이 사안이었다. 그러한 유혹은 엄청나게 크게 될 것이다. 왜냐하면 그들이 가진 기독교적인 신앙을 타협하고 제국에 충성을 바쳐야만 사회 경제적인 생활에 참여할 수 있게 되기 때문이다. 요한의 서신은 이런 교회들이 맞부딪치고 있던 위험을 지적하고 있다. 그는 그들에게 자신을 돌아보라고 설득하면서 그들이 믿음을 지킬 때 앞으로 다가오게 될 박해를 준비하기를 바라고 있는 것이다.

요한은 일곱 도시 가운데 가장 크고 중요한 도시였던 에베소부터 시작한다. 에베소에 있는 교회는 칭송도 받고 경고도 받고 있다. 믿음을 지키고 또한 그릇된 교훈을 가르치는 사람들을 용인하지 않는 이유로 칭송 받는다. 또한 교회가 더 이상 공동 생활을 통해 서로에 대한 사랑을 나타내는 사랑의 공동체가 아니라서 경고를 받고 있다. 그러한 문제는 온 세기를 걸쳐서 교회 안에 있어 왔다. 그릇된 교훈에 대항하는 한편, 그러한 교훈을 가진 사람들을 사랑하는 일은 어려운 일이다. 그러나 요한은 에베소에 있는 교회에게 바로 그 일을 하라고 요청하고 있다. 과연 복음의 의미가 명확히 무엇인지를 알려고 애쓰는 동안에도 여전히 사랑의 공동체로 남아 있어야 하기 때문이다.

서머나는 번창하는 유대인 공동체의 중심지에 있었다. 아마도 그 교회에는 상당한 숫자의 유대인 기독교인들이 있고, 교회와 회당 사이에 갈등이 있었던 것 같다. 아마도 어떤 교인들이 모든 기독교인들은 유대 율법을 지켜야 한다고 주장했는지도 모른다. 그 이유도 정확히 알려져 있지 않다. 그러나 요한은 서머나에 있는 교회에 구체적으로 경고하기를 가까운 미래에 그들이 박해를 받게 될 것인데 어떤 사람들은 박해로 인해 죽게 될지도 모른다고 한다. 서머나 교회가 다른 교회에 비해 규모가 작지만 요한은 그들이 지닌 강점을 알고 있다.

버가모 교회는 이미 박해와 순교를 맛보았다. 요한이 글을 쓸 당시 로마 제국의 여러 신들을 경배하는 것이 번창하고 있었는데, 그 가운데는 로마 황제에 대한 숭배도 포함되어 있었다. 버가모에 있던 기독교인들 중 많은 사람들이 이 비기독교적인 신앙에 참여하고 있었음에 틀림없다. 요한은 그러한 타협을 하지 말라고 부르짖고 있다. 이러한 상황은 에베소와는 거의 반대되는 것이었다. 에베소는 그릇된 교훈에 뿌리내리지 않을 만큼 강한 듯이 보였으나, 그 과정을 거치는 동안 사랑이 부족한 것 같다. 버가모는 서로 인정하고 받아들이는 공동체임에 틀림없었으나 온갖 거짓된 교훈이 교회 안으로 들어오는 것을 허용했다. 진리가 없는 사랑으로나 사랑이 없는 진리로는 기독교인으로 부름 받은 교회가 될 수 없다.

두아디라라는 작은 도시에 보낸 메시지는 버가모에 보낸 것과 유사하다. 버가모 교회에 있던 사람들은 그들을 둘러싼 문화와 쉽사리 타협을 했는데, 그래야만 별달리 커다란 어려움 없이 사회 경제적인 삶을 이어나갈 수 있었기 때문이다.

사데도 겉모양은 강건한 교회와 같이 보였지만 비슷한 문제를 가지고 있었다. 많은 구성원들이 이미 내적으로 타협을 맺고 있었다. 일부 교인들은 충실하게 남아 있었고, 또 다른 사람들도 회개하고 세례할 때 맺었던 맹세를 되찾을 희망이 남아 있었다. 흰 옷은 세례를 나타내는 표시가 될 수 있다. 우리는 몇 세기 이후에 새롭게 세례를 받은 사람들이 흰 옷을 입게 되었던 것을 볼 수 있다. 우리는 얼마나 오랫동안 교회에서 이렇게 흰 옷을 입기 시작했는지는 알 수가 없다. 세례를 받을 때, 그리스도를 주라 고백하게 되는데 황제 또한 이 주라는 칭호를 주장했다. 그러므로 기독교인들은 오직 그리스도만이 유일하신 주라고 주장하므로 황제를 "주"라고 부를 수 없었다. 사데에 있던 일부 기독교인들은 그리스도를 주라 여기는데 충실했다. 다른 사람들은 그리스도보다 황제에게 더 충성된 것처럼 보였다.

빌라델비아에 있는 교회는 앞서 언급한 세 교회와는 달리 진실로 주님이신 예수 그리스도께 헌신한 채 남아 있었다. 이 교회 역시 제국뿐만 아니라 그 도시에 있던 회당과도 갈등 관계에 있었을 것이다. 세상의 눈으로 보면, 빌라델비아의 작은 교회는 연약해 보일지 모르나 하나님께서 이 교회가 지닌 내적인 힘을 알고 계신다. 교회는 어려움을 겪었음에도 불구하고 충성스럽게 남아 있었다. 그래서 곧 모든 교회들을 집어삼키게 될 박해 때에도 그리스도의 임재와 능력이 그들에게 약속된 것이다. 빌라델비아 교회는 지금 이대로와 같이 충성되게 남아 있으면 그때를 대비할 수 있을 것이다.

마지막으로 라오디게아 교회이다. 이 교회는 번성하는 도시에 위치하고 있었는데, 특히 눈약과 검은 양모와 같이 어디에서고 수요가 대단했던 여러 가지 물품이 생산지로 유명했다. 교회는 강한 것처럼 보인다. 그러나 그것은 환상에 불과했다. 온 도시가 부와 건강한 눈과 사치스런 양모로 된 옷을 뽐내고 있었지만 이 교회에게 주는 메시지는 실상은 교회가 보잘 것 없으며, 눈이 먼 것이나 다름없으며, 헐벗은 것과 다름없다는 것이었다. 지역의 경제가 아니라 오직 그리스도만이 이 기독교인들이 필요로 하는 부와 시력과 옷을 제공할 수 있다. 그들은 때가 너무 늦기 전에 그들이 처한 상황이 어떠한지에 대해 눈을 떠서, 그리스도로부터 그들에게 필요한 것을 공급받을 필요가 있다.

이 모든 교회들에 있어, 충성됨이 쟁점에 놓여있다. 만일 그들이 이처럼 겉으로 박해가 드러나지 않은 지금 이 순간에 충성되지 못한다면, 앞으로 확실히 다가올 환난의 때에 어떻게 견딜 수 있을 것인가? 요한은 앞으로 다가올 정말 어려운 시기를 대비하기 위해서 비교적 편이한 시절 동안 충성하는 연습을 할 것을 요청하고 있는 것이다.

우리들 대부분은 결코 우리가 가진 신앙 때문에 박해 당해본 적이 없다. 그러나 우리 또한 우리 사회에서 편안하게 살기 위해 여러 가지로 타협을 해왔다. 요한이 이러한 교회들에게 던진 말씀은 또한 우리들에게도 해당이 된다.

(Catherine Gonzalez)

토의

기독교인의 정체성과 충성심을 타협하려는 유혹은 어떤 모습으로 나타나는가? 우리는 사회에서 살아나가기 위해 어떤 믿음의 타협을 하고 사는가?

성경과 교재 (50분)

일곱 교회에 보낸 편지들에 나타난 환상은 이후에 요한계시록에 나타나게 될 환상을 이해하는 배경을 제공하고 있다. 네 조로 나누어 일곱 교회의 환상을 공부할 것이다. 각 조는 첫째 날 성경과 더불어 다른 하루의 성경 부분을 공부한다.

1조: 첫째 날과 둘째 날
2조: 첫째 날과 셋째 날
3조: 첫째 날과 넷째 날
4조: 첫째 날과 다섯째 날

모든 그룹이 할당된 성경 구절을 함께 공부할 때 똑같은 단계를 따라 할 것이다. (1) 첫째 날 성경을 참조함으로써 요한이 본 환상과 그리스도에 대한 비전을 받았던 상황을 이해한다. (2) 다음의 질문에 답하라. 성경의 다른 부분은 할당된 요한계시록 본문에 어떤 빛을 비추어 주는가? 편지 안에서 이 교회에게 주는 메시지는 무엇인가? (3) 학생용 교재에서 교회에 대해 나온 것과 또 성(city)에 나온 정보를 참고하여 다음 질문에 답하라. 교회는 어떠한 문화적인 영향에 만족해야 했는가? (4) 이 교회를 향한 메시지 중 어떤 것이 어떤 시대 어떤 장소에 있는 교회에게 마찬가지로 적용되는가?

이제 전체 그룹으로 학생용 교재 221쪽 위에 있는 질문에 답하게 하라.

요한의 환상에 나타난 그리스도에 대해 감을 잡기 위해 3-4명으로 조를 나누어 각 교회를 소개하는 부분을 읽어라. 이는 학생용 교재 216쪽에서 시작되는데 이탤릭체로 된 구절에서 각 교회가 소개되어 있다. 각 구절이 그리스도에 대해 우리들에게 무엇을 말해주는지 이야기해 보라.

휴식 (10분)

말씀과의 만남 (40분)

성경 본문: 골로새서 1:9-23

한 사람이 골로새서 1:9-23을 큰 소리로 읽을 때 들어라. 서너 명으로 된 그룹을 나누어 다음의 질문을 사용하여 본문을 연구하라.

본문이 말하는 것은 무엇인가?
본문은 무엇을 전달하려고 의도하고 있는가?
21세기를 사는 사람들로서 우리는 이 본문에 대해 무엇이라고 말하는가?
하나님은 이 본문을 통해 나에게 무엇이라고 말씀하시는가? (어른과 청소년을 위한 효과적인 성경 교수법 41쪽에 있는 "대화와 만남을 사용하는 방법"을 참고하라.)

신실한 공동체의 모습 (20분)

우리는 신실한 믿음의 공동체이기 때문에 하나님께서 성령으로 우리 교회에 말씀하시는 것에 귀를 기울이고, 그 말씀에 충성하려고 애쓴다.

"인간의 모습"을 씌어있는 그대로 큰 소리로 읽어라. 그리고 두 그룹으로 나누어 다음에 적혀 있는 세 질문에 답을 해보라. 신실한 공동체의 모습을 읽어라. 당신은 하나님의 성령께서 당신이 속한 교회에 무엇을 말씀하시는지 듣고 있는가? 이제 "철저한 제자" 부분을 보라. 당신이 속한 교회는 적응이나 타협에 대한 움직임을 경험하지는 않는가? 어떻게 하면 철저한 제자로서 교회가 서로 책임질 뿐만 아니라 신실해질 수 있도록 요청할 수 있을까?

폐회 기도 (5분)

29과를 열고 성경 읽기를 살펴보라. "금주의 시편"을 주목하라. 기도 제목을 적어라. 시편 86:1-11을 큰 소리로 기도하고 폐회하라.

29 마땅히 일어날 일들

개회 기도 (5분)

토의 시작 (비디오 내용) (20분)

발표자: 레오나드 톰슨 ((Leonard Thompson)

토의 시작을 위한 준비

반복해서 떠오르는 이미지, 교회와 사회 간의 갈등, 하나님의 구원과 갱신에 주의를 기울이라.

토의 시작 내용 요약

요한은 구체적으로 시적인 이미지를 사용하여 기록한다.

요한은 의미를 넓혀주기 위해 다양한 이미지로 엮어간다.

요한은 그리스도인들에게 미혹되지 말라고 경고한다. 보기에 해롭게 보이지 않는 제국은 사탄과 같은 짐승의 힘을 가지고 탈을 쓰고 있다.

요한의 비전은 교회와 사회 간에 서로 화해할 수 없는 갈등을 보이고 있는데 이는 그리스도 대 문화의 갈등이다.

요한은 결코 하나님께서 구원하시고 우주를 재생시키는 능력을 가지고 계신 것에 대한 믿음을 잃지 않는다.

토의 시작 (비디오) 내용

서론: 요한계시록

디지털로 된 시대에 산다는 것은 현대 과학문명이 잘 조화를 이루고 있는 요소들을 수천 개의 0와 1로 분해해서, 공중으로 전달해, 이 위성의 정반대쪽에 그 조화를 잘 이루고 있는 요소들을 그대로 재조립할 수 있다는 것을 의미한다.

많은 사람들이 요한계시록을 가지고 그런 시도를 한다. 특히 오묘한 비전들이나 각 페이지를 채우고 있는 기묘하고 무시무시하기도 한 짐승들을 볼 때는 더욱 그렇게 한다. 서양의 기독교인들은 그곳에 혹 미래의 사건에 대한 어떤 예언이 숨어 있을까 몰두하면서 날짜와 시기를 찾아내려는 강박 관념에 사로잡혀 있다.

그러나 서양인이 지닌 과학적인 사고방식으로는 아무 것도 찾아 낼 수 없다. 레오나드 톰슨은 우리들로 하여금 다른 견해를 가지고 요한계시록을 읽도록 초대한다. 그러면 이 놀라운 시가 우리들의 상상력을 헤집고 들어와 우리들로 하여금 더 높은 차원에서 경배 드리도록 할 것이다.

(Peter Storey)

"나 요한은…주의 날에 내가 성령에 감동되어 내 뒤에서 나는 나팔 소리 같은 큰 음성을 들으니" 하늘 문이 넓게 열리고 음성이 말하기를 "이리로 올라오라." 천사가 성령에 감동된 나를 사막으로 데리고 간다.

요한은 선견자이며 비전을 보는 자이다. 그는 자기의 육체를 벗어나는 체험을 하면서 하늘을 날아다닌다. 현대 세계에 사는 사람들은 선견자나 비전을 보는 이에게 상의하려는 사람은 아무도 없을 것이다. 심지어 초대교회의 지도자들조차도 비전으로 가득한 이 책이 신약성경의 일부분을 차지해야 되는지 확신할 수 없었다. 그러나 비전을 공부하는 그룹이 비전에 대한 책을 읽기로 결정한다고 치자. 어떻게 하면 그들이—나는 "우리들이"라고 해야 옳을 것이다—요한계시록과 같은 비전의 책을 읽고 이해할 수 있을까?

요한계시록은 여행 일지로서, 그 책을 읽는 사람들은 요한과 더불어 시공을 초월하는 여행을 떠나게 된다. 우리는 그와 더불어 그가 보고, 듣고, 맛보고, 만졌던 놀라운 것들을 함께 나누게 된다. 초인이 일곱 별을 오른손에 쥐는 것을 보고, 눈으로 가득 찬 짐승이 천둥처럼 으르렁거리는 소리를 듣는다. 요한은 두루마리를 먹고 입 속에 땀을 흘리고 속이 쓰리다. 성자들의 기도와 더불어 향을 피우는 연기가 올라온다. 요한은 교리나 도덕적인 우화 같은 추상적인 언어가 아니라, 구체적이고 감각적인 시적인 언어를 사용하고 있다. 그리고 다른 모든 시인들처럼 요한은 그러한 이미지들을 함께 사용해서 어떤 "보다 더한 것," 의미의 과잉, 즉 초월적인 이미지를 창조해 내고 있다.

요한계시록에 있는 비전들을 읽다보면 내가 아이였을 때 할머니가 가진 만화경을 통해 세상을 보던 일이 떠오른다. 그 안에는 몇 개의 채색 돌들이 있을 뿐이지만, 내가 동그란 실린더를 이리저리 돌릴 때마다 돌들은 조금씩 다른 디자인을 만들면서 조합을 이루었다. 그처럼 요한계시록에는 별, 천둥, 피와 같은 몇 개의 이미지들이 반복해서 나타나지만, 요한은 그들을 약간씩 다르게 조합하고 있다.

요한이 살던 시대, 즉 왕과 황제가 세상을 다스리던 시대에 가장 두드러지는 이미지는 보좌였다. 요한계시록 4장에서 요한은 "보좌 위에 앉으신 이가 있는데 앉으신 이의 모양이 벽옥과 홍보석 같고" 라고 하고 있다. 그는 보좌 위에서 또한 이십사 보좌를 보았는데, 그 보좌들 위에 "이십사 장로들"이 앉아서 만물을 창조하신 보좌에 좌정하신 하나님을 찬양하며 영광을 돌리고 있었다.

5장에서 보좌의 비전에는 죽임을 당한 어린 양이 등장하고 있다. 간단히 설명하면, 어린 양은 물론 예수 그리스도시다. 그러나 그는 영광스런 부활의 몸으로 비전 중에 등장하지 않는다. 그는 죽임을 당한 희생의 제물로 바쳐진 어린 양의 모습으로 나타난다. 그렇게 죽임을 당한 어린 양, 아직 피와 사망의 냄새가 나는 양이 창조주 하나님과 더불어 이 우주를 대속하실 분으로 보좌에 앉으신다.

13장에서 또 다른 보좌가 나타나는데, 만화경(萬華鏡)은 선하고 신적인 존재를 계시하는 것이 아니라, 악하고 악마적인 힘으로 꽉 찬 짐승을 보여준다. 13장은 4—5장과 대칭을 이룬다. "내가 보니 바다에서 한 짐승이 나오는데 뿔이 열이요 머리가 일곱이라 그 뿔에는 열 왕관이 있고 그 머리들에는 신성 모독하는 이름들이 있더라." 이 짐승은 사탄이라 불리는 용으로부터 보좌를 받는다. 그러고 나서 두 번째 짐승은 엄청난 표시를 보여주며 땅의 거주민들에게 처음 보좌에 앉은 짐승을 경배하도록 일으킨다.

비전들이 전개되면서 이런 악한 짐승들은 로마 제국과 관계가 있는 것으로 보여진다. 아무도 짐승의 표를 가진 자 외에는 매매를 할 수 없다. 17장에서 일곱 머리를 가진 짐승이 등에 기사를 태우고 다시 나타나는데, 이는 바벨론이라 불리는 음녀이다. 그녀는 로마가 일곱 언덕 위에 앉은 것이다. 음녀는 왕과 상인들을 꼬여서 그들을 부유하고 유명하게 만들어 주지만, 요한은 음녀가 불에 파멸되어 황무지로 변하는 환상을 본다. 하늘의 음성은 말한다.

"내 백성아, 거기서 나와 그의 죄에 참예하지 말고
　　그가 받을 재앙들을 받지 말라."

비록 많은 기독교인들이 제국에 있는 도시에서 조용하게 살면서 로마가 유지하던 평화와 번영을 즐기기는 했지만, 요한은 기독교인들에게 속지 말라고 경고하고 있다. 무해한 듯이 보이는 제국 뒤에는 사탄과 같은 짐승의 힘이 숨어 있기 때문이다. 요한의 비전상은 교회와 세상이 결코 서로 화해할 수 없는 갈등 속에 놓여 있다는 것을 보여 주고 있다. 문화에 대항하는 그리스도의 모습이다 (Christ against Culture).

그처럼 문화를 대항하는 그리스도의 비전은 적대적인 정부에 의해 박해를 받던 그리스도의 제자들에게 위로를 주고 한 걸음 더 나아가 기쁨을 가져올 수 있다. 그리고 요한의 견해는 온 기독교인들에게 정부와 경제가 악과 타락의 탈을 쓸 수 있음을 상기시켜 주고 있다.

그러나 요한계시록은 사회, 정치, 경제적인 관계보다 더한 무엇인가를 드러내고 있다. 요한은 파괴적인 아름다움이 몸서리칠 만큼 아찔한 우주의 모습을 보고 있다. 어린 양이 일곱 봉인을 열자, 온 우주가 혼돈 속에 던져진다. 별들이 땅 위에 떨어진다. 하늘은 갈라지게 된다. 일곱 천사들이 나팔을 불며 피와 섞인 불이 땅에 쏟아진다. 일곱 천사들은 하나님의 마지막 재앙이 담긴 일곱 그릇을 쏟아 붓는다. 그들은 마치 출애굽 때에 하나님께서 애굽 사람들에게 가져오신 재앙들과 비슷하지만, 이번에는 온 세상에 재앙이 퍼지게 된다. 커다란 지진이 일어나고 해일이 일며 모든 섬들이 옮겨가며 산들이 다 없어진다. 오늘날 우주물리학의 용어로 말하면, 요한은 우리가 있는 작은 행성이 사망과 파괴라는 블랙 홀 안으로 흡입되어 들어가는 것을 보고 있는 것이다.

그러나 요한은 결코 하나님의 구원으로 인해 우주가 재생될 것에 대한 믿음을 잃지 않는다. 비록 무시무시한 파괴의 한가운데 있지만, 그는 순교자들이 제단 아래서 흰 옷을 입고 있는 비전을 보며, 헤아릴 수 없이 많은 무리가 보좌와 어린 양 앞에서 종려나무 잎사귀를 흔들고 있는 것을 본다. 그리고 21장에 보면, 만화경은 마지막으로 또 한 번 다른 풍경을 담는다. "내가 새 하늘과 새 땅을 보니 처음 하늘과 처음 땅이 없어졌고." 옛 것은 변화되었고 모든 것이 새것이 되었다.

기쁜 결혼식이 뒤따른다. 어린 양과 새 예루살렘, 하늘과 땅, 신과 인간이 이 거룩한 연합에 동참한다. 혼인잔치에서 어린 양의 생명책에 이름이 있는 사람들은 간소한 지상의 것을 즐기게 된다. 생명수로부터 나온 음료와 생명나무에서 나온 음식이다. 그렇게 완전한 도시에서 새 예루살렘과 교회와 사회는 더 이상 갈등관계에 놓여있지 않다. 그곳에는 전쟁도 없고, 가난도 없고, 애통함도 없고, 아픔도 없다. 그리고 그것이 계시록에 나오는 마지막 환상이다.

만일 초대교회가 계시록을 신약성경에 포함시키지 않았거나 혹은 나중에 기독교인들이 요한이 보고 기록한 비전들을 읽지 않았다면, 교회는 황폐해졌을 것이다. 왜냐하면 요한계시록은 특별한 책이기 때문이다. 그 환상들은 우리들에게 생명과 죽음에 대해 가르쳐 주며 우리가 잊기 쉬운 것들을 가르쳐 준다. 그리고 그것을 어린아이들도 이해할 수 있을 만한 단순하고 쉬운 시적 이미지로 가르쳐 주고 있다.　　　(Lenard Thompson)

토의

요한은 의미의 폭을 넓혀주기 위해 어떻게 이미지들을 엮어가는가? 요한이 본 비전에서 교회와 사회 간의 갈등은 어떠한 형태를 갖는가? 요한은 어떤 이미지를 가진 하나님의 구원과 재생을 제공하고 있는가?

성경과 교재 (50분)

요한계시록 4—5장에 있는 하나님과 어린 양에 대한 비전을 읽을 때 요한이 느꼈을 법한 경외감을 가지고 여러분들도 본문에 접근해 보라. 서너 명으로 조를 이루어 다음의 질문을 사용하여 당신이 이 장을 어떻게 경험했는지를 나누라.

요한이 자신이 보고들은 것에 대해 어떤 반응을 보인다고 생각하는가? 이 장을 읽을 때 당신은 어떤 것을 경험했는가? 나도 그것에 대해 알고 있어, 라고 스스로 생각한 때가 있었는가? 저 이미지나 용어가 무엇을 뜻하는지 나는 알아, 라고 스스로 생각한 때가 있었는가? 저 성경에 있는 언어를 알아챌 수 있어, 라고 스스로 생각한 때가 있었는가? 읽는 동안 예배를 경험한 적은 언제였는가?

둘째 날—다섯째 날의 성경에 나타난 장면에 있는 메시지를 탐구하라. 반원들에게 요한계시록에 있는 신비 가운데 많은 것들이 보통의 생각이나 경험을 넘어서 이미지, 언어, 상징 속에 숨어있다는 것을 상기시킨다. 두 그룹으로 만들어 다음과 같은 숙제를 준다. 1조: 둘째 날과 셋째 날; 2조: 넷째 날과 다섯째 날. 성경을 연구하는 지침을 주되, 상징 언어나 이미지를 설명하기보다는 상징, 이미지, 그리고 언어가 요한계시록의 전체 메시지에서 어떤 목적이나 기능을 하는지 물어보라. 토론을 돕기 위해 반원들은 매일 기록한 노트나 학생용 교재에서 연관된 부분이나 스터디 성경에 나오는 주석을 참고할 수 있다.

"금주의 시편"은 찬양 받으실 주님에 대한 또 다른 그림을 제공하고 있다. 시편 97편을 한 목소리로 읽어라. "금주의 시편"에서 제시된 예문을 작성한 사람들에게 만든 예문을 읽게 하고 가능하다면 반원들도 예문을 읽는데 참여시키도록 한다.

제자

휴식 (10분)

말씀과의 만남 (40분)

성경 본문: 요한계시록 7장

한 사람에게 요한계시록의 이야기 부분을 읽게 하고 반원들은 시 부분을 읽게 한다. 서너 명이 한 조가 되어 다음의 질문을 염두에 두고 성경 본문을 공부하라.

이 본문은 우리에게 하나님에 대해 무엇을 말해 주는가?

여자와 남자에 대해서는 무엇을 말해 주는가?

하나님과 인간 사이의 관계에 대해서는 무엇을 말해 주는가? (어른과 청소년을 위한 효과적인 성경 교수법 29쪽에 있는 "신학적으로 성경을 공부하는 방법"을 참고하라.)

신실한 공동체의 모습 (20분)

우리는 신실한 믿음의 공동체이기 때문에 일상적으로 정의되고 한정시켜 주는 것들을 거부한다. 우리는 우주적인 갈등에 참여하되 궁극에 가서는 승리하는 것을 확신한다.

"인간의 모습"을 읽어라. 이 진술에 따르면, 인생의 우선순위를 결정하는 것은 무엇인가? 신실한 공동체의 모습을 읽어라. 신실한 공동체의 우선순위를 결정하는 것은 무엇인가?

서너 명이 한 조가 되어 학생용 교재의 이 부분에 나온 질문에 대한 답을 나누라.

마지막으로 둘씩 짝을 지어 "철저한 제자"를 읽고 철저하게 기도하기를 지속하도록 돕는 것은 무엇인지 이야기하라. 어떻게 하면 능력 있는 기도의 사람이 될 수 있을지를 말하라.

폐회 기도 (5분)

30과를 열고 성경 읽기를 살펴보라. 기도 제목을 적어라. 기도하고 폐회하라.

30 악의 세력

개회 기도 (5분)

토의 시작 (비디오 내용) (20분)

발표자: 후스또 엘 곤잘레스 (Justo L. Gonzalez)

토의 시작을 위한 준비

요한계시록이 무엇에 관한 책이며, 또한 무엇이 아닌지에 대해 주의를 기울이라. 그리고 하나님의 목적의 성취에 대해 무엇이라고 하는지 주의를 기울이라.

토의 시작 내용 요약

하나님의 계시는 우리에게 확실하게 명확한 것을 말해 주고 있으며, 우리는 그것에 순종하도록 부름받았다.

요한계시록은 그것이 기록될 당시 하나님의 말씀이었다. 그것은 지금도 여전히 하나님의 말씀이다.

우리가 만일 요한계시록의 원래 의도대로 인간사의 깊디깊은 진리를 가리키는 시로서, 이미지로서 읽는다면 요한계시록을 이해하게 될 뿐 아니라 깊이 감동하게 될 것이다.

요한계시록의 메시지는 역사 속에 있는 하나님의 목적이 성취될 것이라는 것이다.

토의 시작 (비디오) 내용

서론: 요한계시록

요한계시록에 이를 무렵이 되면 우리는 인류 역사를 통해서 성경에 나타나신 하나님께서 얼마나 권능을 행하시는 분인지 알게 된다. 우리는 이 하나님께서 실제 역사의 상황 속에서 부르시고, 이끄시고, 자유롭게 하시며, 치유하시고, 구해내시는 것을 보아왔다.

그러나 요한계시록은 하나님이 역사(history)보다도 더 큰 분이심을 말해 준다. 하나님은 역사 속에 갇혀 계시는 분이 아니시다. 역사가 하나님 안에서 일어난다. 그러므로 역사는 종점이 있다. 그것은 마침내 마지막에 이를 것이다. 그러나 그러한 때라도 하나님은 여전히 하나님이실 것이다. 시간이 더 이상 존재하지 않는 때가 오게 될 때, 하나님께서 마지막 말씀을 하실 것이다. 그때에는 존재하는 모든 것, 존재해 온 모든 것, 그리고 존재할 모든 것들이 하나님이야말로 하나님이시라는 것을 알게 될 것이다.

이번에는 후스또 곤잘레스와 더불어 요한계시록의 다른 면을 살펴보도록 하자.

(Peter Storey)

지난 몇 주 동안 우리는 성경에서 가장 흥미로운 책을 공부해 왔다. 그야말로 세계문학 서적을 통틀어 가장 흥미로운 책 가운데 하나일 것이다.

이제 우리는 요한계시록 연구의 마지막에 다다랐다. 요한계시록의 아주 많은 부분이 만물의 마지막에 대한 것이므로 우리는 종말의 끝에 이르렀다고 말할 수 있을 것이다!

이것은 무엇을 뜻하는가?

그러한 질문에 대답하기 위해서 우리는 먼저 다른 질문에 답해 보아야 한다. 이 책을 어떻게 읽을 것인가?

여기 세 가지 방법으로 읽을 수 있는 길이 있다.

첫 번째가 내가 가장 흥미로워하는 신비스러운 책으로 읽는 방법이다. 나는 이 책을 읽을 때, 곳곳에서 신비의 열쇠를 열 수 있는 비밀스런 암시를 발견한다.

어떤 사람들은 내가 읽는 방식으로 요한계시록을 읽는다. 그들은 오직 열쇠를 찾기만 하면, 그들이 신비를 풀 수 있으리라고 생각한다.

그러나 하나님의 계시는 풀어야 할 퍼즐이 아니다. 이 책은 수수께끼가 아니다. 바로 계시록이다! 하나님께서 우리에게 무엇인가를 아주 명확히 말씀해 주시고 있다. 우리가 순종에 이르도록 아주 명확하게 말이다.

두 번째는 TV 가이드로 읽는 방법이 있다. TV 가이드는 별로 읽기에 흥미로운 책은 아니지만 쓸모가 있다. 내가 집에서 텔레비전 앞에 앉아 있을 때 이 책은 다음 방송이 무엇인지 가르쳐 준다.

어떤 사람들은 내가 TV 가이드를 읽듯이 계시록을 읽는다. 다음에 무엇이 일어날지 알기 위해서이다. 그런 이유로 우리가 과연 다섯 번째 혹은 여섯 번째 나팔에 있는지 여부가 그처럼 중요한 것이다. 이는 마치 내가 TV 가이드를 읽을 때 내가 과연 7시 뉴스를 보고 있는지 아니면 8시 시트콤을 보고 있는지 알기를 원하는 것과 같은 이치다.

우리가 요한계시록을 TV 가이드처럼 읽으면, 요한계시록의 의미를 이해하기가 힘들어진다. 그뿐 아니라 우리가 무엇을 이해한다고 하더라도 과연 하나님이 누구시며, 하나님이 어떤 변화를 일으키는지에 관해서는 우리들에게 별 도움이 되는 것이 없다.

예를 들어, 20:2-7에서 우리는 1,000년의 기간에 대해 읽게 된다. 성경에 있는 31,173절을 통틀어 오직 이 여섯 절에만 천년왕국이 언급되어 있다. 이 여섯 구절에 근거하여 사람들은 언제 어떻게 천년왕국이 도래할 것인지에 대해 여러 가지 온갖 종류의 논쟁에 휘말려 왔다. 마치 자신의 구원이 "전천년왕국론" 혹은 "후천년왕국론"에 달려있는 것처럼 말이다. (이 말이 무엇을 뜻하는지 묻지 말라. 요점은 이것들이 중요하지 않다는 것이다! 실제로 이러한 것들은 우리의 주의를 더 중요한 곳으로부터 멀리 돌리게 한다.) 그리고 이 여섯 구절에는 두 번의 부활에 대한 말이 나오는데, 사람들은 각 단계에서 무슨 일이 일어나는지에 대해 열 몇 가지나 되는 계획을 발전시켰다. 즉 누가 언제 부활할 것이며, 그 다음에는 무슨 일이 일어날까 등등이다.

그러나 요한계시록은 TV 가이드와 같은 책이 아니다. 그것은 다음에 무슨 일이 일어나게 될 것인지 우리에게 말해주는 이 세상의 종말에 대한 프로그램이 아니다.

알다시피 TV 가이드는 금주 동안만 유효한 책이다. 내가 1년 전에 그것을 샀다면 무용지물이 될 것이다. 다음 주에는 금주의 판 역시 쓸모없는 게 될 것이다.

그러나 요한계시록은 그것이 1세기에 쓰여졌을 때에도 하나님의 말씀이었으며, 종교개혁 때에도 하나님의 말씀이었으며, 아직도 여전히 하나님의 말씀이다.

그리고 세 번째로 시집으로 읽는 방법이 있다. 우리가 신비서로 읽는다면 별 의미가 없다. 우리가 TV 가이드처럼 읽는다면, 더욱 별다른 뜻이 없게 된다. 그러나 만일 우리가 원래의 의도대로 시로, 인간사의 깊디깊은 진리와 수수께끼를 가리키는 이미지로 읽는다면, 이해가 될 뿐만 아니라 우리들을 뒤흔드는 감동작이 될 것이다!

요한계시록은 마치 드라마와 같아서 우리 영혼의 깊은 곳을 드러내지만 엄격하게 연대순으로 배열할 수는 없다. 이는 마치 시와 같아서 논리를 배제하지만 가장 잘 정돈된 수학 방정식보다 더 그럴 듯하다.

요한계시록의 많은 부분이 찬송으로 되어 있다. 천사들이 찬송을 부른다. 구원받은 무리들이 찬송을 부른다. 모든 창조가 노래를 부르고 있다!

그것이 요한계시록이 종말을 묘사하는 방법이다. 그것은 TV 가이드가 묘사하듯이 일상적인 연대순이 아니라 천사들로 이루어진 찬양대가 웅장하고 꿈꾸듯이 하나님의 영광을 노래하는 찬송을 부르는 것이다.

한 가지는 분명하다. 요한계시록은 종말을 말하고 있다. 그러나 종말을 아주 이상한 방식으로 말하고 있다. 일례로, 종말은 진정한 끝이 아니라 어떤 시작을 나타내고 있다! 종말의 때는 이 세상의 왕국들이 하나님의 왕국이 되는 때이며, 하나님이 영원무궁토록 다스리게 될 것이다. 그것은 진정한 시작이다! 그때가 오기 전까지는 우리는 그러한 시작이 오리라는 소망과 기대감 속에서 사는 것이다.

그러한 이유로 계시록은 놀랄 만치 다급한 느낌을 전달하고 있다. 비록 우리가 다른 방식으로 생각하거나 혹은 다른 식으로 생각하도록 가르침을 받았더라도, 계시록의 위급함은 내키지 않는 위급함과는 다르다. 그것은 기대감에 찬 위기의식이다. 그것은 자신이 곧 죽을 것이라고 알고 있는 노인의 위기의식이라기보다는, 결혼할 날이 얼마 남지 않았다는 것을 아는 젊은이가 갖는 위급함이다. 그러한 기대감 때문에 계시록에는 그처럼 결혼에 대한 이미지가 충만한 것이다.

요한계시록은 소망으로부터 용솟음치는 명랑한 위급함에 대한 것이다. 계시록의 메시지는 악과 인간의 죄악에 의해 우회되었음에도 불구하고 역사 속에서 하나님의 목적은 성취될 것이라는 것이다.

요한계시록은 불의가 판치는 세상에서 앞으로 박해를 앞둔 기독교인들에게 고통 가운데서 쓰여졌다. 그리고 심지어 그러한 상황 속에서도, 그리고 우리가 당할 어떠한 상황 가운데서도 하나님은 좌절하지 않으시리라고 이 책은 선포하고 있는 것이다.

요약하면, 이 책이 우리에게 말하는 것은 애창되는 찬송가에 잘 나타나 있다.

"오 악이 비록 강하나
하나님이 아직도 다스리심을
잊지 말게 하소서.
싸움은 아직 끝나지 않았네
사망의 주님 다시 오시사
땅과 하늘이 하나가 되리.
주 예수여 오시옵소서."

(Justo L. Gonzalez)

토의
우리는 어떻게 요한계시록을 읽어야 할까? 요한계시록을 읽으면서 무엇 때문에 당신은 하나님의 목적이 이루어질 것이라는 확신을 얻었는가?

성경과 교재 (50분)

요한계시록 13—18장에는 여러 가지 주제가 반복되어 나오면서 엮어지고 있다. 이 성경 본문을 읽는데 핵심적인 것은 기독교인들은 스스로 중립적인 방관자의 입장을 취할 수 없다는 것이다. 대신에 회개하고, 저항하고, 인내하라는 요청을 받으면서 갈등 가운데 놓여있는 스스로를 발견하게 된다. 반복해서 나오는 주제의 대표적인 것으로는 다음과 같은 것이 있다.

잘 짜 맞추어진 경고와 약속
급박한 인내심
충성에 대한 요청
하나님의 분노에 대한 경고
갈등이 일어나리라는 기미
우리를 주장하신 하나님의 은혜
어느 한 장소나 시간에 제한되지 않은 큰 도시 "바벨론"
피할 수 없이 박해를 통과해야만 하는 길

두 개의 조로 나누어 요한계시록의 13—18장을 한 장씩 살펴보면서 반복해서 나타나는 주제와 또 그 주제들이 어떻게 표현되고 있는지 서로 이야기해 보라. 앞으로 함께 복습하고 토론을 이끌어내기 위해 주제가 담긴 목록을 제공하거나 괘도에 써놓는다.

그리고 나서 학생용 교재 235쪽과 237쪽에 있는 질문에 대한 답을 나누라.

휴식 (10분)

말씀과의 만남 (40분)

성경 본문: 요한계시록 13:4-5

지난주 성경 본문에는 요한계시록 4—5장이 포함되어 있었다. 금주의 성경 읽기인 요한계시록 13장은 요한계시록 4—5장과는 대칭 혹은 대조를 이루고 있다. 두 개의 조로 나누어 요한계시록 13장에서 로마 제국에 의해 행사되는 일시적인 힘과 4—5장에 있는 하나님과 어린 양에 의해 나타나는 하나님의 힘을 대조해 보라.

반원들이 13장을 읽기 시작하다가 연이어 4—5장을 읽게 하라. 힘이 어떻게 대조되어 있는지 주목하라. 두 종류의 힘이 표현되어 있는 방법에서 어조나 감정상의 차이점을 찾을 수 있는가?

신실한 공동체의 모습 (20분)

우리는 신실한 믿음의 공동체이기 때문에 두려워하기보다는 신실하기를 택한다. 어떤 대가를 치르든지 떳떳하게 증거하기를 택한다.

"인간의 모습," 요한계시록 18:4-5, 그리고 신실한 공동체의 모습을 다 함께 상고해 보라. 읽고 생각하고 말하는 패턴을 따르라. "인간의 모습"을 읽어라. 어떤 생각이 드는가? 요한계시록 18:4-5를 읽어라. 어떤 생각이 드는가? 신실한 공동체의 모습을 읽어라. 무슨 생각이 드는가? 이 세 가지 진술을 다 함께 상고할 때 어떤 메시지가 떠오르는가? 학생용 교재의 이 부분에 있는 두 가지 질문을 토의하라.

"철저한 제자"에 주의를 기울이라. 신앙 때문에 고난을 받고 있는 사람이 누구인지 알기란 항상 쉽지는 않다. 전체 반으로 누가 지원을 필요로 하는지, 도움을 어떻게 줄 수 있을지 이야기하라.

폐회 기도 (5분)

31과를 열고 성경 읽기를 살펴보라. 31과와 32과는 분량이 길다는 것을 상기시키라. 31, 32과를 위해 필요한 준비를 시작하라. 기도 제목을 받아 적어라. 학생용 교재 230쪽에 있는 매일 기도를 함께 기도하고 폐회하라.

31 새 하늘과 새 땅

지도자를 위한 노트: 이 과는 침묵으로 끝을 맺으므로 그에 맞게 미리 준비하라. 32과에서 나눌 애찬에 대한 지침은 이 과를 시작하기 전에 설명하도록 하라. 이 과에 있는 내용, 순서, 시간이 차이가 있는 것을 주목하라.

개회 기도 (5분)

성경과 교재 (50분)

금주의 성경 읽기에 있는 가르침에—순교자, 사탄, 그리스도, 심판을 위한 보좌, 첫 번 부활, 책과 마지막 심판, 불못, 두 번째 사망, 혼인 만찬, 새 예루살렘, 생명수와 생명나무, 하나님과 어린 양—대한 전체적인 인상을 얻기 위해서 서너 명이 한 조가 되어 성경구절들을 훑어보고 첫째 날부터 넷째 날까지 기록한 노트를 한 번에 하루씩 살펴보라. 토론을 돕기 위해 다음의 질문을 사용하라.

어떤 이미지들을 보았는가?
어떤 말들을 들었는가?
어떠한 신비를 경험하는가?

성경에서 언어와 이미지로 나타난 단어들 가운데 당신이 삶과 죽음을 경험하도록 준비시켜주는 단어가 있었는가?

요한은 요한계시록에서 일곱 가지 보훈(축복)을 포함시키고 있다. 1:3; 14:13; 16:15; 19:9; 20:6; 22:7; 14장이다. 둘씩 짝을 지어 보훈을 읽고 이 보훈들이 요한계시록에서 어떤 이야기 혹은 메시지를 전달하는지 이야기하라.

두 번이나 요한은 천사를 경배하려고 시도하다가 책망을 받는다. 왜일까? 요한계시록 19:10; 22:8-9를 전체 그룹으로 읽고 다음의 질문을 토의하라. 이 책망은 전체 요한계시록의 메시지와 어떻게 맞아떨어지는가? 여기서 우리는 어떤 유혹을 갖게 되는가?

예수님과 요한이 우리를 어떻게 지도하는지 귀를 기울이라. 개별적으로 학생용 교재 245-246쪽에 있는 "추정"을 훑어보고 예수님과 요한이 당신에게 주는 중요한 지침을 찾아보라. 그리고 나서 짝과 이야기하라. 이제 다른 사람과 짝을 지어 학생용 교재 246쪽에 있는 질문에 대답하라.

금주의 시편. 시편 148편을 반원들 사이에 몇 개의 구절로 나누고 기쁨으로 큰 소리로 읽어라.

말씀과의 만남 (40분)

성경 본문: 마태복음 25:31-46
한 사람에게 마태복음 25:31-46을 큰 소리로 읽는 동안 다른 사람들은 자기 성경을 눈으로 따라 읽게 하라. 서너 명이 한 조가 되어 다음의 질문을 토의하라.

이 본문에는 어떤 사건이 묘사되어 있는가?
어떠한 장면이 벌어지고 있는가?
이 본문이 말하려고 의도한 바는 무엇인가?
무엇을 말하고 있는가?

10분간 토의할 시간을 주라. 이제 조용히 개인적으로 본문을 다시 한번 읽고 같은 그룹끼리 다음의 질문을 한 번에 하나씩 토의하라. 나는 본문에 대하여 무엇이라고 말하는가? 21세기를 사는 사람으로서 우리는 이 본문에 대해 무엇이라고 말하는가? 토의할 시간을 10분간 주라. 다시 한번 한 사람에게 본문을 큰 소리로 읽게 하고 다음의 질문을 한 번에 하나씩 토의하라. 하나님은 나에게 무엇이라고 말씀하시는가? 나는 여기 묘사된 사건에 어떻게 개입할 수 있는가? 이 본문은 나에게 어떠한 주장을 하는가?

(어른과 청소년을 위한 효과적인 성경 교수법 41쪽에 있는 "대화와 만남을 사용하는 방법"을 참고하라.)

신실한 공동체의 모습 (20분)

우리는 신실한 믿음의 공동체이기 때문에 우리를 둘러싸고 있는 악과 대적하면서 온전히 현재에 산다. 또한 우리는 새 하늘과 새 땅에 대한 하나님의 약속 가운데 온전히 산다.

학생용 교재의 "신실한 공동체의 모습" 부분에 있는 첫 번째 문단을 조용히 읽는다. 전체 반원으로 이 부분에 있는 첫 번째 질문에 대답하라. 이제 "인간의 모습," 신실한 공동체의 모습, "철저한 제자"를 큰 소리로 읽어라. 서너 명이 한 조가 되어 "인간의 모습"에 언급되어진 악의 증거 중 하나를 집어내 보라. 그리고 매일매일 우리가 살면서 겪는 "작은" 악, 작아서 우리가 몰라라 하며 사는 악을 생각해 보라. 당신은 악이라는 것을 인정하면서 매일 참여하거나 보는 악이 있는가? 당신이 맞설 힘을 가지고 있는 그런 악인가? 다른 사람이 행동하기를 기다리기 전에 당신 스스로가 행동할 수 있는 악인가? 다른 사람에게는 책임을 떠맡길 수 없는 악에 대한 책임이 있는가? 개인적인 탄식을 말함으로써 토론을 끝맺어라. "주님, 저는…에 대하여 탄식합니다"를 완성해 보라.

휴식 (10분)

요한계시록: 예배 경험 (90분)

주의: 한국어 자료에는 비디오가 없다. 영어를 이해할 수 있는 그룹들은 영어 비디오를 그대로 사용하면 의미가 있을 것이다. 휴식 후에 비디오가 준비된 방으로 가기 전에 비디오 경험에 대해 소개하라. 간단히 아래 사항을 말해 주라.

영어 비디오를 이해할 수 없는 그룹은 신실한 공동체의 모습 부분을 하고 끝나면 될 것이다.

1. 요한계시록 비디오가 제자 성경연구 참석자들에게 던질 도전: 인도자 지침서 11쪽에 명시된 다섯 가지 요점을 참고하라.
2. 비디오로 된 예배 경험은 형식적으로 이루어진 예배 경험이 아니다. 인도자 지침서 11쪽에 있는 두 번째 문단의 정보를 참고하라.

3. 드라마, 아트, 말, 음악, 메타포, 그리고 상징들이 이 비디오의 특징을 이룬다. 반원들이 이미 요한계시록의 언어와 이미지에 대해 익숙해져 있기에 앞으로 보고 듣게 될 것과 연관성을 찾을 수 있을 것이라고 말해 주라. 요한계시록과 같이 비디오도 다양한 감정을 불러일으킬 것이다.

4. 비디오로 된 예배 경험 중에 반원들은 찬송도 부르고, 말도 하고, 듣기도 하고, 기도도 하고, 탄식도 하고 긍휼을 비는 탄원도 할 것이다. 이 비디오 예배를 이끄는 자가 사람들의 참여를 이끌어 낼 것이다. 당신의 역할은 반원들이 반응하도록 앞장서고 그러면 다른 반원들이 따라할 것이다.

5. 비디오는 계속 켜 두면 된다.

6. 비디오는 "조용히 가십시오." 라는 말로 끝맺는다. 모든 사람에게 침묵을 존중하라고 한다.

7. 요한계시록: 예배 경험과 직접 연관된 세 사람의 이름을 언급하라.

   데니스 팔라토 (Dennis Parlato)—영화, 텔레비전, 연극에 경험이 많음. 요한계시록: 예배 경험의 비디오 예배 인도자.

   맥 펄클 (Mac Pirkle)—테네시주 내쉬빌 소재 연극 제작 회사인 남부 무대 프로덕션의 대표. 저자이며 크리에이티브 디렉터로서 비디오에서 두 번째 스피커로 나온다.

   단 살리엘즈 (Don Saliers)—에모리대, 캔덜러 신학교의 신학과 예배학 교수. 예식 안무에서 컨설팅과 공동 저자를 맡았다.

8. 반원들을 비디오를 볼 방으로 안내하라.

비디오를 위한 준비사항

1. 31과 지도자 지침서를 읽고 요한계시록: 예배 경험이 전체 과에 어떤 자리를 차지하는지 보라.

2. 비디오가 90분을 차지하기 때문에 전체 과를 공부하는데 3시간 반이 소요될 계획을 세우면 된다.

3. 비디오를 미리 보라. 비디오를 보고 노트를 적는데 적어도 1시간 반 시간이 들 것이다. 비디오를 보는데 당신이 해야 할 일, 그리고 비디오의 진도에 대해 노트를 적어라.

4. 비디오를 시청할 장소를 예비해 둔다. 가능하면 성경을 공부하고 토론하는 곳과 다른 곳이어야 한다.

5. 비디오를 보는 중에 사용하게 될 요한계시록 비디오 편지(지금은 주문해서 받아놓았어야 할)를 준비해 두라. 봉인을 뜯지 말라.

6. 일곱 개의 초와 초를 켤 성냥, 초를 둘 테이블, 그리고 테이블에 깔 보자기 등을 준비해 두라.

7. 방을 어떻게 정돈할지 결정하라. 즉, 텔레비전을 어디에 놓고 초가 놓인 탁자를 어떻게 놓고 텔레비전 앞에는 반원 모양으로 의자를 놓을 곳을 결정하라.

8. 텔레비전 모니터와 비디오기가 잘 작동하는지 확인하라.

9. 비디오테이프를 시작부분에 잘 돌려놓는다.

32 생명나무에 이르는 길

인도자를 위한 글: 성경공부와 토론과 비디오 이외에도 본 과는 세족과 애찬 (친교의 식사), 그리고 성만찬을 포함한다. 아마 3시간 반에서 4시간 정도의 시간이 필요할 것이다.

개회 기도 (5분)

성경과 교재 (50분)

성경을 복습하고 학생용 교재에 있는 관련된 질문들을 토의하라. 매일 같은 패턴을 사용하라. 네 명이 한 조가 되어 성경과 매일 기록한 노트를 살펴보고 짝을 지어 연관된 질문을 토의하라. 각 조는 닷새 동안의 성경본문과 질문들을 함께 연구하게 될 것이다. 하루 당 7분간 시간을 할당하라.

첫째 날—성경 본문과 노트를 살펴보고 본문이 지니는 차이점과 다양한 구절에서 어떤 배려가 표현되고 어떤 가르침이 주어지고 있는지 살펴보라. 학생용 교재 250쪽에 있는 "돌봄"에 관한 질문에 대답하라.

둘째 날—인도하는 것에 대한 모범을 찾기 위해 성경과 노트를 살펴보고 특정한 인도함을 요약해 보라. 학생용 교재 250-251쪽에 있는 "인도"에 대해 답하라.

셋째 날—본문에 어떠한 종류의 "세움"이 언급되어 있는지 명확하게 하기 위해 성경과 노트를 살펴보라. 학생용 교재 251-252쪽에 있는 "세움"에 관한 질문에 대답하라.

넷째 날—성경과 노트를 살펴보고 다음의 질문을 가지고 토의하라. 이 본문들은 당신에 대해서 그리고 삶에 대해서 어떠한 새로운 시각을 제공해 주고 있는가? 짝을 새로 지어 학생용 교재 252-253쪽에 있는 "겸손"에 대한 질문을 토의하라.

다섯째 날—성경과 노트를 살펴보고 다음의 질문을 토의하라. 이러한 본문에 따르면 당신이 소망을 둘 근거는 무엇인가? 학생용 교재 253쪽에 있는 "희망"에 대한 답을 나누라.

"인간의 모습"과 신실한 공동체의 모습을 큰 소리로 읽어라. 다음의 질문에 답하라.

연약함과 순종 사이에 어떤 연관점을 보게 되는가?

통제와 맡기는 삶에 놓여 있는 대조점은 무엇인가?

발을 씻기기 위해 몸을 굽히신 하나님의 이미지에서 당신은 인간의 모습에 대한 어떤 해결책을 듣게 되는가?

이 과를 통해 묘사된 철저한 제자에 대해 생각해 보도록 사람들을 초대하고 철저한 제자를 요약하는 한 단어를 제시하도록 사람들을 이끌라.

일어서서 시편 96편을 다함께 큰 소리로 읽어라. 자연스레 대답을 하도록 중간에 두세 번 멈춘다. 3절 다음에는 하나님께서 매일 매일 구속하시는 것에 대해 이야기하라. 6절 다음에는 이 하나님 앞에서 힘을 잃게 되는 우상에 대해 말하라. 9절 다음에는 하나님께 영광과 찬송을 돌리라.

말씀과의 만남 (40분)

성경 본문: 요한복음 15:1-8

요한복음 15:1-8을 큰 소리로 읽는 것을 들어라. 개별적으로 다음의 질문을 염두에 두고 약 5분간 본문을 연구하라.

이 본문은 무엇을 말하고 있는가?

예수께서 제자들이 이해하도록 의도하셨던 바가 무엇이라고 생각하는가?

예수님의 말씀은 오늘날 교회에게 무엇을 말하는가?

그리고 나서 서너 명이 한 조가 되어 위의 질문을 하나씩 살펴보라. 본문을 조용히 읽고 나서 다음의 질문을 생각하라. 만일 내가 이 본문을 심각하게 받아들인다면 나는 내 인생에서 어떠한 변화를 일으켜야 하겠는가?

짝을 지어 이야기하라.

(*어른과 청소년을 위한 효과적인 성경 교수법* 24쪽에 있는 "성경을 깊게 공부하는 방법"을 참고하라.)

휴식 (10분)

토의 시작 (비디오 내용) (20분)

발표자: 리차드 비 윌키, 줄리아 케이 윌키
　　　(Richard B. Wilke, Julia K. Wilke)

토의 시작을 위한 준비

토의 시작 (비디오) 부분은 반원들이 애찬을 위해 준비시킨다. 토의 시작 후에는 토론을 하지 않을 것이다.

토의 시작 내용 요약

지혜는 결과적으로 생각하는 방법 중에 하나이다.

성경은 지혜이며 생명나무이다.

생명나무는 하나님의 원래의 계획을 나타낸다. 그것은 탐욕과 이기심이 스며들기 이전의 상태이다.

예수님의 십자가는 우리를 구원하시고, 그리고 우리를 영생으로 이끄는 희생을 담당하신 생명나무를 상징한다.

예수께서 다른 사람의 발을 씻기셨으므로 우리도 다른 사람들의 발을 씻긴다.

토의 시작 (비디오) 내용

서론: 마지막 괴

이제 우리는 제자 성경공부 마지막 날에 이르렀다. 그리고 올 것이 온 것이다. 여러분들이 지금껏 매주 저에게 보여주신 환대에 감사드린다. 여러분의 세상 속으로 저를 초대해 주시고 제 삶에 소중했던 생각과 신념들을 여러분과 함께 나눌 수 있도록 해주셔서 감사드린다. 위대한 성경책을 통해 여러분과 함께 여정을 나눌 수 있었던 것은 큰 특권이었다.

대부분의 시간 동안 나는 이 생명나무 그늘의 근처에 있을 수 있었고, 생명나무 그늘 아래에도 있을 수 있었다. 그러다가 나는 생명나무에 대해 큰 애착을 가지게 되었고, 생명나무 분위기를 좋아하게 되었다. 물론 그들은 많은 부분이 성경에 나오는 영토와 시대들을 연상시켜 주는 것들이었다.

그러나 좋은 성경공부는 결코 우리를 과거에 묶어두지 않는다. 성경을 읽을 때, 여러분은 성경의 시간 안에서 살고 있다는 사실을 기억하기 바란다. 왜냐하면 성경과 함께 할 때, 시간은 언제나 현재이며 중요한 장소는 바로 여기이기 때문이다. 이 나무가 상징하는 새로운 생명이 우리 모두에게 주어졌으며, 이 새 생명은 지금 여기에 있는 우리를 위한 것이다.

나는 여러분들이 윌키 감독님과 줄리아 윌키가 말하는 것에 주의를 기울이기를 바란다. 이 두 분은 제자 성경공부에 너무나 중요한 역할을 담당한 사람들이다. 이 두 분은 본인들 스스로가 예수께 헌신 결단하는 제자들이기 때문이다. 그리고 그들은 우리들을 특별한 예배의 경험으로 인도해 주고, 예수 그리스도를 섬기는 종의 모습으로 우리를 인도해 주실 것이다. 그리고 그들이 그렇게 인도하는 동안, 여러분들도 예수께 새로이 헌신 결단하는 기회가 되기 바란다. 그리고 예수님이 이 세상이 치유되기 바라셨던 것처럼 이 생명나무의 잎들이 온 세계를 치유하는 데 쓰어지기를 바란다.

하나님의 축복이 함께 하시기를 기도드린다.

(Peter Storey)

나는 장의사 집에서 태어나고 자라났다. 나의 부모님은 장의사이셨다. 우리는 또한 앰블런스 서비스도 제공했다. 그래서 나의 젊은 시절은 사이렌 소리와, 한밤중에 걸려오는 전화 소리와, 허다하게 많은 사람들이 죽음을 놓고 무엇인가 이해하고 싶어 하는 끝없는 사람들의 물결에 둘러싸여 있었다.

나의 아버지는 침울하거나 우울해 하는 사람이 아니셨다. 오히려 그는 자상하고 행복한 사람이셨다. 그는 항상 "이것은 하고 저것은 하지 말라"고 말하는 도덕군자도 아니셨다. 그는 내가 보기로 소위 "조리가 서있는 사색가"이셨다. 어떤 사람들은 잠언을 도덕 목록서 라고 생각하지만 이는 잘못된 생각이다. 지혜라고 하는 것은 조리 있게 생각하는 것이다. "여호와를 경외하는 것이 지혜의 근본"이다 (잠언 9:10). 그렇게 경외하는 것으로부터 선한 것과 건강한 것이 넘쳐흘러 나온다. 그러나 지혜로부터 등을 돌리면 슬픔과 혼란을 자아내게 된다.

우리는 새벽 2시에 앰블런스를 타고 가서 술 냄새가 코를 찌르듯 취해 있던 사람이 전봇대에 휘말려 있는 것을 구하기 위해 갔던 적이 있었다. 아버지는 굳이 잠언을 인용할 필요가 없으셨다. "포도주는 거만하게 하는 것이요 독주는 떠들게 하는 것이라 이에 미혹되는 자마다 지혜가 없느니라" (20:1). 아버지는 이렇게만 말씀하셨다. "참으로 미련하게 운전했군."

집으로 돌아오는 길에 아버지는 이렇게 말씀하셨다. "어쩌면 이번 서비스는 돈을 못 받을거야." 나는 "왜요?"라고 물었는데, 그러면 아버지는 웃으시면서 이렇게 말씀하셨다. "그 사람은 자기가 전화를 걸었다고 말하지 않을 거거든. 경찰이 전화를 걸었다고 할거야." 그러나 아버지는 우리가 그곳에 갔다는 사실을 기뻐하셨다. 잠언의 말씀이 사실상 그곳에 내포되어 있었다. "인자한 자는 자기의 영혼을 이롭게 하고" (11:17).

한번은 장의사 집에서 내가 이렇게 물은 적이 있었다. "왜 이 사람은 죽었을까요?" "그는 매독이라는 성병으로 죽었단다." 라고 아버지가 대답하셨다. 아무런 도덕적인 충고 없이도 나는 "사람이 불을 품에 품고서야 어찌 그의 옷이 타지 아니하겠으며" (6:27) 라는 말을 이해할 수 있었다.

내가 해야 할 일은 잠언에 순응하며 사는 것이었다. 일찍 일어나고, 열심히 일하고, 술집엔 발도 들여놓지 않고, 진실을 말하고, 십일조를 드리고, 교회를 다니고, 조금 돈을 저축하고, 아내에게 충실하고, 가난한 자에게 관심을 보이는 것이었다. 그러면 나는 오래 살 것이고 많은 사람들이 내 장례식에 참석할 것이었다. 그렇게 사는 것이 잘 사는 길이라고 생각했었다.

그렇지만 산다고 하는 것이 언제나 그러하지는 않지 않은가? 어느 날 우리는 당뇨병으로 인해 혼수상태에 있는 13살 난 건강하고 건장하게 보이는 소년을 데리러 급하게 그의 집에 달려간 적이 있었다. 그 소년은 병원으로 가는 길에 죽었다. 나는 말했다. "아버지, 그가 한 것이라곤 사탕을 좀 먹었다는 것뿐인데요." 그리고 아버지는 단순히 이렇게 말씀하셨다. "청소년 당뇨병은 심각한 상태일 수도 있단다." 그때 나는 틴에이저였으며 나 역시 사탕을 먹었다. 삶은 공평하지 않다.

어느 날 우리는 부유한 목장 주인을 데리러 갔다. 그는 목장에서 입에 총을 물고 방아쇠를 당겼다. 나는 말했다. "아버지 왜 그는 이런 일을 행했을까요?" 아버지는 조용히 말씀하셨다.

제자

"아들아, 때로 사람들은 아주 우울해진단다. 어떤 일들은 우리가 이해할 수가 없을 뿐이지."

당신은 전도서가 있다는 사실을 감사하게 생각하지 않는가? 월요일부터 금요일까지 열심히 일하며 사는 사람이 말한다. "때로는 매끈한 잠언이 말한 대로 나타나지 않는 것 같다."

또 욥기가 있다. 장의사 집에는 욥기가 꼭 필요하다. 너무나 많은 사람들—목사, 설교자, 신부들을 포함해서—이 "왜"라고 묻고, 그 질문에는 때때로 피곤하고 도움이 되지 않고 케케묵은 답변들을 한다. 그것들은 욥의 친구들처럼 "누군가가 죄를 졌기 때문"이거나 혹은 "하나님이 또 한 명의 천사를 필요로 해서"였거나 혹은 "때가 다 찼기 때문"이라고 말한다.

하나님은 욥에게 말씀하시기를 너의 친구들이 다 틀렸다. 그들은 신비를 정당화시키려고 했다. 욥아, 네가 옳았다. 바로 언제나 나와 더불어 씨름하며, 절대 포기하지 말며, 너의 인격과 신앙을 지켜라. 욥아, 나는 네가 너의 친구들을 위해 기도하기를 바란다. 그들에게 정작 필요한 것은 하나님이었음에도 불구하고 그들은 교리를 해결하기 위해 애쓰고 있었다.

하나님은 리워야단을 창조하셨는데, 이는 바다의 용으로써 알 수 없는 혼란과 혼돈과 우리가 사는 우주의 일부분인 신비를 상징한다. 욥은 자신이 변화무쌍한 삶에 영향을 받을 수밖에 없는 인간이라는 것을 발견했다. 다른 사람들도 마찬가지다. 당신은 그것을 장의사 집에서 배우게 된다.

성경은 너무나 중요하다. 성경은 지혜이며 *생명나무*이다. 우리는 그 열매를 먹으며, *신앙*을 조금씩 얻기 시작한다.

나는 이 성경공부를 참으로 감사하게 생각한다. 나는 결코 가난한 사람들에게 사회보장제도로 제공한 유대 율법 때문에 보아스의 밭에서 보리를 거둘 수 있었던 룻을 잊지 못할 것이다. 나는 결코 밤낮을 가리지 않고 사람들이 예루살렘 성벽을 재건하도록 단합시킨 느헤미야를 잊지 못할 것이다. 나는 결코 자신 있게 일어서서 그녀의 백성들을 살리기 위해 죽음을 무릅쓴 에스더를 잊지 못할 것이다. 나는 결코 환희의 절정에서 하나님을 찬양한 다윗을 잊지 못할 것이다.

나는 요한복음이 감사하다. 왜냐하면 예수님께서 사마리아 여인과 함께 우물가에 계시기 때문이다. 왜냐하면 막달라 마리아가 부활절 아침에 "내가 주를 보았다"고 소리치기 때문이다. 왜냐하면 베드로가 고통 중에서 "주님, 내가 당신을 사랑하시는 줄 주님께서 아시나이다" 라고 말하기 때문이다. 그리고 예수께서 "내 양을 먹이라"고 말씀하시기 때문이다.

나는 장의사 집에서 또 다른 것을 배웠다. 죽음이 찾아오면, 성경을 배우기엔 너무 늦고 깊은 신앙을 가지기에도 너무 늦다는 것이다. 단지 사망하는 사람뿐만이 아니라 그의 가족과 친구들에게도 너무 늦은 것이 된다. 깊은 영적인 자원을 개발하기에도 그때는 너무 늦다. 그때가 오면 자원을 가지고 있거나 아니거나 둘 중의 하나이다. 우리에게는 순간과도 같은 시간이 남아 있을 터인데 요한계시록의 30분간의 침묵의 순간과도 같을 것이다. 그러나 마침내 문이 닫히는 때가 온다. "다 이루었다"고 예수께서 말씀하실 심판과 영광의 순간이 올 것이다. 나는 이제 오래된 흑인 영가 "나는 준비되기 원하네"를 부를 사람들 중에 나도 함께 있기를 원한다.

(윌키 감독)

발제자: 줄리아 윌키

나는 나무가 많은 시골에서 태어났다. 커다란 소나무가 하늘을 향해 뻗고, 거대한 떡갈나무의 우람한 가지가 바람에 폭풍에 흔들리는 것을 보았다. 나는 도그우드가 꽃 피고, 사과나무가 꽃을 피우며, 피칸 숲이 명절을 위해 견과류를 제공하는 것들을 좋아한다. 나는 나무들을 좋아한다. 그래서 나무의 상징은 나에게 특별한 의미가 있다.

"생명나무에 이르는 길"은 열매가 맺히고 생기가 가득차고 희망으로 채워진 성경적인 이미지이다. 때때로 우리는 에덴 동산에 두 그루의 나무가 서 있었다는 것을 잊곤 한다. 우리는 아담과 하와가 열매를 따먹었던 선악을 알게 하는 나무에만 초점을 맞춘다. 그 나무만 대중에게 알려져 있다. 그러나 나는 동산의 가장 중앙에 서 있던 다른 나무도 좋아한다. 그리고 요한이 환상 중에 보았던 나무, 생명나무—영생(창세기 2:9)도 좋아한다. 그 잎들은 시들지 않는다. 그것은 순결한 나무이다. 평화의 나무이다. 즐겁고 유쾌하여서 만물을 창조하신 분의 동료로 되어 있는 나무이다. 그것은 너무나 풍성하여서 모든 하나님의 자녀들이 먹기에 충분한 나무이다.

생명나무는 본래 때가 묻지 않고 죄 없는 하나님의 계획을 보여주는 나무이다. 즉 탐욕과 이기심이 시작되기 전의 세상이다. 창세기에서 우리는 인간들이 죄를 범하였을 때, 티 없는 동산에서 쫓겨났고 생명나무로부터 멀리 떨어지게 되었다는 것을 들어서 알게 된다. 그래서 우리는 영원히 죄 가운데서 살지 않게 되었는데, 그 이유는 하나님께서 "사람을 쫓아내시고 에덴 동산 동쪽에 그룹들과 두루 도는 불 칼을 두어 생명나무의 길을 지키게" 하셨기 때문이다 (창세기 3:24).

윌키 감독은 성경이 피 흘림, 타락, 혼돈, 비극, 죄, 사망, 심지어 지옥 그 자체와 같은 문제들을 어떻게 눈으로 똑바로 들여다보는가를 강조해 주셨다. 그러나 성경은 또한 결코 우리들이 꿈을 잃도록 내버려두지 않는다. 우리는 결코 생명나무를 우리 마음속에서 밀어제칠 수 없다.

미가 선지자는 이렇게 적었다. "끝날에 이르러는…그 칼을 쳐서 보습을 만들고 창을 쳐서 낫을 만들 것이며…각 사람이 자기 포도나무 아래와 자기 무화과나무 아래에 앉을 것이라 그들을 두렵게 할 자가 없으리니…" (미가 4:1-4).

그리고 에스겔은 예루살렘이 멸망한 후에 자비의 제단으로부터 물이 흘러내려서 산을 지나 사해를 생명이 가득 찬 호수로 만들고, 그곳은 매년 사람들에게 과실을 맺어주는 생명나무로 둘러싸여 있을 것이라는 꿈을 꾸었다.

성경에서 하나님은 건강과 행복, 화평과 안녕 같은 꿈들을 우리 마음에서 벗어나도록 내버려두지 않으신다.

요한계시록이 온통 전쟁, 재앙, 정복, 그리고 사망을 다루는 것이라고 보는 사람들은 필수적인 요점을 놓치게 된다. 여전히 네 명의 기사가 말을 타고 이 세상에 내려올 것이다. 우리는 정치적인 박해, 인종적인 편협함, 소수민족의 정화, 가족의 혼돈, 기근에 빠진 어린이들을 무시하지는 않는다.

그러나 성경은 우리가 새로운 하늘과 새로운 땅에 대한 꿈을 꿀 수 있도록 도와준다. 그곳은 생명나무가 건강하고 튼튼하게 서 있는 곳이며, 수천 명의 천상의 찬양대가 할렐루야 합창을 부르는 곳이며, 예수께서 희생적인 사랑의 피를 옷에 묻히시고 진리의 말씀을 입에 담으시고서 통치하시는 곳이다.

성경은 나를 예수께로 인도해 주었다. 이 예수님은 바로 요한복음 저자가 "길이요 진리요 생명이라"고 하신 분이다. 나는 베드로가 "친히 나무에 달려 그 몸으로 우리 죄를 담당하셨으니" (베드로전서 2:24) 라고 했을 때 길과 진리와 생명이신 예수님을 지적한 것이라 생각이 든다. 예수님의 십자가는 나에게 생명나무를 상징한다. 그곳에서 우리를 살리시는 희생을 치르시고 우리가 은혜와 용서를 향해 가까이 가도록, 마음이 정화되고 새롭게 순수함을 되찾고 영생으로 이끌도록 인도하시기 때문이다. 내가 생명나무로 가까이 갈 때, 나는 집으로 가는 것이다!

또한 성경은 *내가 그 중간 시기에서 사는 방법을* 도와준다. 그런 이유로 우리는 은혜와 용서하는 마음을 넓히게 된다. 우리는 남을 배려하는 것을 배운다. 앰뷸런스를 불러주고, 병든 자를 치유해 주고 애통하는 자에게 위로를 주게 된다. 그런 이유로 이 중간 시기에 우리는 배고픈 자들을 먹이게 된다. 아이들을 품에 안고, 집 없는 자들을 위해 집을 지어주고, 제자 성경공부를 가르치고, 사람들이 중독된 삶으로부터 벗어날 수 있도록 도와준다. 그런 이유로 우리는 모든 사람들을 하나님의 자녀로 대하고, 평화를 위해 기도하며, 우리 이웃들에게 예수님에 대해 이야기해 준다.

욥의 친구들처럼, 어떤 사람들은 종이에 상세하게 쓰여진 규칙과 법의 형태로 답안을 원한다. 그러나 우리에게 정작 필요한 것은 말씀이신 그분뿐이다. 하나님과 동행하는 것이 우리가 갈망해야 할 모든 것이다. 예수님의 행동 양식은 평화로 가는 길이었다. 나는 성경을 통해 우리가 요한복음에 약속된 대로 성령을 받을 수 있다고 배웠다. 딕 (윌키 감독), 당신과 내가 우리의 마음을 바쳐 예수님을 우리 삶의 구주로 받아들였을 때 성령을 받았던 것을 기억하세요. 그것이 우리가 참여하는 모든 사람들에게 성경을 열려고 시도해야 할 이유가 됩니다. 왜냐하면 내가 책을 덮고 그러한 꿈을 꾸기 시작할 때 그리고 구세주에게 초점을 맞출 때 기적이 시작되기 때문입니다. 나는 새롭게 겸손해지는 것을 경험합니다. 그리고 연민에 가득 찬 삶을 살기로 영감을 받게 됩니다.

줄리아: 딕, 당신은 다른 사람의 발을 씻어 보았나요?

딕: 내 생각에 어린아이들이 어릴 때 그랬던 것 같군요. 그러나 우리는 이 성경연구의 마지막 부분에 그렇게 하려고 합니다. 왜냐하면 요한복음에서 예수께서 마지막 만찬 때 그렇게 하셨기 때문이지요.

줄리아: 또한 그것은 제자 성경공부에 참석한 모든 사람들이 영적인 엘리트가 되기 위해 부름을 받은 것이 아니라, 예수님의 종이 되기 위해 부름을 받았다는 것을 상기시켜 주기도 합니다. 인생이란 어떤 깊은 차원에 있어서는 은혜로우신 하나님 앞에 겸손한 마음을 가질 때 찾아지는 것이 아닐까요. 즉 공동체, 그리고 봉사를 통해서 말예요.

딕: 나무—갈보리 위의 나무, 새 예루살렘에 있는 생명나무로 이끄는 것이야말로 하나님의 방법입니다.

줄리아: 그렇게 하도록 하지요. 근사해요, 정말. 새 예루살렘에서 발견되어지는 그처럼 근사한 방법이라니요.

애찬 (90분)

필요한 안내를 한 후 애찬으로 옮겨간다. 애찬 끝에 있는 "세상으로 보냄"은 제자 성경연구의 끝 부분이 된다.

애찬을 준비하기

1. 학생용 교재 254-256쪽에 있는 애찬에 대한 설명과 애찬 순서를 읽어라.

2. 인도자 지침서 8쪽에 있는 "애찬식"을 읽어라.

3. 애찬 순서에서 누가 성경 본문을 읽고 또 인도자 역할을 맡을 것인지 결정하라. 이 과를 시작하기 전에 미리 그 사람들과 연락해 두라.

4. 예배 때 사용할 찬송가를 준비해 둔다.

5. 세족을 침묵 속에서 행할 것인지 아니면 반원들이 조용히 노래 부르는 가운데 행할 것인지 결정하라. 찬송가를 정하고 반원들 중에서 첫 음을 낼 사람을 정해 놓는다.

6. 세족을 하는 순서를 알라. 예배 중에 정한 시간이 되면 인도자는 수건, 대야, 물 주전자를 들고 사람 앞에 무릎을 꿇고 대야를 바닥에 놓고 한 발씩 사람의 발을 씻긴 후에 그 발을 닦아준다. 적절한 평화의 싸인—하나님께서 당신을 축복하십니다, 포옹, 악수—을 발을 씻기고 닦은 후에 행할 수 있다. 발을 씻긴 사람은 자기 왼쪽에 있는 사람에게 그 과정을 되풀이한다. 제일 처음 세족을 행했던 인도자가

발을 씻어줄 때까지 동그랗게 순서를 돌아가면서 행한다. 사람들에게 미리 샌들이나 신이나 양말을 신되 스타킹은 신지 말라고 이야기한다. 혹 세족에 참여하기를 꺼려하는 사람도 있을 것이다. 그럴 경우는 손을 씻기는 것으로 대신하라. 과정은 비슷할 것이다. 한 손씩 씻고 닦아주고 평화와 사랑의 표식을 나누라. 미리 세족에 참여하는 것 대신에 그냥 바라만 보아도 된다고 이야기해 주라.

7. 반원들을 염두에 두고 어색하거나 당황스러울지도 모를 세족식의 과정을 필요하면 수정하라. 혹은 사람들이 온전히 참여할 수 있도록 과정을 수정하라. 몸을 구부리거나 무릎을 구부릴 수 없는 사람들을 수용할 수 있도록 가구 배치를 계획하라.

8. 세족에 필요한 품목을 모으라. 대야, 따뜻한 물이 담긴 물주전자, 수건 (원한다면 허리에 두를 만큼 큰 것으로 준비해서 예수님이 요한복음 13:4에서 하신 것처럼 발을 닦을 때 사용할 수도 있다.) 별도로 또 다른 대야, 물주전자, 손비누, 수건 등을 준비해서 나중에 손을 씻게끔 한다.

9. 공간과 장비가 무엇이 필요한지 결정한다. 참가자들이 애찬이 가리키듯이 공동체의식, 일체감, 온전함을 경험할 수 있도록 한다. 세족, 친교 식사, 성만찬이 같은 방에서 일어나도록 준비하라. 이 방 저 방으로 옮기면 순서의 흐름과 예배 의식을 산만하게 한다. 이 과의 첫 두 시간은 보통 때와 마찬가지로 성경연구, 토론, 비디오 시청과 같은 순서를 따른다. 그런 활동을 위한 장소와 장비를 준비해 둔다.

10. 음식 장만에 따른 메뉴 선정과 책임을 맡는다.

11. 성만찬에 필요한 준비를 한다.